中等职业教育国家规划教材
全国中等职业教育教材审定委员会审定

公共关系基础

（第3版）

主　　编　葛金田
责任主审　李保初
审　　稿　史　青　郝胜道

中国财政经济出版社

图书在版编目（CIP）数据

公共关系基础/葛金田主编. —3 版. —北京：中国财政经济出版社，2011.7
中等职业教育国家规划教材
ISBN 978 - 7 - 5095 - 2959 - 1

Ⅰ.①公…　Ⅱ.①葛…　Ⅲ.①公共关系学 - 中等专业学校 - 教材　Ⅳ.①C912.3

中国版本图书馆 CIP 数据核字（2011）第 116676 号

责任编辑：郭慧珍　　　　责任校对：徐艳丽
封面设计：华乐功

中国财政经济出版社出版
URL：http：//www.cfeph.cn
E - mail：jiaoyu @ cfeph.cn

社址：北京市海淀区阜成路甲 28 号　邮政编码：100142
发行处电话：88190406　财经书店电话：64033436
北京财经印刷厂印刷　各地新华书店经销
787×1092 毫米　16 开　14 印张　340 000 字
2011 年 7 月第 3 版　2015 年 7 月北京第 3 次印刷
定价：21.00 元
ISBN 978 - 7 - 5095 - 2959 - 1/C・0020
（图书出现印装问题，本社负责调换）
本社质量投诉电话：010 - 88190744
反盗版举报热线：88190492、88190446

中等职业教育国家规划教材
出版说明

为了贯彻《中共中央国务院关于深化教育改革全面推进素质教育的决定》精神，落实《面向21世纪教育振兴行动计划》中提出的职业教育课程改革和教材建设规划，根据教育部关于《中等职业教育国家规划教材申报、立项及管理意见》（教职成［2001］1号）的精神，我们组织力量对实现中等职业教育培养目标和保证基本教学规格起保障作用的德育课程、文化基础课程、专业技术基础课程和80个重点建设专业主干课程的教材进行了规划和编写，从2001年秋季开学起，国家规划教材将陆续提供给各类中等职业学校选用。

国家规划教材是根据教育部最新颁布的德育课程、文化基础课程、专业技术基础课程和80个重点建设专业主干课程的教学大纲（课程教学基本要求）编写，并经全国中等职业教育教材审定委员会审定。新教材全面贯彻素质教育思想，从社会发展对高素质劳动者和中初级专门人才需要的实际出发，注重对学生的创新精神和实践能力的培养。新教材在理论体系、组织结构和阐述方法等方面均作了一些新的尝试。新教材实行一纲多本，努力为教材选用提供比较和选择，满足不同学制、不同专业和不同办学条件的教学需要。

希望各地、各部门积极推广和选用国家规划教材，并在使用过程中，注意总结经验，及时提出修改意见和建议，使之不断完善和提高。

教育部职业教育与成人教育司

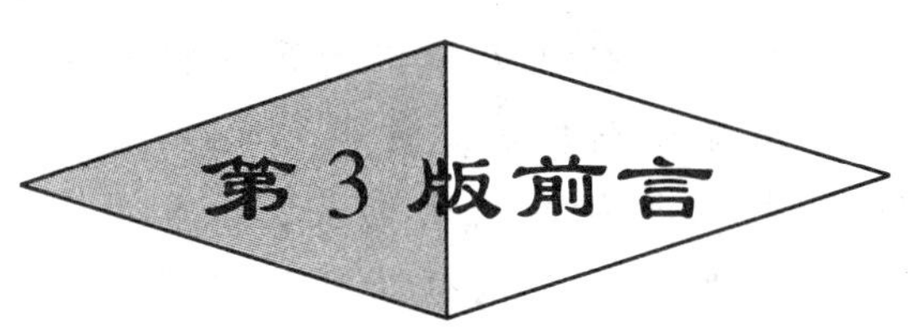

第3版前言

公共关系学是一门得到世界公认的、对推动事业发展具有重要作用的新兴、综合性应用学科，许多学者把公共关系比作现代企业的三大支柱之一（即技术、管理、公共关系）；也有的学者把以计算机为代表的科学技术水平，以旅游业为代表的富裕生活程度，以公共关系为代表的经营管理效能，并列为衡量一个国家发达程度的三大标志。第二次世界大战以后，公共关系在美国和欧洲各国得到了迅速发展，并很快传播到东南亚各国和我国台湾、香港地区。随着改革开放的不断深入，公共关系在我国得到了较快的传播和发展，越来越多的企业和社会组织认识到建立良好的公共关系对其生存和发展具有重要意义，因此，这一学科日益受到重视也就成为必然。现在我国的许多大专院校开设了公共关系专业，绝大多数专业院校都开设了公共关系课程，它已成为学校素质教育的必修或选修课。

中等职业教育国家规划教材《公共关系基础》2002年由中国财政经济出版社出版以来，受到广大师生的好评，许多学校把其作为财经、文秘等专业公共关系课程教材。本书的特点在于它的实用性和针对性；理论繁简得当、通俗易懂，内容丰富新颖，注意博采同类教材的精华；通过公共关系技能训练和案例分析，便于理论知识的理解与消化，有些内容学习后立刻就能应用；力争把公共关系教学导向理论传授与实际能力培养相结合的轨道。本书也可以作为其他专业的必修或选修课教材，并且对社会各类培训也是非常适用的。

本书第1版编写分工情况是：葛金田执笔第一、二、三章；杨传霞执笔第四、七、十章；李曦妍执笔第五、八、九章；王春燕执笔第六、十一、十二章。最后，由主编葛金田组织修改并负责统稿。

随着形势的发展，2007年6月在第1版基本框架基础上对部分内容进行了修订，是为第2版。修改情况为：将第1版的第一章“绪论”与第二章“公共关系的原则和职能”的内容整合为一章，将第1版的“公共关系危机管理”内容调整到第七章“公共关系形象塑造和危机处理”中，从而使内容更加紧凑、更加连贯；为适应21世纪科技发展和经济全球化趋势，在修订中把当前本学科的新理论和新方法充实到每章相应的内容中，如过去通常把报纸、杂志、广播、电视称为四大大众传播媒介，而随着互联网技术的飞速发展，互联网已成为当今最重要的媒介之一，应作为大众传播媒介来理解，这在第四章“公共关系传播”中进行了修改；在第十章“公共关系中的交往和礼仪”中增补了商务礼仪。本次修订由主编葛金田和王春燕副教授负责。

为满足当前中职教育的改革和发展的需要，我们又集中精力进行第三次修订。这次修订主要是对第2版中的案例分析题进行了修订和调整。修订工作由主编葛金田和王春燕副教授负责。

在编写及修订过程中，参考和引用了国内外同类和相关著作及报刊资料，在此表示诚挚的谢意。

由于编者水平有限，书中难免出现不足和疏漏之处，敬请专家、学者和广大读者批评指正。

作　者

2011年5月

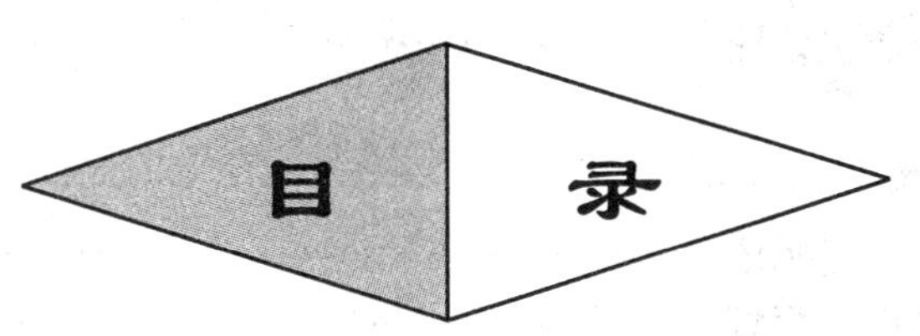

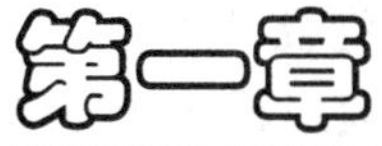

第一章 绪论

学习目标

公共关系是现代社会的产物，是随着市场经济、民主政治、传播技术的发展而产生和发展起来的。本章重点掌握公共关系的含义、构成要素、基本特征和职能，了解公共关系的产生和发展及在我国的发展状况，正确界定公共关系。

第一节 公共关系概念和特征

公共关系作为一种客观存在，可以说在人类社会产生的同时就已开始出现，但在当时及以后漫长的一段历史时期内，它一直处于盲目的原始状态。直到20世纪初，随着商品经济和传播技术的迅速发展，公共关系才开始发展起来。

一、公共关系的概念

公共关系简称公关，是英文“Public Relations”的汉语译称，英文缩写PR。“Public”既可译为“公共的”，又可译为“公众”；“Relation”译为关系，加“s”即形成复数。所以有的学者或书中使用“公众关系”这一译名，目前“公共关系”一词在我国已被人们接受。

公共关系作为一门新兴学科，其历史较短且本身仍处于不断发展之中，新观念、新方法层出不穷。近一个世纪以来，西方学者们对公共关系进行了大量的研究，但由于着眼点不同，采用的方法不同，因此，不同的学者对公共关系所下的定义也迥然不同。

目前，国际上比较流行的公共关系定义表述有美国的雷克斯·哈罗博士的“管理说”，他认为：“公共关系是一种特殊的管理职能。它帮助一个组织建立并保持与公众之间的交流、理解、认可与合作；它参与处理各种问题与事件；它帮助管理部门了解民意，并对之作出反应；它确定并强调企业为公众利益服务的责任；它作为社会趋势的监测者，帮助企业保持与社会同步；它使用有效的传播技能和研究方法作为基本工具。”还有英国著名公共关系学者弗兰克·杰夫金斯的“传播说”，他认为：“公共关系是由为达到相互理解有关的特定目标而进行的各种有计划的沟通联络所组成的，这种沟通联络处于组织与公众之间，既是内向的，也是外向的。”此外还有“传播管理说”、“形象说”、“协调说”、“咨询说”等。

国内学者也从不同角度、不同层次描述了公共关系。例如，余明阳在全国通用教材《公共关系学》中这样界定：“公共关系是社会组织为了塑造组织形象，通过传播、沟通手段来影响公众的科学和艺术。”居延安等人在《公共关系学》中表述为：“公共关系是一个社会组织在运行中，为使自己与公众相互了解、相互合作而进行的传播活动和采取的行为规范。”

尽管国内外学者对公共关系定义的表述各不相同，但其基本内涵却是不变的，或者说是基本一致的。综合分析可归纳为几方面：第一，公共关系是客观存在的一种社会关系。公共关系本身既不是一门科学和艺术，又不是一种工作、一种方法、一种职能，它是实实在在、客观存在着的一种社会关系。第二，公共关系是社会组织与其相关公众结成的关系，公共关系的主体是社会组织，客体是相关公众，关系的性质是“公共的”，是社会组织与公众之间的互动，而非私人性质的。第三，公共关系是为特定目标而建立和维系的。社会组织与公众建立关系并加以维持，不是盲目的行为，而是有目的、有计划的行动。不同的社会组织有不同的利益需求，同一社会组织在不同时期、不同情况下有不同的追求。总的来说，都是为了加强社会联系、协调各种关系、赢得社会各界的支持与合作，在互惠互利的基础上实现自身的生存和和谐发展。第四，社会组织通过对自我主体形象的塑造，对社会组织与相关公众之间的信息进行有效沟通和对双方关系进行协调等方式来达到合作的目的。

综上所述，可以将公共关系定义做如下表述：公共关系是社会组织为了寻求良好的合作与和谐发展，通过形象塑造、传播管理、利益协调等方式，同相关的公众结成的一种社会关系。它包括政府与社会各界的关系、企业与消费者及有关客户的关系、组织内部领导与员工的关系等。

二、公共关系构成要素

任何事物都是由各种相关的要素所共同组成的，公共关系作为一种客观存在也不例外。公共关系的组成主要有三大要素：社会组织、媒介和公众。

（一）社会组织

社会组织是人们为了有效地达到特定目标，按照一定的宗旨、制度、系统建立起来的共同活动集体。它有清楚的界限、明确的目标，内部实行明确的分工，并确立了旨在协调成员活动的正式关系结构，比如政党、政府、各种社团、企业、学校、医院等。

社会组织是公共关系的主体，它是公共关系中处于主动地位的一方。

（二）媒介

公共关系媒介是指社会组织与公众发生联系的人或事物。

人通过语言、行动表达思想和情感，传递信息，使社会组织与公众建立和发展关系。事物包括为建立和协调公共关系所开展的活动，使社会组织与公众发生联系的物品、符号、标志、图画、图像等。在现代社会，报刊、电视、广播、互联网络等已成为非常重要的公共关系媒介。

传播媒介是联系公共关系主体和客体的桥梁。

（三）公众

公众是指与社会组织相关的有共同利益需求的个人、群体、组织集合而成的集体。组织内部员工、顾客、读者、观众、社区居民、社会名流等都是重要的公众，公众构成了社会组织生存和发展的社会环境。

公众是公共关系的客体，它对社会组织产生制约和影响，是社会组织认识、作用的对象。公共关系的构成如图 1－1 所示。

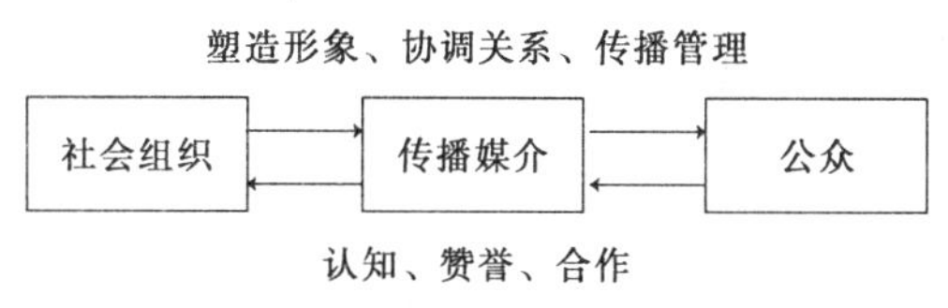

图 1－1　公共关系构成要素

上图表明：社会组织、公众、媒介三个要素存在于同一个社会环境中，它们相互联系、相互作用、互有影响，构成公共关系的运行基础。社会组织通过媒体作用于各类相关公众，作用方式主要有塑造形象、协调关系、传播管理等；各类相关公众对社会组织产生认知、赞誉，与社会组织进行合作，形成互助互利的关系。

三、公共关系基本特征

公共关系虽然看不见、摸不着，但它是一种客观存在，并有其特殊的属性。研究和认识公共关系的属性，有助于我们更好地把握公共关系，驾驭公共关系的实践活动。

（一）客观性

公共关系的客观性是由社会关系所具有的客观性质决定的。社会组织在生存、发展过程中，对环境的依赖也在不断增强，双方处于持续的相互作用之中。社会组织必须不断地从外界环境中获得信息、物质和能量，以维持自身生存；同时，社会组织必须通过内部转换过程向外界环境提供其可以接受的输出，保持动态平衡和良性循环。而要很好地完成双向交流的任务，就必须建立和维持良好的公共关系。公共关系的产生和发展，有其客观必然性，它是社会上客观存在着的一种社会关系。

（二）公开性

公共关系活动的目的是通过塑造组织形象，吸引社会公众，争取公众的理解、支持与合作，只有在“透明”的情况下，公众才能了解你、信任你、支持你、投向你。

从另一个角度讲，公共关系活动本身也是公开的。公共关系活动的主体、作用对象都是集体，是公对公，不是个人的、私人的性质，而是属于社会的，相互沟通的媒介主要是大众传播媒介，活动的目的是为组织和公众谋利益，是公众性和公益性的。公共关系活动完全处在社会各界、法律以及舆论的监督下，公共关系活动的手段是公开的、公平的、公正的。

（三）稳定性或长期性

社会组织与公众的关系是长期存在的，不仅谋求眼前利益，而且考虑长远利益。公共关系的建立、维持，是一种连续的、持久的、有计划的努力。从宏观上看，社会组织与公众的互动是长久的；从微观上看，社会组织同某类公众对象建立起关系后，不会很快就解除这种关系，而是要尽力维持下去。

（四）相关性

社会组织与公众建立关系不是随意的、随机的，而是有明确对象的。公共关系是在相关的社会组织与公众之间建立起来并维系下去的某种关系。所谓相关，就是指某类社会群体的共同利益被某一社会组织的政策和行动所影响；反过来，这类社会群体的舆论和行为也制约着这个社会组织，甚至决定着这个社会组织的成败、命运。

（五）间接性

社会组织与相关公众的联系往往是不能直接、面对面进行的，一般要通过一定的媒介才能互动。人与物都可以充当这种媒介。一个单位派人前往某处游说、洽谈，这是以人为媒介；一位发言人通过广播、电视、报纸等向公众发布新闻，这是以物为媒介。

（六）互利性

满足各自的物质与精神需求是各种社会组织交往背后的普遍动机。社会群体之间的交往，既以满足自己需求为前提，又以满足对方需求为必要条件。互补是社会关系建立和发展的动力，互利是互相交往的基础。只有在互惠互利的基础上，才能建立和维持相互间的关系。

（七）可变性

体现在两个方面：一方面，公共关系的性质可以发生变化，原先的合作互助关系可能因为利益冲突等因素影响而变为竞争或敌对关系；反过来，对立性的关系也可能转化为合作性的关系；另一方面，虽然建立起来的关系具有一定的稳定性，但也不排除因某种原因双方“另择对象”，主客体都可能进行置换。

第二节　公共关系的产生和发展

公共关系是现代社会的产物，随着市场经济、民主政治和传播技术的发展，公共关系越来越成为现代社会的一种普遍现象，已广泛应用于社会经济生活的各个领域。

一、公共关系的产生与发展

公共关系作为一种客观存在的社会关系和一种思想与活动方式古已有之，翻开西方和中国历史，类似公共关系的思想和活动随处可见。但是，公共关系作为一个行业、一门学科的正式产生是在20世纪初，它是资本主义商品经济发展的产物。它首先在美国产生并获得迅速发展。

最早的公共关系活动出现于美国政界。在美国的废奴运动、立宪运动和总统竞选活动中，都开展过公共关系活动。以亚历山大·汉密尔顿为首的争取宪法获得批准的运动、以詹姆斯·迪逊和约翰·查伊为首的联盟制宣传运动，都被称为“有史以来最杰出的公共关系工作”。在美国总统竞选的“形象竞争”中，竞选者都力图把自己扮成公众利益的发言人，以此获取选票的活动最具有代表性。1896年，布顿安在29个州内至少发表过400篇演说，而他的政敌塔夫托旅行了185万英里，在30个州内发表436篇演说。富兰克林·罗斯福等人竞选时，与选民们的握手就达数万次之多。

公共关系运用于工商界则是在19世纪末20世纪初。当时，随着生产力的发展，机械化生产的广泛采用，产业结构不断分化，社会财富日益集中到资本家手中，资本家和工人之间的矛盾达到十分尖锐的程度。由于垄断资本家无视工人和社会利益，招致工人、社会公众、新闻界及政界的有识之士的强烈反对，特别是新闻界掀起了所谓揭露奸商丑闻的“揭丑运动”。据统计，1903 年至 1912 年的 10 年间，揭露丑闻的文章就有 2000 多篇。在这种情况下，一些大企业采用许多手法来缓和企业与公众的紧张关系，借以摆脱所面临的困境。这样，公共关系就开始在工商企业中出现。

公共关系作为一种职业，是从美国公共关系的先驱者艾维·李（1877～1934 年）开始的。1903 年《纽约时报》记者艾维·李创办了美国第一个向顾客提供公共关系劳务而收取费用的公共关系顾问公司，专门为企业或其他社会组织提供传播与宣传服务，协助客户建立和维持与社会公众之间的关系。1906 年，他向报界发表了著名的《原则宣言》，即所谓企业管理的“门户开放原则”，声称“公众必须被告知”，艾维·李试图使人相信，凡是有益于公众的事情，终必有益于组织，促使企业家认识开展公共关系的重要性。像美国电话电报公司、洛克菲勒财团等以及当时纽约州长，都是他的早期客户。艾维·李的活动促进了公共关系的发展，被人誉为“现代公共关系学之父”。

在以艾维·李创办宣传顾问公司为标志的公共关系职业迅速发展的时候，另一位公共关系先驱爱德华·伯内斯于 1923 年提出了“公共关系咨询”的概念，进一步扩展了公共关系的职能。他在《舆论袢观》这部经典著作中，解说了“公共关系咨询”的两重作用：一是它能推荐导致商业界和产业界执行合理的社会行为的政策；二是它能通过宣传这些政策和行为，为企业赢得公众的好感和支持。他还认为，公共关系人员应促使企业履行社会责任和义务。1913 年他被福特汽车公司聘为公关部经理，在他的指导下，福特公司执行了一系列职工和社会服务与福利计划。此举开了企业承担社会责任之先河。爱德华·伯内斯公共关系思想的核心是“投公众所好”。他认为，以公众为中心，了解公众的喜好，掌握公众对组织的期待与要求的态度，确定公众的价值观念应该是公共关系的基础工作，然后按照公众的意愿进行宣传工作，才能做好公共关系工作。爱德华·伯内斯对现代公共关系的重要贡献主要表现在：

（1）公共关系活动职业化。

（2）公共关系摆脱了对新闻界的从属。

（3）公共关系运作程序、方法、技巧现代化，提出公共关系的整个运作过程应当包括从计划反馈最后到重新评估等八个基本程序。

（4）初步建立了现代公共关系的理论体系。

（5）强调通过投其所好的方法和宣传引导公众舆论的重要。

（6）“投公众所好”是公共关系思想的核心和立足点。

（7）使公共关系观念有了科学的涵义。

（8）主张获得公众的谅解与合作应当成为公共关系的基本信条。

爱德华·伯内斯的理论探讨和实践活动为公共关系的职业化、科学化，为公共关系教育的发展作出了重要贡献，使他享有公共关系先驱者之一的美誉。

公共关系在美国兴起后，大约在 20 世纪 30 年代开始进入西欧，随后传入其他国家。但是直到第二次世界大战前，公共关系的开展还局限于英语国家。二次世界大战后，国际间的经济、技术和劳务合作日趋频繁和紧密，以及随着美国实力在世界范围内的影响，使公共关系迅速突破英语国家而在世界范围内扩张，其影响也越来越大。公共关系学受到人们普遍的关注，公共关系学的发展达到了一个新的高潮。具体表现为以下四个方面的特征：

1. 公共关系学科规范化

20 世纪以来，凡致力于公共关系理论建设和体系构造的有识之士都尤为强调该学科的规范性，防止把公共关系学搞成一种无所不包、无所不能的“万金油”式的学科。其主要标志就是基本理论逐步得到确立。经过公共关系学研究者和实践者几代人的努力，学科的基本规范已形成，基本理论逐步建立。从艾维·李的“说真话”到爱德华·伯内斯的“投公众所好”，再到斯科特·卡特李普等人所倡导的“双向对称”公共关系理论模式，大致构成了一套公共关系学基础理论。

2. 公共关系教育专门化

自从爱德华·伯内斯 1923 年在纽约大学首次开设公共关系学课程以来，公共关系教育发展迅猛。1937 年美国公共关系协会的创始人之一雷克斯·哈罗在斯坦福大学开设公共关系专业课程，首次比较系统地讲授公共关系学。据《有效公共关系》介绍，1946 年被调查的 59 个主要高等院校中有 30 个开设了公共关系课程。10 年后，美国公共关系协会调查结果表明，开设公共关系课程的学院增加了 3 倍，653 个学院与公共关系协会保持联系。1947 年美国波士顿大学创办了第一所公共关系学院，标志着公共关系学教育达到一个新的高度。到 1978 年，美国已有 292 所大学开设公共关系专业，其中 10 所大学设有博士学位、23 所大学设硕士学位、93 所大学设学士学位。到 1985 年，美国讲授公共关系课程的学校至少在 400 所以上。

3. 公共关系工作职业化

美国电话电报公司率先于 1908 年设立了公关部并配有一名全职公关经理。自 20 世纪 30 年代起，欧美国家纷纷成立专业化、职业化的公共关系咨询顾问公司，一些大公司设立了公共关系部门，随后这种做法逐渐扩展到发展中国家，在政府部门和大公司中颇为流行。据悉，美国 85% 的企业公司设有公共关系部门；在美国，公共关系咨询公司在 1937 年约有 250 家，1960 年约有 1350 家，1985 年约有 1600 余家，公共关系从业人员近 20 万人。公共关系工作的职业化催发了公共关系职业道德建设，1954 年美国公共关系协会制定出第一部公共关系道德准则，1962 年协会专门设立一个检查机构监督公共关系准则的实施。

4. 公共关系行业国际化

1955 年国际公共关系协会在伦敦成立，标志和预示着公共关系事业在全世界的发展和成功。经过几十年的努力，公共关系学在许多国家里被广为传播，已被明智的政治家、实业家视为一种资源来开发。可以说公共关系的原理和方法已经成为国际通用的“语言”，为具有不同文化背景和语言习惯的各国人们所接受，公共关系行业的国际化成为不可逆转的趋势。

二、公共关系在我国的发展状况

现代公共关系思想和公共关系实践进入中国，应以 20 世纪 60 年代香港、台湾地区的公共关系的引进为发端，但全方位地落户中国，则只能以中国大陆为参照系。20 世纪 80 年代初，中国大陆实行对外开放政策，公共关系作为一种新的经营管理思想和技术传入中国，并呈现出由南向北、由东向西，由服务业向工业企业，由外资企业向国有企业，由企业组织向政府组织逐步发展的格局。

公共关系在我国的发展，大致经历了三个发展阶段：

（一）导入时期，时间大约为20世纪80年代初及中期

随着改革开放的发展，在深圳、广州等地的一些中外合资企业和外商独资企业按照海外的管理模式，最早在其内部设立了公共关系部，大多聘请在海外受过公共关系训练的人担任经理。1980年中港合资的深圳蛇口华森建筑设计顾问公司率先成立，这是我国第一家公共关系性质的专业公司，它主要是适应特区建设的需要，提供经验与技术。1982年深圳竹园宾馆成立公共关系部，开展以招徕顾客为目标的扩大影响的服务性公共关系活动。1983年中外合资的北京长城饭店成立公共关系部。1984年广州中国大酒店等宾馆、酒家和服务部门设立公关部。后来，广东电视台以这些宾馆酒楼的公共关系活动为背景拍摄了第一部反映公共关系理论与实践的电视连续剧《公关小姐》，该剧在全国播映后，影响千家万户，使公共关系为亿万中国人所知晓。1984年9月，广州白云山制药厂公关部成立，开创了我国国有企业设立公共关系部先例。这一阶段的公共关系主要是把国外的公共关系运作模式、运作程序、管理经验及具体做法引入中国。由于当初人们仍对公共关系缺乏认识和了解，公共关系的运用多采取简单搬用或模仿外国公共关系的做法。尽管如此，对于改革开放的中国人来讲，能以新的思想观念接受外国的经验技术，已是一个了不起的进步。

（二）迅速发展时期，大约为20世纪80年代中后期

这期间，中国呈现第一个“公关潮”，其标志是专业公司、公共关系协会、公共关系教育培训以及公共关系理论研究迅速发展起来。1985年，两家世界上最有影响的公共关系公司——伟达公司和博雅公司先后进入我国。其中博雅公司与中国新闻发展公司达成协议，成立中国第一家公共关系公司——中国环球公共关系公司。1986年12月，上海成立全国第一家省级公共关系协会。1987年5月，全国权威性的公共关系社团组织——中国公共关系协会在北京正式成立。此后，全国各省、市、自治区以及若干大中城市相继成立地方性公共关系协会或学会。许多企业内部的公关部开始运作，并取得了较大的实践成果，如“健力宝”等企业的公共关系活动在全国范围内产生轰动效应。1985年1月，深圳市总工会举办全国第一个公共关系培训班。在此前后，深圳大学、中山大学、北京大学研究生院、首都师范大学、复旦大学、清华大学、中国人民大学等相继讲授公共关系课或开设公共关系专业。1986年11月，中国社科院编著的《塑造形象的艺术——公共关系学概论》正式出版。同年12月，王乐夫、廖为建等人的公共关系专著问世。从1988年起，全国公共关系组织联席会议相继召开。1989年全国高校第一届公共关系教学研讨会召开；1988年1月，中国第一家公共关系专业报纸——《公共关系报》在杭州创刊，向全国发行；1989年1月，中国第一份国内外公开发行的公共关系杂志——《公共关系》在西安创刊。公共关系的理论研究十分活跃，理论成果十分丰富。据不完全统计，在这一时期公共关系专著、译著、教材公开出版发行近100部。在第一次“公共关系潮”时期，虽然仍存有机械模仿、层次较低、良莠不齐等情况，但理论上和实践上的“百花齐放、百家争鸣”局面为下一时期的公共关系发展打下了较好的基础。

（三）成熟稳定发展时期，时间从20世纪90年代初至今

其标志为：第一，中国的公共关系得到党和国家领导人的关注。第二，公共关系的教育和理论研究日趋成熟。1994年4月，中国国际公共关系协会成立，促进了我国公共关系理论研究与社会实践的国际化；1994年中山大学被教育部批准开办部属院校第一个公共关系

本科专业，随后在一些名牌大学开始尝试招收公共关系方向的硕士生、博士生。至今，所有的本科院校全部开设了公共关系学课程，约有20多所各类学校开设了公共关系专科专业。全国公开出版的公共关系专著、教材、译著、工具书等已超过1000种。1990年中国公共关系协会学术委员会在河北高碑店召开第一届公共关系理论研讨会，之后又相继在不同地方召开了全国公共关系理论研讨会，极大地推进了我国公共关系的理论研究进程，学术研究活跃，一些学术流派开始产生。第三，公共关系实践活动从自发走向自为、从盲目走向自觉、从照搬走向自主创造，全国有一大批公共关系专家、学者分别主持策划、操作企业公共关系、企业CIS、政府公共关系或城市CIS和城市形象建设。第四，1998年经劳动和社会保障部批准，公共关系职业载入“国家职业分类大典”，公共关系职业纳入国家正式职业行列；1999年国家职业资格工作委员会专门设立公共关系专业委员会。这标志着我国公共关系职业化迈出了关键一步。

第三节　公共关系的界定

公共关系的界定是指通过将公共关系与相近事物的比较，来明确其相互之间的联系与区别，以利于社会组织有效地开展公共关系工作。

一、公共关系与庸俗关系

所谓庸俗关系是一种非正常的、不健康的、被歪曲了的、庸俗化了的社会人际关系。它的目的是为了个人或小团体得到一点好处或得到一种不正当的优待。这种关系的双方是一种以损公肥私、侵占他人利益及危害社会利益为前提的合作关系，是一种赤裸裸的利益关系，它和公共关系有着本质的区别。

（一）产生的社会基础不同

公共关系是商品经济发达、信息传播迅速而广泛、现代经济活动空前活跃的产物。在市场竞争十分激烈的条件下，谁拥有公众，谁就能在竞争中取胜。使商品竞争转向争取公众的竞争，而争取公众的竞争实质上就是组织形象的竞争。

庸俗关系是在社会生产力低下、商品经济不发达、物质供应欠丰富、服务不完善条件下产生的一种不良的社会现象，它是某些人“拉关系”、“走后门”、以权谋私、损公肥私的行为。

（二）两者的观点、主张不同

公共关系主张“以诚相待”、“实事求是”、“互惠互利”、“眼光远大”。它借助于诚实无欺、双向传播沟通的手段，将组织利益、公众利益、社会利益有机地结合在一起。公共关系做任何事情都以“对组织形象的塑造和宣传有利”为原则。

庸俗关系则不然，它根本不顾及本身的形象，凡事以“我”和“小团体”利益为中心，弄虚作假，不尊重事实，只顾眼前利益，急功近利思想非常严重。而这些与公共关系所坚持的原则是格格不入的。

（三）运用手段不同

公共关系运用大众传播媒介，如报刊、电视、广播、电影、网络等进行信息传播，是公开的活动。

庸俗关系则是在背后搞个人的私下交易，施以小恩小惠，请客送礼，吃吃喝喝，相互利用，是一种偷偷摸摸、躲躲闪闪的私下交易。

（四）获利对象不同

公共关系的主体是社会组织，公共关系活动是为了组织的生存发展和强盛而进行的双向交流、双向沟通。公共关系活动的对象是公众，公共关系讲究尊重公众的利益，其结果是主体与客体双方受益。

庸俗关系有时也代表组织，但由于使组织的关系变成了个人的私下交易，而最终受益的是个人而不是组织。

（五）社会效益不同

公共关系是一种开明的经营管理艺术，是现代文明的表现。它主张人与人之间、组织与组织之间都要以诚相待。若全社会的组织或个人都使用公共关系的手段来经营、竞争，都在塑造自己美好的形象，社会必将更加和谐、友善、文明、进步。

庸俗关系则不然，由于它的出现不但不能给组织带来好处，反而还会使人际关系变得庸俗化、利益化，从而给社会增加了各种矛盾，造成人际关系紧张，使社会在一定程度上失去平衡、失去公理、失去标准，严重污染了社会风气，使社会文明程度下降。

二、公共关系与人际关系

（一）公共关系与人际关系的主要区别

1. 行为主体不同

公共关系的主体是社会组织，处理的是组织与公众的关系。人际关系的主体是个人（私人），处理的是个人与个人之间的关系。

2. 服务对象不同

公共关系服务的是社会组织，关系的融洽与冲突、受益与受损的都是组织本身。人际关系服务于个人，关系的好坏、受损或受益也属于个人。

3. 公众对象的选择方式不同

社会组织所面临的公众是与组织相关的个人、群体和组织，公众对象是由组织的性质和特点决定的。而人际交往中，个人可以根据自身的需要，为达到一定的目的，选择自己愿意结交的对象。

4. 交往的范围不同

公共关系主要借助于新闻传播媒介进行大范围、长距离的沟通活动。而人际交往主要是通过个人之间的语言或非语言符号进行直接的接触，所以，交往的范围要小得多。

（二）公共关系与人际关系的联系

1. 公共关系离不开人际关系

由于组织之间的联系，往往表现为一个组织中的若干人同另一个组织中的若干人之间的联系，即表现为人际关系。因此，公共关系常常要借助于人际沟通的方法来进行。

2. 人际交往是公共关系活动的基础，也是公共关系活动必不可少的手段

公共关系人员需要通过各种人际交往场合，运用各种交际手段与周围的公众建立密切的联系，通过广交朋友、增进友谊的方式和手段来达到消除误会和加强合作的目的。人际关系

中的社交应酬不同于公关，它只是公关的一种手段，而不是主要手段。

三、公共关系与广告

所谓广告，就是广告主所使用的一种大众传播手段，它以劝说的方式向目标市场推销产品、劳务、观念或广告主自身的形象。它分为两类：一类是商品广告，以推销商品、劳务为内容，目的是劝说顾客购买商品、接受劳务；另一类是公关广告，以推销介绍广告主的观念、形象为主要内容，目的是增进公众对组织的总体了解，提高组织在公众中的知名度和美誉度，从而使组织的活动能得到公众的信任与支持。

无论商品广告，还是公关广告，从表现手法和最终目的上看，都与公共关系存在着先天性的联系；公关广告与商品广告运用主要传播媒介相同，实施程序也相同。

（一）公共关系与广告的联系

1. 广告是公共关系的重要手段

公共关系是社会组织扩大影响、树立形象的活动，活动中经常使用广告来扩大影响。从这一点上看，与广告的功能有所吻合。公共关系有多种手段，其中广告的策划、宣传便是其一个重要的手段。广告宣传只是公共关系整体的一部分，并非全部，更不能取代公共关系。公共关系需要做广告，但做广告并不等于就是公共关系。

2. 二者都使用传播手段进行有组织、有计划、有目的的活动

公共关系与广告都是一种传播手段，都是一个有组织、有计划、有目的的活动。但广告仅使用大众传播手段，而公共关系除使用大众传播手段外，还经常使用人际传播、组织传播以及其他一些手段。广告的传播过程是单向的信息宣传，而公共关系是双向的传播与沟通。

（二）公共关系与商品广告的主要区别

1. 两者的目标不同

商品广告的目的是希望以最小的花费在最短的时间内打开市场或推销出更多的商品和劳务。公共关系的目的是树立组织的整体形象，增进组织内外公众对其的了解，使组织能够长期生存和发展。

2. 两者传播原则不同

商品广告在传播过程中允许在真实性的基础上进行艺术性创造，以达到吸引消费者注意的目的。公共关系广告的传播过程，讲究真诚的原则。

3. 传播的内容不同

商品广告传播的内容因商品或劳务的不同而不同，在某一时期集中宣传某一产品或劳务，它有着明显的季节性和阶段性。而公共关系广告的内容是塑造组织形象，要经过长期的、有计划的和保持一贯风格才能做到。

4. 在组织中所处的地位不同

公共关系协调社会组织与公众的关系，树立组织的良好形象，争取组织长期顺利发展，它是一项长期的、系统的、涉及组织各部门和各环节的工作，在组织经营管理工作中处于全局性的地位。而广告是针对某种产品或某项劳务的销售目标而制定的促销活动，它只对某种商品或劳务的销路产生直接的影响，而对其他产品或劳务不会发生影响。

5. 两者适应范围不同

商品广告只适用于营利性组织；而公共关系广告可适用于社会上的所有社会组织。

6. 效果评估方法不同

商品广告效果是直接的、可测量的。一项商品广告的效益可用产品销量、利润等指标来衡量。但公共关系广告的效果是长远的、不易测量的，是与组织的社会效益和经济效益结合在一起的，公关广告的效果测量只能看组织的知名度和美誉度两个指标。

四、公共关系与宣传

宣传是社会组织通过传播一定的观念来影响或控制他人的信仰、态度或行为的有系统的劝说活动。在当今时代，宣传被各种社会组织和个人所利用，宣传对社会舆论有很大的导向作用，往往能取得推波助澜的效果。

（一）公共关系与宣传的联系

宣传是一种劝说活动，公共关系也含有劝说活动的内容，因为传播信息也就是说服对方以获得合作与支持。另外，公共关系和宣传都经常使用各种传播媒介来开展社会活动，都必经建立在组织扎扎实实的基础工作之上。

（二）公共关系与宣传的区别

1. 两者的目的不同

公共关系的目的是争取社会各界的理解、支持与合作；宣传是通过传播活动来影响和控制他人的思想。

2. 两者的方式不同

公共关系是社会组织与社会公众之间信息的传递和交流，它既强调及时、准确地向社会公众传播社会组织有关信息，又注重社会公众的信息反馈。因此，公共关系注重的是双向沟通；而宣传通常侧重于单向的、灌输式的传播。

五、公共关系与营销

（一）公共关系与营销的联系

在实践中，公共关系看重的是同消费者感情的沟通，让消费者对企业和产品有一个全面的、正确的了解，以树立企业或商标的形象，只有公关工作取得成功，商品销售才会取得良好的效果。

将公关活动与营销有机结合，可以弥补单纯的销售工作存在的缺陷。

（二）公共关系与营销的主要区别

公共关系追求的是组织的社会效益和长远利益，而营销所追求的是组织的经济效益和近期利益。

第四节　公共关系的原则和职能

一、公共关系的基本原则

公共关系的基本原则是指社会组织在开展公共关系活动时必须遵守的准则和要达到的要

求。

（一）真实性原则

真实性原则是指组织在开展公关活动时，必须把这种活动建立在组织良好的行为和掌握事实的基础上，向组织决策者如实传递有关公众的信息，向公众如实传递有关组织的信息。简而言之就是以事实为基础进行传播与沟通。具体内容包括四个方面：一是公共关系计划方案的制订是建立在实事求是的市场调查基础上的；二是向组织内外公众传递信息必须实事求是；三是评价事件必须客观公正；四是应当在公关活动中尊重民意。

（二）平等互惠原则

平等互惠原则是指公共关系应以公众利益为导向，使组织与公众的利益要求都得到满足，谋求组织与公众的共同发展。

公共关系是以一定的利益关系为基础的，但公关工作并非仅考虑组织利益，而是在公众利益的基准点上，以保证公众利益的实现和需求的满足来获得自身的盈利与发展。只有这样，才能实现组织与公众之间真正的沟通、合作，争取到社会各方的支持。因此维护公众的利益，就是维护组织自身的利益。

只有互惠互利，才能建立最稳定、最可靠的关系。在商品经济社会里，没有互惠互利，就没有平等的基础，就不可能建立正常、平等、互惠的社会关系。

（三）整体一致原则

整体一致原则是指社会组织在开展公关活动时，要站在“社会”的高度，对由活动可能产生的对社会经济效益、社会生态效益、社会精神文明建设等几方面的影响综合起来统一考虑，使诸方面均符合公众的长期利益和根本利益。这种力求使诸因素效益一致的思想和做法，称其为整体一致的原则。

（四）全员公关原则

全员公关原则是指组织为了塑造形象，必须让形象的每一个要素加入到公共关系活动系列。要求组织的全体成员都要注意树立公共关系观念，都要为公共关系工作作出贡献。

1. “全员公关”必须体现在组织最高领导层的行为上

公关活动作为一种管理活动，渗透于组织工作的各个环节，必须从全面和战略角度加以协调管理。没有领导层的关心和支持，公关活动就难以成功。

2. “全员公关”必须依靠全员的公关配合

全体员工的工作必须与公关工作相结合，团结协作，自觉代表组织向外界传播、宣传本组织形象，并注意收集其他有关组织信息，提供给公关部门，以自己的实际行动关心、支持、配合公关工作。

3. “全员公关”要求公关工作具有整体协调性

要使组织全体成员形成合力推动公关工作，必须使公关工作本身具有整体协调性。公关整体协调性要求公关机构内部人、财、物的最佳组合，公关机构与其他部门、人员的严密配合，协同一致。

二、公共关系的职能

公共关系的职能是指公共关系对社会组织、个人以及对整个社会所担负的职责和所发挥的功能。

（一）塑造组织形象

形象是社会组织的实力和人员素质在经济、技术、社会等方面的综合反映。公共关系学中所讲的组织形象是指社会公众和组织内员工对组织的整体印象和评价。它包括组织的外部形象，即组织外部公众对本组织的产品、信誉、管理水平、服务质量、人员素质等方面的评价；组织的内部形象，即组织内部职工对组织的各种评价。

在信息社会竞争十分激烈的情况下，良好的信誉与形象是组织生存和发展的重要条件。对一个组织来讲，良好的组织形象是一笔无形的财富，可以使组织取得社会公众的理解、信任与支持，从而促进组织目标的实现和利益的获得。

公共关系如何来树立和维护组织的信誉与形象呢？第一，树立良好的信誉与形象，一靠内功，二靠真实传播；第二，树立形象要走从商品形象到企业形象的发展道路；第三，组织要加强内部自我修养，完善自我形象，建立良好的信誉口碑；第四，要广结良缘，与社会公众保持良好、稳定的合作关系。

（二）沟通信息

公共关系活动的基本内容和手段就是通过传播沟通，促成组织与公众间的信息交流，建立和谐的公众关系。因此，信息是公共关系活动的基础，采集、传播、沟通组织和公众所需要的信息，是公共关系工作的一项重要职能。

公共关系信息特指社会组织为了塑造形象，促进事业发展而采集、传播的对公众和组织自身有益的各种信息。它包括组织形象信息，如公众对组织机构的看法或评价、公众对组织管理水平和服务水平的评价、公众对组织工作人员的评价等；产品形象信息，如产品的质量、品种、花色、款式、价格、包装、售前售后服务等；公众的需求信息；竞争者信息；宏观环境信息等。

信息沟通可分为内部信息沟通和外部信息沟通。内部信息沟通是指组织的管理部门和其内部公众之间进行信息交流，它是现代公共关系计划的基石，其职能是让管理部门和雇员彼此之间了解对方的打算和意图。外部信息沟通是指组织的管理部门和外部公众之间进行信息交流。要想使组织得到迅速发展，这两方面的信息沟通都是必不可少的。

（三）协调关系

协调是公共关系的重要职能之一。现代组织是一个内部信息密集，同时又与外界环境发生着物质、能量、信息交换的开放系统，要与各方面的公众交往。因此，协调各方面的关系显得十分重要。

协调是在沟通的基础上，经过调整，达到组织与公众互惠互利的和谐发展。公共关系是组织与社会环境之间的一种协调沟通机制。公共关系工作就是运用各种协调沟通的手段，为组织疏通渠道，发展关系，广交朋友，减少摩擦，调解冲突，成为组织运转的润滑剂、缓冲器。公共关系协调的重要作用在于保护组织系统的整体平衡，使局部和整体步调一致，以利于发挥组织的整体优势，确保组织任务的落实、目标的实现；在于与社会公众建立互惠互利的和谐关系，避免和减少组织与公众的摩擦，为组织赢得公众的支持配合创造有利条件。

协调关系的内容主要有以下几个方面：

1. 协调组织内领导和群众的关系

在组织内部，领导与群众的根本利益是一致的。但是，由于领导与群众常因工作方面的管理而发生一些误解和意见分歧，如果处理不好会影响组织内部团结和群众的热情。因此，公共关系人员要努力做好这方面的协调工作，起到承上启下的作用。一方面，要经常向领导者反映群众的意见和要求，提出如何根据职工的要求调动他们积极性的建议，从而使领导者了解群众的呼声，认识自己工作中的缺陷，制定实际改进的措施；另一方面，要积极向职工群众宣传介绍组织的管理方针、政策，传达领导层的意见，解释原委，消除一些可能发生的误会，使群众对于领导的意向、组织的发展状况有所了解，从而能够自觉地配合组织领导搞好组织各方面工作。

2. 协调组织内部各部门之间的关系

组织要发挥其整体效应，就要有各管理部门协调一致的配合。但是，一个组织的各部门由于各自的工作对象和特点不同以及信息沟通不及时等缘故，往往会产生各种矛盾；工作中也经常会出现互相推诿、扯皮、投机取巧等现象。如果这种局面不扭转，发展下去会影响组织内部团结乃至整个工作的正常运转。这些部门之间的协调工作应主要由领导去做，但是公共关系部门也可以起到一定的配合作用，主要是沟通信息渠道，加强部门之间的平时联系，营造一种互相支持、相互信任、相互谅解的团结合作气氛，使各管理部门之间达成有效的协同。

3. 协调组织与外部环境和外部公众的关系

组织在发展过程中，经常会由于各种原因与外界环境和外部公众发生误解或矛盾，造成关系紧张。作为公共关系部门和公关人员就要及时了解情况，进行协调，在冲突发生以前，做好预防工作；而在冲突发生以后，要通过协调工作尽可能减轻矛盾和冲突。

（四）咨询建议

咨询建议是指公共关系部门向组织领导提供有关公共关系方面的情况和意见。

公共关系的咨询建议与沟通信息是密切联系的。获取信息是咨询建议的前提。公共关系人员对采集来的信息进行整理、选择、分类、归档等处理，建立信息库，为公共关系活动提供依据，为机构领导的决策提供咨询建议。公共关系的咨询建议不但要求准确，更重要的是要具有很强的说服力。只有这样，才有可能使组织内部公共关系机构成为企业的“智囊机构”。

咨询建议主要包括：关于组织形象的咨询，关于产品形象的咨询，关于市场动态和公众意向的预测咨询以及社会关系咨询等。

（五）策划专题活动

专题活动是指社会组织在运行过程中，为达到一定目的，引起公众关注而安排某种非日常事务类的专门活动。

专题活动的种类很多，如庆典性活动、推销性活动、信息发布活动、联谊性活动等。从活动的效果看，又可分为形象效果活动和运行效果活动。不管哪一类活动，要取得效果都离不开信息传播，因而，作为传播信息活动的公共关系在这些专题活动的组织安排中起着重要的策划作用。

公共关系的专题活动是一种综合性的传播活动。其目的在于通过专题活动，为组织创造和谐融洽的社会关系环境，把组织与广泛的社会活动紧密地联系在一起，使广大公众在参加专题活动的同时，便潜移默化地接受了组织的各种信息，增加对组织的认知和信任程度。另外，引起和吸引新闻媒介的注意，使其增加对组织的报道，提高组织的知名度。

例如，1957年美国总统艾森豪威尔67岁寿辰之日，华盛顿市民传送着这样一个热门话题：法国人民为了表示对美国人民的友好感情，在艾森豪威尔总统寿辰之际，将选赠两桶极其名贵、酿造时间长达67年之久的法国白兰地酒作为贺礼，特向总统祝寿。贺礼将由专列送往美国，白兰地公司还特意为此付出了巨额保险金。在总统寿辰上，将隆重举行赠送仪式：两名身穿宫廷侍卫服装的法国人将抬着这两桶酒步入白宫。于是，新闻界关于法国白兰地酒长征美国的报道接连不断，吸引了成千上万的读者。当这个送酒仪式举行时，华盛顿出现了万人空巷的罕见景象。从此，法国名酒白兰地便成了美国的国宴酒和市民餐桌上的必备品，法国白兰地开拓性地打入了美国市场。

可见，主办专题活动是一项非常重要的公共关系工作。这里既有产品推销广告的成分，也有公共关系广告的因素，可以说是其他公共关系活动所不能替代的。

（六）突发事件的处理

突发事件是指意想不到的突然发生的事或问题。突发事件有广义与狭义之分。从广义上讲，突发事件有良性与恶性两大类。良性的突发事件是指突然发生的对组织有利的事件；而恶性突发事件则是指突然发生的对组织不利的事件。从狭义上讲，突发事件则是专指突然发生的对组织不利的事件。公共关系讲的突发事件是狭义的突发事件。狭义突发事件又分为一般性突发事件和重大突发事件两类。一般性突发事件，主要是指组织活动中的公关纠纷，包括组织内部纠纷、同消费者的关系纠纷、组织之间的纠纷等；重大突发事件，主要是指重大工伤事故、重大生产失误事故、天灾造成的重大损失等。其中的一些危机如火灾、水灾、工伤、废气废水的泄漏、交通事故、地震造成的重大损失、企业产品的信誉危机等，都需要公关人员协助组织加以处理。

公关部门在处理突发事件中往往处在第一线，要提前做好对事件的预测，防患于未然；要学会控制局面，坚持实事求是的原则。

1. 了解事件的全貌

发生突发事件，公关人员要保持清醒的头脑，处变不惊，迅速地查明发生事故的种类、时间、地点及其原因。在查询过程中，不要一味地站在组织的立场上，要换位思考，站在公众的立场上，设身处境地为公众着想，以缓和公众的对立情绪。同时，也不能贸然发言或轻易反驳，而是要让公众尽量诉说真情，宣泄不满。公关人员要认真分析原因，防止感情用事，这时应注意相互沟通的艺术。

2. 采取行之有效的措施

在了解事件全貌的基础上，公关人员要迅速采取行之有效的措施。首先成立处理事件的专门机构，向公众讲清楚事件发生的原因和处理的方针、办法，使大家了解实情，反驳谣言，消除误解。其次对内部公众反映的意见认真对待，把他们的意见视为办好组织各项工作的催化剂。第三对外部公众可举行记者招待会、座谈会等，通过新闻媒介等方式与公众交流意见。

3. 做好善后工作

善后工作是一项细致而繁琐的工作，应在现场紧急情况处理完毕之后进行。首先，设立专门办事机构，把事件真相和组织对策告之公众。如属内部事件，立即通知伤亡者亲属，采取有力措施进行救护，安抚有关各方人员，并尽可能提供所需的服务，尽最大努力做好善后工作。如果是产品不合格引起的恶性事件，应迅速通知销售部门停止出售这类产品，并立即组织检修队伍，对不合格产品逐个检查或退换。

4. 掌握新闻传播的策略

应统一新闻传播的口径，注意措辞，尽可能以最有利于组织的形式来公布。公布最好是由组织的负责人进行。说明事故时应简明扼要，避免用技术术语或难懂的词句。同时，应该一方面主动向新闻界提供真实、准确的消息并表明所持态度，另一方面要慎重从事，重要事项应以书面材料的形式发给记者。

除了上述对策以外，还应根据具体情况，分别对政府部门、消费者、公安、当地居民、社区等公众采取适当的传播对策，通报情况，协助组织尽快度过危机，使组织形象的损害程度降至最低点。

思考练习题

1. 什么是公共关系及其基本要素？
2. 简述公共关系的产生的过程。
3. 公共关系与庸俗公共关系的区别是什么？
4. 简述公共关系在广告、宣传、营销中的作用。
5. 简述公共关系的职能。

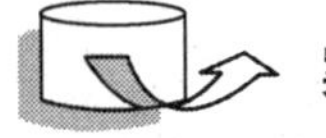

案例分析题

[案例1—1]　微软和苹果因竞合而双赢

一、案例介绍

微软公司视窗操作系统结合IBM个人电脑，最大竞争者是苹果公司的麦金托什电脑。苹果公司和微软公司多年来一直争夺市场占有率，但他们不仅是竞争者，也是伙伴，为什么呢？因为微软也生产用于麦金托什电脑上的文书处理和试算表软件。没有微软公司的软件，较少有人愿意购买麦金托什电脑；没有麦金托什电脑，微软公司也损失部分利润丰厚的应用软件市场。这两家公司的关系即是竞合关系——某个领域内合作，某个领域内竞争。如果微软公司和苹果公司都视对方为死敌，这样的关系便无法存在。只有双方领导人都抛弃狭隘的军事心态，不再沉溺于毁灭竞争者的念头里，进行动机良好的竞争，甚至与竞争者合作以炒热市场，大家才能获得更大的利润。

——摘自人事考试教育网（http：//www.chinatat.com/new）

二、案例思考

1. 微软公司和苹果公司的合作体现了公共关系哪条原则？
2. 如何看待企业之间的恶性竞争？

[案例1—2] 雀巢公司运用公共关系手段渡难关

一、案例介绍

近年来，社会舆论对一个企业的运转造成越来越大的影响。有时，社会舆论得到企业的充分认可，但在许多情况下，社会舆论往往遭到企业的拒绝，最终使得企业与公众沟通受阻，对企业发展不利，甚至造成企业危机。

当然，企业面临这种危机如果能及时解决，还是能重新获得信誉的。雀巢公司是一家大型跨国公司，曾因拒绝考虑舆论，经历了一场严重的危机，公司面临倒闭的危险。导致公司失去公众信任的原因，是该公司管理层没能就存在的问题与公众进行有效的沟通和交流。后来，经过一位著名的公共关系专家的调查研究，重整了企业实力和恢复了公司信誉。本案例证明了沟通在企业公共关系活动中的重要性。

（一）背景

一百多年前，亨利·内斯特尔先生在瑞士创立了雀巢公司，并以同音的“雀巢”（nestle）作为商品商标。1929 年，雀巢收购了 3 家瑞士巧克力公司，致力于奶粉与巧克力的生产。20 世纪 50 年代前，雀巢成功地开发了世界首创的即溶咖啡。二战爆发后，雀巢咖啡经由美军的饮用和推广，成为世人喜爱的饮品之一。1947 年，雀巢合并了美极食品厂。1982 年销售额达 136 亿美元，产品行销五大洲。作为一家饮誉全球的国际性公司，它的三大类产品是乳制品、速溶咖啡和多种厨房用品。

然而，饮誉国际的“雀巢”咖啡，在 20 世纪 70 年代却险些信誉扫地，“一命呜呼”。

20 世纪 70～80 年代初，世界上出现了一种舆论，说雀巢食品的竞销，导致了发展中国家母乳哺育率下降，从而导致了婴儿死亡率上升。由于当时“雀巢”决策者拒绝考虑舆论，继续我行我素，加上竞争对手的“煽风点火”，如出版一些直接针对雀巢的小册子，冠以骇人听闻的标题“杀害婴儿的杀手”等，以至到了 80 年代，竟形成了一场世界性的抵制雀巢奶粉、巧克力及其他食品的运动，雀巢产品几乎在欧洲市场无立足之地，雀巢公司面临着严重的危机。在严酷的事实面前，“雀巢”的决策者不得不重金礼聘世界著名公共关系专家帕根来商量对策，请帕根帮助公司渡过这一危机。

帕根接此重任后，立即开始调查研究。结果发现，形成这场抵制雀巢产品运动的根源，在于该公司以大企业、老牌子自居，拒绝听取公众的意见。同时，雀巢公司的推销行为，对公众是保密的。这使得公司与公众之间的信息传播严重受阻。这一切，都犯了公共关系的大忌，难怪误解、谣传遍起。

（二）公共关系目标和战略

帕根根据调查所得材料，制定了周密详细的公共关系计划。他把重点放在抵制最强烈的美国，虚心听取社会各界的舆论批评，开展大规模的游说活动，组织有权威的听证委员会，审查雀巢公司的销售行为等，使舆论逐步改变态度；建议接任雀巢公司总经理之职的毛奇，开辟发展中国家的市场，把它作为雀巢产品的最佳市场。在开拓市场的过程中，他吸取了以往的教训，不是把第三世界国家单纯看做雀巢的市场，而是从建立互利的伙伴关系着手。他们制定四个目标：一是与知名公共关系专家建立联系；二是确立危机处理小组在舆论制造者心中的地位；三是使雀巢公司有机会发表自己的言论；四是确保与公众从不间断的信息交流。

（三）公共关系活动

雀巢公司每年用60亿瑞士法郎，从发展中国家购买原料，每年拨出8000万瑞士法郎，来帮助这些国家提高农业产量。

此外，还聘请了1000多名专家，在第三世界国家举办各种职业培训班。

同时，雀巢公司针对雇员开展交流活动，与员工的沟通交流必须在公司内部进行，雀巢公司明确向员工解释引起危机的原因，以及公司正采取的措施和公司的前景，迅速建立信息传播网络，以使信息能传递至每一位员工。

雀巢公司这次危机是由于社会舆论引起，他们对此更为重视，开展了一系列与公众交流沟通的活动。例如：进行了大型宣传活动，对雀巢公司的产品做进一步详细介绍，让更多的人更清楚地了解；把30多万袋资料邮寄给美国传教士；对新闻界实行"门户开放，坦诚相待"政策；成立了有医学专家、传教士、市民领袖及国际政策专家等10人组成的专门小组，对世界工业组织的规定情况进行公开监督。还进行了大规模的市场调查，搜集了各方面的意见资料，从不同公众的不同反映中，制定相应的决策。

这一系列活动，使雀巢公司在发展中国家树立起了良好的形象，因而销路大增。

（四）结果

雀巢公司面临这次危机，很大程度上是因为它没有与有关公众进行沟通交流。缺乏应付危机的计划又使公司在面临危机时更手足无措，同时也给公司管理层在处理危机和寻求支持方面增加了额外的压力。

世界著名公共关系专家帕根的到来，使雀巢公司认识到出现危机的根源，并商量出对策，采取有效的公共关系活动，使雀巢公司最终摆脱了这场危机。

到1984年，雀巢公司的年营业额高达311亿瑞士法郎，并且收购了三花食品公司，从而一跃成为世界第一位的食品企业。

目前，雀巢公司在全世界60多个国家共有约400多家工厂。而其营业额中本土瑞士的营业额还不到总额的3%，也就是说雀巢绝大部分的营业利润来自世界各地的子公司。食品是一种文化，而各国食文化的差异，便会造成各国食品产业结构与内容的差异。经历了危机之后的雀巢公司增强了公关意识，从而使自己的产品——雀巢即溶咖啡再度畅销全世界。

任何企业即使雀巢这样的大型老牌企业都不能没有一个强有力的公共关系部门。如果雀巢公司一开始就重视公共关系，是不致于闹出这场大风波的。

雀巢公司的主席兼首席执行长汉穆·茂赫认为，雀巢公司的经营理念最基本的就是"人"和"产品"比"系统"与"制度"更重要，即"人本主义"和"产品第一主义"原则。他提出了四条企业经营管理经验：一是用真诚树立企业形象；二是重视与供应商的沟通；三是"外来"企业"本土化"策略；四是对于企业公共关系工作的准确认识。

雀巢公司的成功就在于它认识到并运用了一般企业所忽略或不认为重要的工作。在雀巢，公共关系已不是一个独立的工作项目，而是融入了企业的经营理念之中，成为企业的一项基本的经营方针。

雀巢公司从摆脱危机到再次获得成功，强有力地证明了公共关系工作在处理危机中的重要作用。

——摘自廖为建、余明阳等《公共关系学》，经济科学出版社

二、案例思考

通过本案例，正确理解公共关系的职能，揭示公共关系工作的意义。

第二章

公共关系的组织和人员

学习目标

公共关系主体、公共关系机构及公共关系人员，在公共关系运作过程中，均处于主导地位，但彼此之间又有明显的区别。公共关系主体是形象塑造和传播的需求者；公共关系机构是形象设计和美化的专业组织机构或部门；公共关系人员承担着公共关系主体的形象设计和美化的任务。一个组织，即公共关系主体，自身形象的管理水平，既取决于组织本身的形象定位，也取决于所选择的公共关系机构及公共关系人员的从业水平。

第一节　公共关系主体

公共关系主体是公共关系的构建者和承担者。公共关系主体就是指那些相对独立地存在于社会之中的各种社会组织。公共关系主体处于公共关系的核心地位，其经营理念和行为对公共关系的形成与发展起着至关重要的作用。社会组织不同，其公共关系的对象也会有所不同；处于不同发展时期或公共关系环境下的社会组织，其公共关系的目标、策略、方法也会有所不同。

一、社会组织及其特征

（一）社会组织

所谓社会组织，是指人们为了有效地达到特定的目标，按照一定的宗旨、制度和系统建立起来的共同活动集体。社会组织有明确的目标和确定的职能，内部成员有明确的分工，并确定旨在协调其成员活动的正式关系结构。社会组织有大有小，功能不一，大到一个国家，小到只有一两个人的个体企业，如政府、部队、企业、学校、医院、商场、宾馆等。

在现代社会中，社会组织必须以明确的组织目标、以认同组织目标的一定数量的成员、以确定的公众对象和社会环境需要的有利于发挥组织功能的方式作为其赖以生存、发展的依据和条件。同时，社会组织的生存与发展必须要与外部环境相适应，必须得到外部公众的支持。因此，社会组织必须与外部环境实现互动，相互依赖、相互作用。自然，公共关系也就在社会组织与公众之间产生了。所以说，社会组织的发展与变化是现代公共关系产生的基础。

（二）社会组织的特征

公共关系说到底是指社会组织与其相应的公众对象之间的关系，在这一关系的协调中，社会组织起主导作用。因此，要协调好这一关系，必须认清社会组织的特征。社会组织的基本特征主要有：目的性、整体性、变动性。

1. 目的性

任何社会组织的建立都有着明确的社会目的，都有着本身的目标追求，社会组织存在的目的往往就是试图通过自身的努力达到所期望的目标。社会组织存在的目的是确立其宗旨、原则和运行规范与条件的依据，是协调组织人力资源、发挥组织群体效应、实现组织目标的前提和基础，也是区分不同社会组织的类别、性质和职能的基本标志。社会组织存在的目的对组织的生存与发展具有导向作用，对组织成员具有统一认识、规范行为的作用。

2. 整体性

社会组织是社会的一个组成部分，有着严密的组织机构和足够数量的组织成员。组织内部各部门、各成员之间既有明确的分工，又有机地构成一个整体，组织成员有着共同的追求目标和利益保障。在社会组织的形象塑造和传播的过程中，应充分认识到组织的整体性，注重组织的全方位、整体性的形象管理，充分调动组织各部门及各方面成员的积极性。只有整个组织形象目标明确，形象识别系统统一，步伐协调一致，全员积极参与，才能真正搞好组织的公共关系工作。

3. 变动性

社会组织生存于社会环境之中，社会发展及其相应的社会环境变化对社会组织的生存与发展必然产生一定的影响。组织的新生与消亡，在某种程度上也往往取决于社会环境的变化。可以从两个方面来理解和把握社会组织的变动性，一是社会环境是不断变化的，要适应这一变化，社会组织就应适时地进行目标、功能、机构及人员的调整；二是社会组织本身也是不断发展变化的，在不同的发展时期，组织的形象目标也会有所不同。因此，在进行形象目标的设计中，应充分考虑到社会组织的变动性特征。

二、社会组织的环境

社会组织存在于复杂的宏观和微观环境之中，其存在和发展必然要受到环境的制约及影响。一方面，社会组织的运作方式要同一定的社会环境相适应，组织成员要通过对既有环境的监测和把握来选择、确定合适的运行方式和管理方法；另一方面，组织也必须设法创造有利的环境以实现组织的目标。因此，对所处环境的调节与控制，也自然成为社会组织公共关系工作的一项内容。

（一）社会组织的内部环境

社会组织的内部环境，包括组织内部的人际关系环境（如组织内部公共关系状态）、组织内部管理环境（如人流、物流、资金流、信息流的管理）及组织外观环境（如厂房、厂貌等），其中人际关系环境是社会组织内部最普遍、最重要的内部环境。做好内部公共关系工作是组织搞好内部环境建设的重点。

在现代社会中，一个组织要想长远生存、持续发展，必须具有较强的竞争力，而健全的运行机制、高效的工作业绩以及全体成员的精诚合作乃是一个组织立于不败之地的根本保证。一个组织的公共关系目标能否得以顺利实现，首先取决于组织内部公众是否真诚接纳、全力支持。因此，协调组织内部各个部门和各个环节之间的关系、各不同岗位成员之间的关系，使组织内部上上下下、全体员工都为组织目标的实现献计献策、不懈努力，是组织内部环境建设的重要任务。

（二）社会组织的外部环境

社会组织的外部环境，主要是指组织的生态环境和政治、经济环境等。如果说组织的内部环境重在影响组织本身的运作过程，那么组织的外部环境则重在制约组织的运行方向和目标。社会组织生存于确定的社会环境之中，其形象的塑造与推出必须要考虑环境的要求并与之相适应。否则，再好的公共关系方案也不可能取得预期的效果。

所谓生态环境是指社会组织所处的自然环境和社会文化环境。自然环境相对稳定。社会文化环境则处于不断变化之中。社会文化环境主要由一定社会的信念、习惯、风俗和群体心理等构成，它影响着社会组织成员的思想、观念和认识方法，同时也决定着对社会组织所开展的公共关系工作的评价。富有创意的公共关系活动，如果得不到外界公众的认可也是徒劳的。

政治环境与经济环境也是相互关联的具有重要作用的外部环境因素。政治环境主要是指对社会组织的活动有制约作用的社会政治制度、政治结构及政治关系等因素。经济环境主要是指特定的经济制度和结构、经济实力和发展水平、经济利益等相关因素。这些因素无论对社会组织的形态特征，还是制度特征或行为特征都有着强硬的制约作用。

虽然社会组织离不开具体的政治环境和经济环境，但对不同性质、不同规模的社会组织而言，其影响力和制约作用也会有所不同。同样，组织决策者对不同环境因素的重视程度也有一定的差异。

三、社会组织的分类

社会组织是复杂多样的，对其进行分类的方法和标志也不尽相同。按照组织本身的性质可将其划分为政治组织、经济组织、文化组织、军事组织、群众组织、宗教组织等；按照组织本身的特点和功能可将其划分为营利性组织和非营利性组织等。

不同的社会组织有着不同的公共关系对象，而不同的公共关系对象对组织的发展又有着不同的要求。下面着重介绍公共关系应用较多的几种社会组织。

（一）政府组织

政府，即国家行政机关，是国家权力的执行机构，它对国家各方面事务具有指导、管理、服务、协调、监督、保卫等基本职能。各级政府部门作为公共关系主体，应有效地进行各种管理，争取广大公众的信任和支持，这对形成稳定和谐的社会政治局面，建构良好的公共关系是至关重要的。政府公共关系已成为政府从事管理的重要组成部分，成为政府与公众充分沟通和协调内外关系的强有力的手段。

（二）企业组织

企业组织是公共关系运用得最多、最充分且是受益最大、最明显的公共关系主体。企业组织是一个独立运作的经济实体，它必须依靠盈利来维持自己的生存和发展。公共关系工作帮助企业达到盈利的目的是依靠构建良好的公共关系环境来实现的。公共关系帮助企业寻求公众利益的满足与自身盈利之间的最佳结合点，也就是在保证公众利益不受侵害的前提下，寻求企业本身的最大利益。

（三）商业服务业组织

商业组织是以销售物质商品来满足顾客需求的经济实体，包括批发商、代理商和零售商等组织。而服务业组织则是以提供劳务服务来满足顾客需要的经济实体，包括酒店、宾馆、旅行社等。商业组织与服务业组织的一个共同特点就是以工作人员与顾客的直接接触来开展经营活动。因此，在公共关系协调方面要做到：一是确立优质服务、顾客至上的信条；二是要捕捉有利时机，大力对外宣传；三是要重视员工关系，满足员工需要。

（四）事业组织与社会团体

事业组织通常是指那些由政府出资设立的满足社会某种需要的专门机构，如学校、图书馆等。社会团体是指具有共同利益需求或背景的人们为实现某种社会理想自愿结合而成的一些非营利性组织，如专业学术团体、宗教团体等。

事业组织和社会团体由于其本身的非营利性特点，其公共关系协调除了具有与其他社会组织共有的特征外，还有其自身的特色。表现为：一是要确立一种良好的社会认识及道德楷模形象；二是要以自身的行为，积极影响社会舆论；三是要积极参与和组织各种社会活动。

四、社会组织的功能

任何社会组织都具有多重功能，不同的社会组织其功能也不尽相同。但一般说来，凡是社会组织都具有的共性功能主要有三个方面：第一，它能够形成一种合力。当人们通过组织的形式将若干孤立的人结合成一个有机团体以后，这个团体所产生的力量，要超出若干孤立的个人的力量的简单相加。第二，它能够提高人们的工作效率，尽快实现预定目标。如果组织内部分工合理、职责明确，将会极大地调动人们的工作积极性，发挥组织内部人、财、物的最大效能。第三，它能够满足人们的心理需要。人们在组织中可以获得某种安全感，可以满足社会交往和自尊的需要，还能增强人们的自信心和力量。

第二节 公共关系机构

公共关系机构是专门从事公共关系工作的组织机构，代理特定组织的公共关系工作，其实质是公共关系的实施主体。公共关系机构作为一个具有特定职能的组织具有双重身份：一是作为一个组织，其本身也存在着需要不断解决的公共关系问题，即具有公共关系主体的身份；二是作为一个专业从事公共关系工作的机构，代理特定组织处理其公共关系问题，进行有效的形象管理，又具有实施者的身份。我们所讲的公共关系机构，正是就后者而言。

在现有的公共关系机构中，主要分为三类：一是社会组织内部设立的公共关系部门，如组织内部的公共关系部；二是专门承接公共关系委托业务，代理其他社会组织公共关系业务的服务性机构，如公共关系公司、公共关系事务所等；三是社会上自发组织起来的主要从事公共关系理论研究和实务活动的群众性公共关系社团，如公关协会、研究会、联谊会等。

一、公共关系部

公共关系部是社会组织内部自行设立的专门负责处理公共关系事务的部门。社会组织不同，其公共关系机构的设置和名称也有所不同。以美国为例，目前约有85%左右的企业自设公共关系部或外聘公共关系顾问，从事公共关系工作的部门多称为公共关系部、公共事务部、公共信息部、公共广告部等，这些都是国际上广泛采用的机构名称。

（一）公共关系部的地位和作用

公共关系部是整个组织管理系统中的一部分，是组织管理系统的一个子系统。它在组织管理中的作用主要表现为：

1. 公共关系部是组织的信息情报部，发挥组织耳目的作用

公共关系部的首要职能就是搜集信息，任何关系到组织生存、发展的信息都是组织公共关系部搜集的对象。通过对这些信息的收集和整理，了解现状，预测趋势，适应变化。公共关系部在这方面要做的主要工作有：了解内部公众对组织的意见和建议；了解社会政治、经济、文化的现状及变化，并预测趋势；了解外部公众对本组织方针、政策、行为的反应等。公共关系部利用自己建立的广泛的社会联系和通畅的信息网络系统，发挥组织“耳目”的作用。

2. 公共关系部是组织的决策参谋部，发挥“智囊团”的作用

由于公共关系工作关系到组织的信誉和形象，关系到与公众的沟通，关系到组织战略目标的实现，因而它不是一般的管理部门，而是组织的“智囊团”。公共关系部要站在组织目标和社会需要的立场上，综合评价各职能部门的活动或已经可能引起的社会效果，维持组织与外部环境的动态平衡。公共关系部在这方面的具体职能是：为协调组织与环境的关系制订可供选择的行动方案；协助决策者分析和权衡各种方案的利弊得失；预测组织行为将会产生的社会影响及后果，督促和提醒决策者及时修正可能导致不良结果的政策与行动。为保证这一职能的充分发挥，不仅要求组织决策民主化和科学化，而且要求决策者亲自领导公共关系部或直接兼任这一部门的主管。

3. 公共关系部是组织的宣传部、外交部，发挥“喉舌”和“外交官”的作用

一个组织要获得公众的了解、理解和信任，取得公众的支持与合作，需要不断地向公众宣传组织的政策，解释组织的行为，增加组织的透明度。随着组织与外界交往日益密切，对外联络和交往的任务越来越重，同时与外部的各种摩擦和纠纷也随之增多，需要进行协调，公共关系部作为组织的对外机构就担负起这些工作。

（二）设置公共关系部应遵循的原则

社会组织的种类很多，规模各异，因此，不可能也不应该要求按统一的模式去设置公共关系部门，而应当视工作职责任务和自身的要求统筹安排。但无论情况如何，都应遵循以下基本原则：

1. 专业化原则

专业化的原则，一是要求工作内容专业化。公共关系部是贯彻组织的公共关系理念，开展公共关系工作，实现组织公共关系目标的专门组织机构。它的每项工作都关系到企业的形象，因此，必须保证其工作内容的正规性，而不能成为内容庞杂的办事机构；二是要求队伍专业化，即公共关系部的全体人员应具有强烈的公共关系意识，受过一定的专门训练，具有一定的专业水准和能力，具有开拓精神等。

2. 服务性原则

公共关系部不是领导部门，也不是直接生产经营管理部门，它是一个服务性较强的技能部门。在实现公关目标时，必须依靠其他部门的配合，协调多方面、多层次的错综复杂的关系，对外起到主动沟通，对内起到维系各方面关系平衡的作用。

3. 责权对等原则

公共关系部及全体工作人员，在规定范围内享有独立的从事某项工作的权力，并同时承担相应的责任。责任是权力的基础，权力是责任的保障。权责对等，才能保证工作目标的顺利实现和工作的正常开展。

4. 精简的原则

就是在符合工作需要的前提下，将机构人员压到最低限度。要因事设职，因职设人。精简原则的总体要求是：机构简、管理跨度和层次适当；人员精、水平高、应变能力强、工作效率高；人员数量与所承担的工作任务相适应、不存在互相推诿扯皮和人浮于事的现象。

（三）公共关系部的组织机构模式

公共关系部的组织机构模式是指公共关系部组织机构的结构类型和组成方式，它涉及到公共关系部的工作方式。一般说来，可以把公共关系部的模式划分为技术型、职能型、区域型和公众型四种。

1. 技术型的公共关系部

公共关系工作要借助一定的技术手段，我们把按照公共关系工作的技术手段组建的公共关系部，称为技术型公共关系部。技术型公共关系部的优点明显，每一个工作人员的技术职责明确，便于指挥管理（图 2－1 所示）。

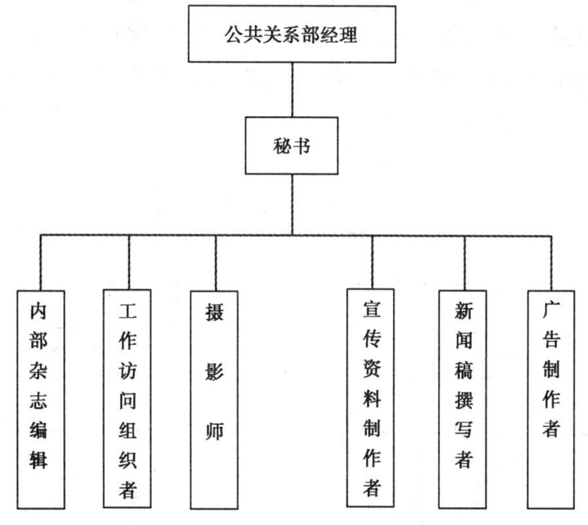

图 2－1 技术型公共关系部模式图

2. 职能型的公共关系部

按照公共关系的职能的分类所建立起来的公共关系部，称为职能型公共关系部（图 2－2所示）。

职能型公共关系部一般来说可分为四个组：

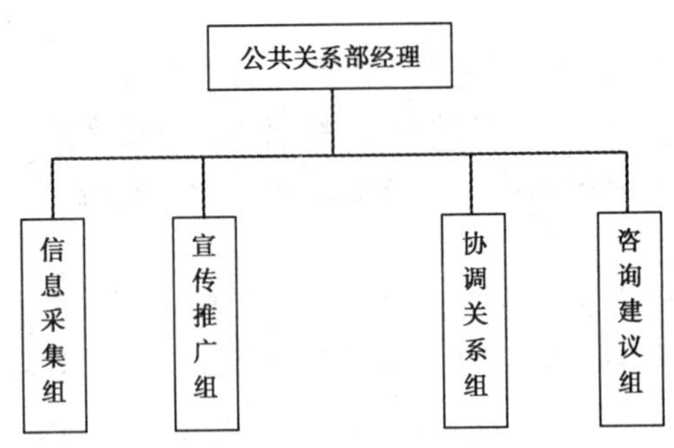

图2－2　职能型公共关系部模式图

（1）信息采访组。负责收集有关组织的各方面信息，开展对公众的态度、需求的调查，并预测未来的变化。

（2）宣传推广组。负责对公众的宣传教育工作，帮助公众改变态度，千方百计地提高组织的知名度和美誉度，为扩大组织的影响而工作。

（3）协调关系组。负责为组织疏通有关渠道，广交朋友，争取更多的公众对组织支持和帮助，为组织的生存和发展创造一个良好的环境。

（4）咨询建议组。把所掌握的信息归纳整理，向组织的领导人提供咨询，提出供决策者采用的可行方案，对组织的各项方针、政策的公共关系效果进行评议。

3. 区域型公共关系部

区域型公共关系部是按地区分类而建立起来的公共关系组织机构。此类机构比较适合跨国性或跨地区性的大中型的社会组织或公众分布比较广泛的社会组织。

作为一个社会组织在组建区域型公共关系部时，可以根据自己的工作范围来考虑。一般来讲，从大的方面可分成国内和国外两大部，国内部和国外部还可进一步细分（图2－3所示）。

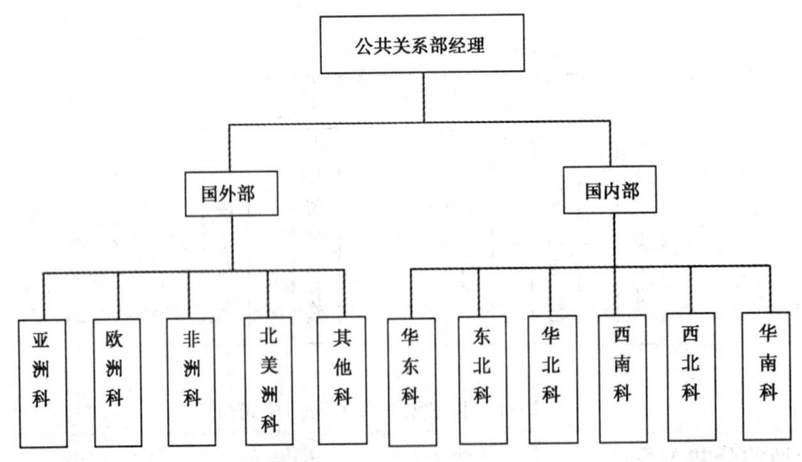

图2－3　区域型公共关系部模式图

区域型公共关系部的最大优点是能够针对不同地区公众的不同要求和需要开展有针对性的公共关系工作。每个地区组又是一个相对独立的公共关系机构，因此，区域型公共关系部的规模比较大。

4. 公众型公共关系部

以不同的公众对象来组建的公共关系部称为公众型公共关系部（图2－4所示）。

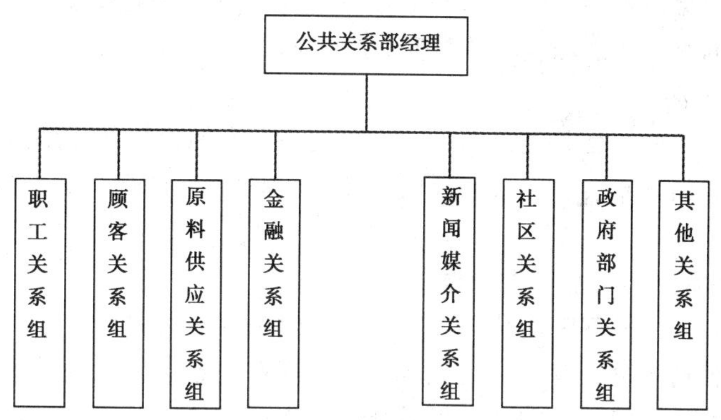

图2－4 公众型公共关系部模式图

公众型公共关系部的优点是：

（1）有利于组织加强与不同类型公众的联系。

（2）有利于培养不同类型公众对组织的感情。

（3）有利于争取不同类型的公众对组织的支持。

（4）有利于消除不同类型的公众对组织的误解。

（四）公共关系部的职能

公共关系部承担的工作，是由公共关系的目标和职能决定的，其核心是围绕创造适宜组织生存、发展的社会环境，策划、调整和传播良好的组织形象。其主要职能有：

1. 搜集和传递信息

组织生存的内外环境每天都有许多信息产生，它们是组织开展各项活动的重要依据，对组织发展有着重大影响，公共关系专职机构必须随时加以搜集、整理，通报给领导和有关部门，以便及时作出决策和调整行为。

2. 环境监测和趋势分析

这里指的是专题的信息调查和分析趋势并作出预报的工作。组织在开展重大活动或制定重要决策之前，对活动可能产生的后果难以把握，或对决策的目标无法确定，必须围绕某个专题开展专门调查，并在此基础上进行分析，作出预测，以便使活动和决策更具可行性和有效性。

3. 提供决策咨询

通过信息搜集和环境调研得到的资料和认识，必须通过一定的方式和渠道传递给组织的决策部门，以提高决策的可行性和有效性。传递的办法有两种：一是公关部门出席组织的高层会议，直接参与决策；二是公关部门向决策部门提供咨询意见，间接影响决策。

4. 形象策划与传播

在信息搜集和环境调研的基础上，公共关系部还要辅助组织做形象整体策划工作，包括形象定位、形象内涵的确定和表现、组织内外行为和视觉识别系统的设计，并制定实施方案策划的内容，然后通过媒介传播出去，以获得公众的认同，使策划的形象最终变成实际形象。

5. 内部沟通和外部协调

在落实策划方案、实施形象管理的过程中，在与外部公众的交往中，以及在组织的其他活动中，不可避免地会出现各种问题和产生各种矛盾，需要公关部门进行沟通和协调。这项工作具体包括日常的意见沟通和重大关系问题的协调。

6. 专题公共关系活动

除了上述各项工作外，公共关系部还承担着大型、专题性公共关系活动的策划、组织工作，包括联谊会、新闻发布会、厂庆、店庆、社会公益性活动等，以及出席和参加其他组织的类似活动。

（五）公共关系部工作的优势与局限

组织内部设置公共关系部，由公共关系部承担组织的公共关系工作，相对于委托组织外部的专业公共关系公司而言，有一定的优势，但也存在一定的局限性。

从工作优势上看，组织自设的公共关系部熟悉本组织的内部情况与外部环境；容易抓住本组织现有公共关系问题的症结，提出有效的改进方案；能够及时提供公共关系服务，随时为决策者提供快速有效的对策；有利于组织内部公众的沟通与协调；能够确保公共关系政策及工作的连续性和稳定性等。

从工作局限上看，公共关系部在开展工作的过程中，很难摆脱习惯势力的影响，对组织本身的公共关系问题往往也缺乏足够的敏感性；受组织内部人事关系的制约，对情况的反映和处理可能不尽客观和公正；工作人员的经验范围较狭小，公共关系工作难以有大的创新和突破。此外，在协调本组织与外部公众的利益冲突时，由于其自身的角色及立场，很难得到公众的信任与合作。

二、公共关系公司

公共关系公司（也称公共关系咨询公司、公共关系顾问公司）是指那些受客户委托，以代理者、实施者的身份专门从事公共关系活动或咨询的服务性机构。通常由经过一定的专业知识学习和技能训练、具有较多工作经验的公共关系专家组成。

公共关系公司是随着公共关系作为一种职业的出现而产生和发展起来的。由于它在公共关系工作方面的显著效果，越来越多的客户，尤其是一些具有较强经济实力或较大规模的客户，通常愿将自己的一些公共关系业务委托给公共关系公司代理。

（一）公共关系公司的职能

公共关系公司的基本职能是帮助客户确立公共关系目标，通过调查研究，对客户进行准确地形象定位；制订并实施公共关系计划，以帮助客户改善公众形象，在公众中建立良好的信誉。在具体职能上，公共关系公司可为客户提供以下几方面的服务。

1. 公共关系咨询

公共关系公司可根据客户的要求，为客户提供政治、经济、文化、教育、科技等方面的情报，提供市场信息、公众态度、社会心理倾向及社区文化习俗的分析资料；为客户进行公共关系问题的分析与诊断；为客户的形象设计、形象评价及公共关系政策或决策提供咨询等。

2. 传播信息

代为客户进行各种信息传播，包括为客户撰写新闻稿件，选择新闻媒体，建立媒体关系，举行记者招待会（或新闻发布会）；为客户设计、印制宣传资料和纪念物品及统一的标识制品；为客户制作宣传影片、录像带或光盘等视听资料；为客户制订广告投资计划，设计制作产品广告及公共关系广告；协助客户推广产品信息，制造有利的市场气氛等。

3. 组织活动

协助客户与相关公众进行有效的联络沟通，帮助客户与政府、社区、媒体等公众建立并维持良好的关系；为客户安排、组织重要的交往活动，如贵宾和社会政要的参观访问等；为客户策划组织各种专题活动，如剪彩仪式、庆典、联谊以及各种社会赞助活动等；组织各种会议，如信息交流会、产品展销会及洽谈会等。

4. 人员培训

公共关系公司可代为客户进行各类人员的知识或技能培训，使其具有足够的公共关系理论知识和实际操作技能，以适应岗位的需要。

（二）公共关系公司的类型

公共关系公司的类型，常按下列标准划分为以下几类。

1. 按服务性质划分

公共关系公司可分为提供专项服务的公共关系公司和提供综合性服务的公共关系公司。前者具有从事某一方面的公共关系活动的能力，或在某方面具有专长，该种公司一般业务范围较小；后者为组织提供多方面的公共关系服务，该种公司专业人才较多，技术手段先进，实力往往较为雄厚。

2. 按服务范围划分

公共关系公司可分为地区性公司、全国性公司和国际性公司。地区性服务公司其经营服务以一定地区为目标市场，仅具有为客户提供一定区域内的服务能力；全国性和国际性公司其经营服务以全国或世界为目标市场，具有为客户提供全国性或世界性服务的能力。

3. 按经营服务的专业化程度划分

公共关系公司可分为专职性公共关系公司和兼职性公共关系公司。

（三）公共关系公司的服务收费

公共关系公司是营利性企业，通过为客户提供有偿公共关系服务，满足客户预先提出的要求，取得公司的利润。

公共关系公司通常是根据服务项目的具体要求来确定所需费用的，即采用所谓的项目计费方式。公共关系公司接受客户委托，办理某一特定的项目，所需支付的经费均由客户支付，以保证项目的顺利完成。项目所需经费通常包括：项目活动费、项目管理费、咨询服务费和劳务费等。项目活动费包括为完成项目、实现项目目标而进行的一系列活动所需的费用；项目管理费则为用于公司行政管理和办公开支的费用，通常按项目总费用的一定比例提取；咨询服务费为支付公司聘请的项目指导专家的费用；劳务费则为项目实施期间所有与项目设计与执行有关的工作人员的工资等。

公共关系公司的计费方式与费用标准，没有统一的规定，除以上常用的计费方式外，也有按工作日的计费方式，或按项目进展情况分项、分期的计费方式。公司的声誉、公共关系人员的资历不同，其计费方式与费用标准也有很大差别。所以，在选择公共关系公司时，客户应慎重考虑。

（四）公共关系公司工作的优势与局限

1. 公共关系公司的优势

公共关系公司已在全球成为一个新兴的、蓬勃发展的组织。国外许多企业不仅内设公共关系部，而且还聘用公共关系公司的专家作顾问。在美国1/3的工商企业的公共关系活动由公共关系公司代理。

公共关系公司具有的优势有：观察分析问题具有客观性，可从旁观者的角度冷静地观察问题，对问题作出客观的评价；提出的建议和方案易于接受，公共关系公司由专家组成，他们丰富的公共关系经验和策划能力，容易赢得决策者的信任；公共关系公司长期从事公共关系实务，建立了一套较为完善的信息网络，公司信息来源广泛、信息渠道畅通；与自设公共关系部相比具有公共关系活动的经济性。

2. 公共关系公司的局限

对委托单位的内部情况的了解不及公共关系部，因而其建议、方案等有时可能同客户的实际情况相脱节，缺乏针对性；对委托组织提供的公共关系服务，不如组织内部公共关系部及时；公司与委托单位之间常存在着沟通困难和障碍，如在费用、服务内容及质量上可能容易产生矛盾分歧，影响公关的正常工作及双方的协调和配合。

三、公共关系社团

（一）公共关系社团的含义

公共关系社团是指社会上自发组织起来的、非营利性的公共关系理论研究和实务活动的群众性组织或群众团体。主要包括公共关系协会、学会、研究会、俱乐部、联谊会等。

（二）公共关系社团的特点

公共关系社团是非营利性的群众性组织，它的自身性质决定了具有以下特征：

1. 服务性

为社会服务是公共关系社团的宗旨。公共关系社团集聚了一批有理论水平、有实践经验的专家、学者和实际工作者，社团充分利用这一优势为社会提供广泛的咨询服务。通过服务，既满足了社会对公共关系的需要，又提高了社团的知名度。

2. 群众性

公共关系社团成员既有团体会员，又有个人会员；既包括企业、科研、文教、新闻和党政机关等各方面的人员，又包括公共关系社团所属行业中各方面有代表性的单位，具有一定的广泛性和群众性。

3. 非营利性

公共关系社团不是经济实体，不从事商业性经营活动。它可以接受社会赞助和收取适当的咨询费用，以补充社团经费的不足。

4. 松散性

公共关系社团虽然也是一种组织，但它没有严格的组织结构。其成员只对公共关系有着共同的兴趣，经过申请可以成为会员。

（三）公共关系社团的类型

公共关系社团的组织类型多种多样，现介绍几种常见的类型。

1. 学术型社团

以学术交流和研究为主的学术团体。通过举办各种学术研讨会，总结、交流、研究公共关系理论，掌握公共关系发展趋势和方向，及时为公共关系从业人员、研究人员、教学人员提供理论信息，进行理论交流与探讨。

2. 行业型社团

行业型社团是某种行业的公共关系组织。它的主要任务是侧重研究具有行业特点的公共关系理论与实践。公共关系活动和组织的行业化已成为国际性发展趋势。

3. 综合型社团

主要是指不同地域范围内的公共关系协会。协会有全国性、地方性、国际性之分。这种类型的社团多为民办官助，其主要职能是指导、协调、监督和服务公共关系工作的开展。

4. 联谊型社团

这种类型的社团，形式松散，活动方式不定，组织名称各异。如有的称为公共关系俱乐部，有的称为公共关系沙龙，有的称为公共关系联谊会等。这种社团的作用就是在成员之间沟通信息，联络感情，建立良好的人际关系。

(四) 公共关系社团的工作内容

公共关系社团的工作主要为：一是联络会员，形成网络，建立合作关系；二是制定职业道德准则，规范公共关系活动行为，以保证公共关系事业的正常发展；三是普及公共关系知识，为社团成员提供各种公共关系理论与技术的培训服务，提高会员的公共关系素质；四是编辑出版印刷公共关系的刊物。

第三节 公共关系人员

公共关系人员是指专门从事公共关系工作的职业人员。随着时代的变迁以及公共关系专业化水平的提高，公共关系工作领域已远远超出传播媒介的范围，对公共关系人员的意识观念、知识结构与能力素质都提出了新的要求。从业人员只有具备这些要求的条件，并善于在实践中不断提高业务水平，才能适应新的历史时期公共关系工作的需要。

一、公共关系人员的基本素质

(一) 公共关系人员的公关意识

公关意识是指从事公共关系工作应具备的思想、观念和认识。它是公共关系活动本质和规律在头脑中的能动反映，一旦形成就成为支配人们行为的内在力量，对提高公共关系活动的成效起着重要作用。

1. 形象意识

在日常工作中，公关人员应当具备这样一种行为意识，即紧紧围绕塑造和传播组织形象这一核心目标，随时检查、规范和约束自己的言行举止，及时发现和抓住有利时机，向公众传播组织形象。

2. 公众意识

形象是为特定组织的特定公众塑造的，公众的需求就是组织形象塑造所追求的目标，组织是因为有公众才有其存在的意义。因此，在日常工作中，公关人员应当时时处处为公众着想，倾听他们的意见和想法，关心他们的困难和要求，满腔热情地为他们服务，把满足公众的要求当做自己的责任，用自己的行为去赢得公众对组织的信任、合作和支持。

3. 沟通意识

信息、观念与情感的沟通是公共关系的基本工作方式。因此，公关人员应当具备强烈的沟通意识，具体表现在两个方面：一是在与公众的交往中，要有不失时机、恰到好处地传递组织信息、宣传本组织形象的强烈愿望；二是要有高度的职业敏感性和准确的判断力，对与组织有关的信息表现出浓厚的兴趣，随时准备搜集。

4. 创新意识

公共关系的生命力在于创新。它是在特定背景条件下和特定事件中，由特定组织和公众参与的活动，因此任何成功的公关模式都有极强的针对性，盲目照搬别人的做法肯定要失败。公共关系活动中各要素都处在不断变化中，过去适用的模式现在未必适用，昨天成功的做法今天不一定成功，因此，必须不断探索和寻找新的模式和做法。

5. 互惠意识

任何组织都有自身利益，这种利益有时会与公众利益发生冲突，公共关系要求公关人员必须具备这样一种行为意识，即在任何情况下都把公众利益摆在首位，在维护组织利益的同时不能损害公众的利益。

6. 长远意识

公共关系的目标是传播组织形象，形象形成需要长期的积累，而维护形象更是一个长期过程，所以，公关人员必须具有长远意识。长远意识包含两层意思：一是公关工作必须常年坚持不懈；二是公关活动应立足长远，不能急功近利，为眼前利益而牺牲未来利益。

（二）公共关系人员的知识结构

公共关系从业人员的知识结构就是公共关系知识体系在其头脑中的内化。健全的知识结构不仅是公共关系人员基本素质的重要组成部分，而且是其创造性地开展公共关系工作的保证。公共关系人员的知识结构包括公共关系基础学科知识、背景学科知识、专业学科知识、相关学科知识及操作性学科知识。

1. 基础学科知识

公共关系人员的基础学科知识包括语言学（外语和普通话）、哲学和思想史等。哲学是从世界观和方法论的高度对公共关系的学科研究和具体实践进行宏观指导。思想史可对认识人类社会发展历程与规律给予一定的启示。娴熟的普通话和外语表达能力与沟通技巧，是公共关系人员开展工作的基本保证。公共关系人员的基础理论知识越深厚扎实，其思维空间就越开阔，创造性也就越强。

2. 背景学科知识

广泛的背景学科知识，例如政治学、经济学、社会学、心理学、法学等，为公共关系人员提供了完整的文化知识背景，这对于提高其理论修养和分析现实问题的能力是十分重要的。

3. 专业学科知识

公共关系的学科知识包括：公共关系基本概念、公共关系历史与发展、公共关系要素、公共关系职能、公共关系传播、公共关系协调、公众分析、公共关系策划及工作秩序、公共关系实务知识及CI战略等。专业学科知识是从事公共关系工作直接运用的知识，公共关系人员必须掌握这些知识并在实际工作中灵活运用，才能做好公共关系工作。

4. 相关学科知识

公共关系工作所涉及的领域是多方面的，单一的学科知识是不能满足实际工作需要的，一些与之密切相关的学科知识，公共关系人员也应熟知和掌握，如管理学、传播学、市场营销学、文化学、民俗学和人际关系学等。

5. 操作性学科知识

操作性学科知识对提高公共关系人员的实际工作能力有直接的帮助，如广告学、写作学、演讲学、社会调查学、计算机应用与社交礼仪知识等。

（三）公共关系人员的心理素质

公关人员必须具备较高的心理素质，才能从容面对心态各异的公众，在错综复杂的社会环境中处乱不惊、游刃有余地开展工作。公关人员应具备的心理素质主要有以下几方面：

1. 较为完备的人格

公共关系工作说到底是做人的工作，因此公关人员自身人格的完备程度是做好工作的前提条件。完备的人格表现为：一是有敏锐准确的观察力；二是对自己和生活有正确的理解；三是有很强的宽容力；四是尊重他人，能正确对待别人的批评和赞扬；五是不嫉妒他人的成功，也不诋誉他人的失败；六是有很强的创造力。

2. 较强的角色互换和换位思考能力

在公关活动中，公关人员面对复杂的公众，往往要扮演多种不同角色，因此必须具备较强的角色转换能力，否则无法适应工作的要求。另一方面，要想取得公众对组织行为的理解，组织首先必须理解公众，这就要求公关人员学会换位思考，站在公众的立场上来观摩组织行为，感受他们的认识、情绪，以此来调整自己的工作。

3. 外松内紧的心理防卫圈

人类的心理防卫圈有两层，一层为外圈，一层为内圈，依据内外圈的松紧程度不同，可以将人分为两种类型：一种人外圈紧而内圈松，外圈紧是指不愿意也不善于和陌生人交往，内圈松是指对较为熟悉的人心理防卫很松，可以无话不谈；另一种人则外圈松而内圈紧，外圈松是指乐于也善于和各种各样的人包括陌生人交往，内圈紧则是指对内心深处防护很紧，不轻易向别人显示。从公共关系工作的特点和要求看，显然公关人员的心理防卫圈应该是外松内紧的。

4. 富有同情心和使命感

公关活动关系到组织的生存和发展，责任重大，公关人员的工作是无形和繁琐的，需要付出艰巨的劳动，这种劳动往往很难进行量化考察，因此没有高度的使命感和责任心，不能自觉地自我约束、自我加压、自我进取，是无法做好工作的。另一方面，公关人员还应该富有同情心，乐于帮助和关心别人，只有这样才能取得公众的信任，容易与公众实现沟通。

总之，公关人员最佳的心理表现应为：乐观外向，轻松兴奋，心平气和，很善于并且乐于与人交往；有理智、重实际，不那么感情用事、忽喜忽怒；精明能干，富有事业心，虽然待人友善热情，但绝不天真，这样的人往往具有一种天然的魅力从而能够吸引公众，公众愿与之交往；他们头脑冷静，绝不是为了交往而交往，而能在不露声色之中左右公众，形成或改变公众的态度，进而达到自己的目标。

（四）公共关系人员的品德素质

1. 正直

公关人员首先必须是一个正直的人。对人不论亲疏和职位高低，能一视同仁；处事坚持原则，是非分明，这样才能使公众产生信任感。

2. 谦逊礼貌

尊重他人，对人谦逊礼貌，总是能深得诚挚和好感的回报，也有利于与对方的感情沟通。公关人员要使公众愿意倾听自己的意见，并接受自己的影响。

3. 宽容大度

要对人关怀体谅，设身处地多为他人着想，“己所不欲，勿施于人”；要善于吸取别人的智慧，尽量采纳别人的意见、建议，调动他人的积极性；富于合作精神，能够接受别人与自己有所不同。具备这一品德，有利于公关人员提高人际间的心理相容水平，使公关工作更富有成效。

4. 真诚

公关人员无论是在个人生活还是职业方面，都应具备真诚的品质。为人虚情假意，既难以与人共事，也不能获得公众信任。

二、公共关系人员的能力结构

工作能力是公关人员先天素质加后天学习训练的结果，它是公关人员运用专门技术开展工作并取得成效的能力。

1. 良好的社会交际能力

衡量公关人员能否适应公共关系工作需要的标准之一，就是看他是否具备善于与他人交往的能力。不具备这种能力，就无法与周围的人进行有效沟通，组织之间的关系也难以协调，这样的人也就很难胜任公共关系工作。

2. 较强的组织协调能力

公关人员的组织协调能力强，公共关系活动的推展就快，效果就好，公共关系工作的成效也就越大；反之，则可能处处受阻，寸步难行，公关工作就难以取得成效。

3. 准确的表达能力

能说会写是公关人员必须具备的能力之一。把所要传达的信息或思想清晰地用文字或口头或形体动作表达出来，是对公关人员的一项基本要求。

4. 灵活的应变能力

是指公关人员在面对各色公众和复杂多变的工作环境时，能够表现出沉着应付、正确决断、妥善处置的能力。是否具备良好的应变适应能力是衡量一位公关人员成熟与否的重要标志。

5. 大胆的开拓创新能力

公共关系工作是科学性和艺术性的高度完美结合，在组织内外环境剧烈变化的现代社会里，为促使组织得到更快更好的发展，公关人员必须具备强烈的开拓创新意识，积极开展创造性的工作，力争走在时代的前列。

6. 稳健的自控能力

公关人员既要面对繁杂的日常事务，又要处理重大的应急事件，工作并不是一帆风顺的。在工作不顺心不如意的时候，在遇到棘手的问题难以处理，或激烈的矛盾冲突的时候，要表现得不急不躁，耐心冷静，调控好自己的情绪，理智、平和地面对各种复杂的局面。只有这样，才不会激化矛盾，才可能把握住解决问题的转机。自控能力既是对公关人员心理素质的一种挑战，也是对其道德修养的一种检验。

三、公共关系人员的职业准则

公关人员的职业准则，就是公共关系工作中必须遵循的道德操守和行为规范。很多国家及国际公共关系组织都十分重视公关人员的职业准则问题，并纷纷制定出相应的职业准则条款用以规范组织成员的行为。

在已成文的公共关系职业准则中，《国际公共关系道德准则》的影响较大，许多国家的公共关系组织都采用这一准则。除此之外，《美国公共关系协会职业标准准则》和《英国公共关系协会行为准则》在推动公关人员职业活动的规范化方面也发挥了很大的作用。参照以上准则，我国也相应地制定了《中国公共关系职业道德准则》（参见本书附录二、三、四、五）。

纵观多种范本的公共关系职业准则（或道德准则），其目的均在于规范公关人员的行为，珍惜并扩展公共关系行业的良好声誉。所列条款多由以下内容构成，即：坚持真实和准确地反映事物的本来面貌；尊重客户的权益，客观、公正、忠诚地对待所服务的对象，为客户保守秘密；不损害、中伤同行的权益和声誉；应以自己的行为赢得有关方面的信赖等。

四、公共关系人员的培养

公共关系作为一种新兴的职业，在我国的发展史还较短。专职公关人员、组织内部公共关系部的公关骨干人员、公共关系公司的高层次公关人员还较缺乏，公共关系教育的普及程度较低，进入公共关系行业的大多数人只接受过短期培训，随着社会经济的发展和公共关系的推广，加强对公关人员的培养，提高公关人员的素质就成为公共关系事业健康发展的关键。

（一）公共关系人员的培养途径

1. 院校教育

院校教育是公关人员尤其是公共关系高层次人员培养的重要途径之一。院校教育属正规教育，它通常有系统的和严格的教学计划、教学大纲和专业师资、专业指导培训，有明确的培养方向和目标，教学要求高。尤其是一些院校设置的公共关系专业，它们大多培养公共关系学士、硕士、甚至博士等高级专业人才。

2. 社会教育

公共关系社会教育作为另一种公关人员的培养途径，属非学历的继续教育或资格教育，以获得上岗合格证书、资格证书或技术等级证书等。公共关系社会教育形式多种多样，较为常见的主要有长、短期培训班和函授教育。

公共关系的培训班，有的长达数月，有的短短几天，主要由高等院校的教师和从事公共关系实践的专家来讲授。往往以讲座的形式，介绍公共关系学的基本理论和知识，交流公共关系工作经验。学员大多是有一定社会工作经历的人，因而公共关系培训对于提高社会在职人员公共关系素质是一个具有“短平快”效果的教育方式之一。

公共关系远程教育，是公共关系院校教育的社会化。所不同的是，远程教育的时间比院校教育的时间短，其课程相对集中，且要求学员有很强的自学能力。但是在卫星通讯和互联网技术快速发展的今天，远程教育已成为提高公共关系人员素质的重要途径和方法。

（二）公共关系人员培训的内容

美国公共关系学者斯科特·卡特利普、艾伦·森特和格伦·布罗姆在他们所著的经典性公共关系著作《有效公共关系》中，把公共关系工作概括为十类：写作、编辑、与新闻媒介的联络、特殊事件的组织与筹备、演讲、制作、调研、策划、咨询、培训、管理。因此公共关系人员的教育与培训应当与实践紧密结合起来。

1. 公共关系基础理论

包括公共关系理论、社会心理学、社会学、新闻学、经济学、法学、管理学、哲学、广告学、大众传播学、语言学、市场学、国际贸易学等知识。

2. 公共关系实务

包括公共关系策划、公共关系案例分析、市场调查与预测、新闻写作与应用文写作、中英文打字、公共关系危机处理、公共关系广告、公共关系活动组织、商务谈判、演讲、编辑与采访、摄影、电脑与办公自动化等知识。

3. 公共关系礼仪知识

包括礼宾、服饰、社交礼节等知识。

公共关系是一门应用型学科，公共关系人员除了要具有渊博的知识外，更重要的是要加强实践训练，在实践中不断地丰富和提高自己。

（三）公共关系人员的考评

公共关系人员的考评是指组织对本单位公关人员的思想、品德、技术业务水平、工作态度、工作能力、工作业绩以及性格作风等进行综合评价，以此来判断公关人员与其所从事的工作是否相称，以便做到量才而用，合理分配报酬，以充分调动公关人员的积极性。

1. 考评的内容

公共关系人员考评的内容主要有德、能、勤、绩四个方面。

（1）德，就是指公关人员的品德素质，主要包括四个方面：一是政治道德，是指应有良好的社会公德——爱国主义精神、民族自豪感等以及有科学而先进的世界观、先进的思想；二是人格道德，也就是个性倾向，或称之为个性心理品质，包括兴趣、动机、理想和相对稳定的气质、性格等；三是伦理道德，是指用高尚的思想品质、情操来处理人际关系，在行为中遵守社会公德；四是职业道德，是指遵守特定的职业道德规范和准则。

（2）能，是指公关人员胜任本职工作应具备的学、识、才三种能力的综合。学，即基本的知识修养，包括专业知识的精通性、综合知识的广博性、知识修养的实用性和知识的更新性；识，即基本的见识经验，包括生活见识经验、政治见识经验、专业见识经验等；才，即基本的才能，包括观察判断能力、语言表达能力、文字写作能力、组织管理能力、应变预见能力、决策规划能力、开拓创新能力等。只有具备了上述的专业知识水平和业务能力，才能担当起公共关系工作的重任。

（3）勤，指公关人员的工作勤奋精神。它涉及四个方面的内容，即工作的纪律性、积极性、责任感、出勤率等。

（4）绩，指公关人员的工作业绩，包括工作数量和质量。主要涉及几个方面，即所负责的工作任务完成情况、创造性、工作效率、工作成效等。

2. 考评方法

（1）量表评定法。这种方法是以一种标准化的等量表为工具，采取组织评、群众评、自己评等多种途径，对公关人员进行全面评定。量表评定法的优点是评定项目设计严格，定义明确；计量方法统一合理，评定结果既可以反映一个人的实际水平，又可以进行相互间的比较，是一种较好的评定办法。

（2）考试评议法。这种方法是考核公关人员专业理论、技术能力的重要手段。公关人员的职位不同，对其知识和能力的要求也不同，通过考试不仅可以广泛选拔人才，还可以留优汰劣，保证公关人员良好的素质水平。

考试评议法的评议是采取多种方法征求有关人员对被考核者的意见，并组织进行分析和讨论，最后作出正确、公平的评价。

（3）工作标准法。这种方法主要是根据职务分析承担不同职务的公关人员的各项具体要求（包括工作质量、时间、数量、工作方法等）制定出工作标准，并以该标准衡量公关人员工作的优劣。工作标准法有明确具体的客观标准，比较公平合理，特别适合考核工作成绩，适用于调整职务津贴和奖金分配，但不宜直接作为公关人员的职务晋升和调配的标准。因为有些职务不易制定标准，特别是对复杂的脑力劳动者更难制定统一的标准，因此，这种方法运用的范围有一定的局限性。

除此以外，公关人员的考核方法还有代表比较法、评分法、因素评级法等。各种考核方法各有所长，也各有所短，需要从实际出发，根据考核工作不同的侧重择优采用。

思考练习题

1. 简述社会组织的特征及其分类。
2. 什么是公共关系部？公共关系部具有哪些主要功能？
3. 简述公共关系人员的基本素质。
4. 作为一名合格的公共关系从业人员应具备哪些能力？

案例分析题

［案例 2—1］ 良好的口才需要机敏的头脑

一、案例介绍

公关人员必须头脑灵活，反应机敏。因为公关工作经常要遇到突然出现的意外情况，经常面对公众的提问、责难、建议、请求等，必须立即作出反应并给予答复。头脑反应迟钝必然不知该如何说，或者语塞，或者说走了嘴，使自己陷于被动局面。只有头脑机敏才可能迅速作出反应，说出最得体最策略最艺术的话语。

请看某南方餐馆内顾客和服务员之间的一段对话：

顾客：“我的菜还没有做好吗？”

服务员："您定了什么菜？"

顾客："炸蜗牛。"

服务员："噢，我去厨房看一下，请您稍等片刻"。

顾客："我已经等了半小时啦！"（生气地说）

服务员："这是因为蜗牛是行动迟缓的动物……"（两人都笑了）

本来顾客对上菜太慢大为不满，如果服务员说："菜没烧好，您叫我怎么办？"必然引起一场争吵。服务员机敏地用了一句幽默的话，使顾客转怒为笑，这就是反应敏捷的妙处。

1982年秋天，在美国举行了一次中美作家会议。在一次宴会上，有位美国诗人请作家蒋子龙解个怪谜："把一只2500克重的鸡装进一个只能装500克水的瓶子里，您用什么办法把它拿出来？"蒋子龙略思片刻，回答说："您怎样放进去我就怎样拿出来。您显然是凭嘴一说就把鸡装进了瓶子，那么我就用语言这个工具再把鸡拿出来"。这位美国诗人高兴地说："您是第一个猜中这个谜语的人"。

这种回答显示出回答者高超的应变能力和对答能力，这种能力的培养可以应付对方的难题，或回击对方的刁难。

美国前国务卿基辛格先生来华访问，他问周恩来总理："你们中国人和我们美国人不一样。我们美国人挺起腰走路，你们中国人老是弯腰呢？"基辛格的问题显然是不够友好的，他想陷周总理于尴尬的境地。基辛格显然认为，美国人走路挺起腰是健康、自信、有力量的表现，而中国人弯腰走路是有病、无力、自惭形秽的表现。面对这种带有挑衅性的问题，周总理先是哈哈大笑，接着边笑边说："我们中国人在上山，走上坡路嘛；你们美国人在下山，走下坡路。"这绝妙的回答，使能言善辩的基辛格苦在心中，无言以对。

有一天，一位外交官偶然看见身为美国总统的林肯在擦自己的鞋子，便问道："呵，总统先生，你经常擦自己的鞋子吗？"外交官的问话显然带有讽刺的意思。林肯不动声色又不失身份地回答："是啊，那么，你经常是擦谁的鞋子呢？"林肯的回答不仅表明自己的人格尊严，而且反戈一击，使对方陷于被动。

面对别人的讽刺、挖苦、攻击，我们要善于听出话语的弦外之音，用得体、含蓄的回答反击对方，却又不失礼貌，使对方有口难言。

有时公关人员面对别人的追问不打算回答某些问题，可以干脆地说："无可奉告"。但这种回答显得不够礼貌。机敏的回答可以是"无效回答"，虽然彬彬有礼地回答对方，但实际上并没有使对方知道什么信息。

比如，有位日本朋友问陈毅同志，中国的第三颗原子弹何时爆炸，陈毅回答说："中国爆炸了两颗原子弹，我知道，你也知道；第三颗原子弹可能也要爆炸，何时爆炸，请你等着看公报好了。"再如，美国总统罗斯福就任总统前在海军任职。一次，他的朋友问他关于在加勒比海的小岛上建立潜艇基地计划。罗斯福在回答问题前，小声地问他的朋友："你能保密吗？"朋友脱口而出："能"。于是，罗斯福毫不含糊地回答说："你能保密，我也能"。

——摘自吴爱明等《商业公共关系实例》，天津科技翻译出版公司

二、案例思考

作为一名合格的公关人员应具备什么样的素质和才能。

[案例2—2] 美的小家电CCTV“巧厨娘”大赛

一、案例介绍

（一）项目背景

目前，我国小家电品牌已有1000家以上，权威调查显示，消费者在选购小家电产品时最关注的因素依次为品牌（20.3%）、质量（17.9%）、价格（16.1%）、售后（15.4%）。价格已经不是最吸引消费者眼球的因素，小家电无可争议地进入了“品牌时代”。“美的”作为小家电行业的领导品牌，2006年7月与中央电视台“天天饮食”栏目联合开展“巧厨娘——美的生活新主张”的海选活动，成为首个家电企业涉足娱乐营销的品牌。

（二）对位营销，渗透式联合实现双赢

成功策划并执行蒙牛酸酸乳2005超级女生、2006年纽曼梦想中国、民生小金维他阳光伙伴以及江中红楼选秀等事件公关活动的普纳营销传播机构，在详细的市场分析下给出建议：小家电也要与家庭新女性互动起来。而对位式营销选择、渗透式联合以及针对性传播是成功的关键原则。

所谓对位式营销选择，是媒体联合营销中对于合作对象的选择标准，必须是品牌内涵对等、目标受众相同的栏目，而且要有很高的收视率。从本次联合营销的基础可以看出，双方都是各自领域的领军品牌，《天天饮食》作为中央电视台播出7年的金牌栏目，平均收视率约在5.847%左右，以全国10亿观众计算，每天就有585万的人在观看该节目。而美的作为全球家电企业巨头之一，品牌价值高达272.15亿元，国内市场占有率在35%以上。CCTV和“巧厨娘——美的生活新主张”全国电视选秀活动，在目标受众上也不谋而合，都是会做菜或爱好烹饪的家庭女性，并拥有一定经济能力和购买决策影响力。

选择CCTV的另一个重要原因就是渠道互补。作为电视媒体，CCTV具有独特的空中传播优势，而美的在终端上处于各个卖场的第一位置，全国超过3万个零售终端，是很好的地面推进载体，这也形成了双方联合借势的基础。因此，根据联合营销的匹配以及渗透原则，CCTV成为美的合作伙伴首选。

（三）终端促销造势，传统路演公关化

与普通的电视栏目赞助不同，美的品牌在与CCTV的合作中，通过终端、海选等多个环节渗透到整个栏目活动中去，使美的成为真正的活动主办者而不是简单的赞助商。

经过普纳营销传播机构半年多的策划，2006年7月26日在“美的”和CCTV联合召开的新闻发布会上，“巧厨娘”活动揭开了神秘的面纱。随后，美的产品零售终端作为活动指定报名点，现场所有的海报出现了“CCTV《天天饮食》合作伙伴”和“巧厨娘活动独家赞助商”等信息，进一步体现品牌差异化和权威性。在具体促销上，美的统一了所有产品的堆头外观，所有堆头都出现“巧厨娘——美的生活新主张”的鲜明口号，形象统一，配合充气的巧厨娘吊旗，大量的POP贴于电梯入口及家电卖场的角落，在终端形成了强大的宣传阵容。

“巧厨娘”活动分为华南赛区、西北赛区、西南赛区、中南赛区、华北赛区等。在以上几大赛区，推出了历时近2个月的大型厨艺比拼暨巧厨娘海选活动，热辣的歌舞加上现场使用电磁炉、电压力锅、电饭煲烹饪品尝，饮水机等新产品的功能介绍，使现场的气氛热闹非凡。厨艺好能说会道的参赛者更是有希望参加CCTV《天天饮食》主持人林依轮和叮当主持的分赛区决赛，大大吸引了消费者的参与度和关注度，有效地锻造了品牌的高端形象。

9月份和10月份展开的分赛区决赛，比赛场地就设置在家电超市或家电广场门口，CCTV节目组以及《天天饮食》主持人林依轮和叮当亲临现场主持节目，为这些卖场带来了很高人气，整个比赛过程都是使用美的电磁炉、电压力锅、电饭煲进行烹饪，让消费者耳濡目染，发觉原来这些小家电也能在厨房里独挡一面，烹饪出专业级水准的美味佳肴。经过现场烹饪、美食品尝、评论等，使美的电磁炉等产品在消费者的心中烙下了印记。

2006年11月下旬，决赛在中央电视台演播大厅进行，决赛按照阶梯比赛进行，分为21进7进5进3、总决赛，环环相扣，设计了拿手菜、主题菜、创意菜等比赛环节，使比赛更具有挑战性，也吊足了观众的胃口。

（四）项目效果

“巧厨娘——美的生活新主张”活动，最大的亮点是将电视广告和终端推广通过一个极具关注度和参与度的活动有机结合起来，在全国450多个城市开展大规模的厨艺比拼、真人秀活动，成功地吸引上百万消费者现场体验美的电磁炉、电压力锅等新产品、新技术，也吸引了包括CCTV《新闻联播》等上百家媒体的追踪报道。“巧厨娘——美的生活新主张”品牌活动的推出，也恰好与美的品牌核心价值“原来生活可以更美的”不谋而合，进一步强化塑造了美的品牌形象，不但为美的产品带来了人气也大大提升了销售量。

——摘自普纳营销传播机构（http：//www. prpush. com. cn/）

二、案例思考

1. 在“巧厨娘”大赛案例中，公共关系公司起到了什么作用？

2. 公共关系公司有什么专业特点和优势？

第三章 公共关系的公众

学习目标

公众是公共关系的客体，是公共关系的工作对象。公共关系的目的，是为了维持和发展组织与社会公众之间良好而又紧密的关系。组织开展公共关系工作，实质上就是要使组织与社会公众之间进一步相互理解、相互信任、相互合作。因此，只有了解公众的含义，确定公众的特征，分析研究公众的心理，选择目标公众，才能使公共关系工作建立在科学的基础之上。本章将介绍公众的概念、特征、分类及公众心理分析和主要公众的选择。

第一节 公众及其分类

一、公众及其特征

（一）公众的概念

公众是指与特定的公共关系主体相互联系及相互作用的个人、群体或组织的总和，是公共关系工作对象的总称。

公众与日常生活中所说的“群众”、“大众”是不同的。“群众”、“大众”是一种泛称，而公众是特指与公共关系主体有实际或潜在的利害关系或影响力的个人、群体或组织。公众与公共关系活动密切相关，是公共关系的工作对象。

（二）公众的特征

1. 整体性

公众对象不是单一的，而是与某一组织运行有关的整体环境。

任何组织的生存和发展都离不开一定的公众环境，要想拥有良好的公众环境，公共关系工作就不能只关注其中某一类公众而忽视其他公众。如果忽视或未妥善处理好其中任何一种公众，都可能不同程度地导致公众环境的恶化，影响组织的正常运转。因此，公共关系工作必须从整体的角度出发，全面系统地看待和分析公众，把公众看做一个完整的环境，注意组织与公众环境之间的整体平衡和协调，才能保证良好的公众环境。

2. 共同性

公众是具有某种内在共同性的群体。构成公众的群体或社会团体具有某种内在联系和共同点，比如共同的利益、共同的目的、共同的需求、共同的兴趣、共同的问题、共同的背景、共同的意向，等等。这些共同点使得这样一群人或一些团体、组织具有相同或相似的态度和行为，从而构成组织所面临的一类公众。例如，居住在同一个小区的居民，表面上看并没有联系，但由于小区内的某企业昼夜施工，他们都面临着受噪音干扰的相同问题，具有相同的需求就是要求该企业停止扰民行为，这样他们的态度和行为就具有了内在联系，从而构成了该企业必须面临的公众。

3. 多样性

也就是复杂性。公众的构成形式是复杂多样的，可以是个人，可以是群体，也可以是团体或组织，公众仅仅是个统称。组织的日常公共关系工作对象，包括各种各样的个人关系、群体关系、团体关系、组织关系等。例如某饭店的公关对象，可以是某一内部员工，可以是就餐住宿的宾客，可以是社区内的群众，也可以是某报社。即使是同一类公众，也可以有不同的存在形式。例如消费者公众，可以是松散的个体，也可以是特殊的利益团体，如消费者协会。公众形式的多样性决定了沟通方式和传播媒介的多样性。它要求组织在开展公共关系工作时应针对不同情况，选择相应的媒体及沟通方式。

4. 变动性

也称开放性。公众不是封闭僵化、一成不变的对象，而是一个开放的系统，处于不断的变化发展之中。公众的性质、形式、范围、数量、成分等因素会随着公关主体组织的条件、客观环境的变化而变化。新的关系产生了，旧的关系消失了；有的关系不断扩大或稳固，有的关系不断缩小或动荡；有的协作关系转变为竞争对手，友好伙伴转变为敌对关系，等等。

5. 相关性

公众不是抽象的，而是与特定的组织相关的，他们之所以成为该组织的公众，是因为他们与该组织具有一定的相关性、互动性。公众和该组织之间存在相互作用、相互制约的关系。一方面，公众的意见、观点、态度和行为对该组织的目标和发展具有实际的或潜在的影响力和制约力，甚至决定组织的成败。另一方面，组织的决策和行为对这些公众也具有影响力和作用力，制约着他们利益的实现、问题的解决或需求的满足等。这种相关性是组织与公众形成公共关系的关键。通过寻找和确定这种相关性和互动性，可以确定组织的公众，明确公共关系的工作目标，有针对性地制定自己的公共关系策略。

二、公众的分类

公众是一个复杂的社会群体，不同类型的公众因所处的环境不同、利益需求的不同，与组织的关系也不同。这就需要科学地区别不同的公众，根据不同类型的公众制定不同的方针、政策和措施，从而减少公共关系工作的盲目性，使之运作更有成效。

1. 按公众对组织的重要程度，可划分为首要公众和次要公众

首要公众，是指对组织具有重要影响力和起决定性作用的公众。公共关系工作对首要公众必须投入大量的人力、财力、物力与时间，要满足他们各种各样、不断变化的需要和利益，并要与他们进行积极的沟通，避免任何引起他们不悦或误解的行动及评论。因为首要公

众是组织生存和发展的基础，是最为重要的一类公众。

次要公众，是指那些对组织的生存发展虽具有一定影响，但不起决定性作用的公众。

公共关系工作由于经费所限，不可能对众多的公众无限度地投入。要使有限的投资带来最大的效益，应做到合理配置，对能给组织带来较多效益的首要公众，要首先保证集中全力多投入。但同时也要考虑到，次要公众虽然对组织影响力较弱，公关工作也不能对其轻视和放弃。因为首要公众与次要公众的划分只是相对的，而且两者之间也可能存在着转化关系。因此，正确的做法是要保证首要公众，兼顾次要公众。

2. 按公众对组织的态度，可划分为顺意公众、逆意公众和边缘公众

顺意公众，是指对组织的政策、行为和产品持赞成、支持态度的公众。顺意公众是一个组织的财富，组织应不断加强与他们的关系，通过顺意公众扩大组织的影响，提高组织的形象。

逆意公众，是指对组织的政策、行为和产品持否定和反对态度的公众。组织要认真分析其产生的原因，是由于利益的冲突还是沟通上的误解，或者是其他原因。根据具体情况采取具体措施，做好转化工作，改变敌对态度。

边缘公众，是指对组织持中间态度或态度不明朗的公众。这类公众是大多数，他们对组织缺乏感情定向，既有可能成为顺意公众，也有可能变为逆意公众。组织应做好这类公众的沟通工作，争取他们对组织的了解和好感，引导他们变成顺意公众，防止他们转化为逆意公众。争取边缘公众的工作非常重要，也很艰巨。

3. 按组织对公众的态度，可划分为受欢迎公众、不受欢迎公众和被追求的公众

受欢迎的公众，是完全迎合组织的需要并主动对组织表示兴趣和交往意向的公众，组织对他们也非常欢迎和重视。这是一种两厢情愿，双方都积极主动的关系。如自愿的投资者、捐赠者、赞助者、为组织采写正面宣传文章的记者等。这种关系不存在沟通障碍，沟通对双方都有较为平等的利益。

不受欢迎的公众，指违背组织的利益和意愿，对组织构成潜在或现实威胁的公众。他们或对组织有不友好的意向和行为，或对组织构成额外压力和负担。比如持不友好态度的记者，一味纠缠索取赞助的团体等。这种关系只是公众一方采取主动姿态，但由于交往结果对组织不利甚至有害，因此，组织不愿与这样的公众交往和接触，一般采取回避的态度。

被追求的公众，指符合组织的利益和需要，但却对组织不感兴趣、缺乏交往意愿的公众。比如新闻媒介、社会名流等。组织对这类公众充满热情，希望与他们建立和发展关系，可往往却是组织一厢情愿。要与这种公众建立密切的关系较难，组织需要制定特殊的传播对策，想方设法建立有效的沟通渠道，并要讲究交往的艺术。

4. 按组织的内外对象，可划分为内部公众和外部公众

内部公众，即组织内部的成员群体，如员工公众和股东公众。内部公众是公共关系工作“内求团结”的对象，他们归属于组织，依赖于组织，组织的生存发展和目标的实现也离不开内部公众。内部公众既是组织公共关系工作的客体，又是组织对外开展公共关系工作的主体，具有身份上的双重性。

外部公众，指组织的外部沟通对象群体，如顾客、政府部门、新闻媒体、社区居民等。也就是除去内部公众之外的公众群体。组织的外部公众是组织“外求发展”的条件。

划分内部公众和外部公众，便于组织采取内外有别的公共关系政策。例如在公共关系信

息的传播上，内部传播和外部传播在形式、尺度、时间等方面都要有所区别，否则对组织的整体形象不利。

5. 按公众发展过程的不同阶段，可以划分为非公众、潜在公众、知晓公众和行动公众

非公众，是指与公共关系主体组织不存在相互联系和相互影响的个人、群体或组织。公共关系工作应该掌握和了解非公众的存在，划分出自己的非公众，并将这类非公众排除在公共关系工作对象之外。这样可以帮助组织减少公共关系工作的盲目性，更有准确性和针对性地开展公共关系工作，避免不必要的浪费，从而提高公共关系工作的实效。例如，一般条件下，豪华别墅的开发商就可以把普通的低收入者划为非公众。

潜在公众，指由于潜在的公共关系问题而形成的潜伏公众或未来公众。潜在公众面临着由组织的行为所引起的某一潜在的共同问题，但该问题尚未完全暴露，而他们自身也还没有意识到问题的存在。比如某商店售出了一批有质量问题的商品，这样，这些商品的购买者就遇到了一个共同的问题——商品的质量问题，但由于售出时间较短，质量问题尚未暴露出来，因此他们现在都还没有意识到问题的存在。对商店来说，这些买了不合格商品的顾客就是它的潜在公众。虽然在一段时间之内，潜在公众不会对组织构成任何威胁，但问题迟早会出现。公共关系工作应该尽早着手，对潜在公众积极引导，争取使其向对组织有利的方向发展。

知晓公众，是由潜在公众发展而来的，是指那些已经意识到问题的存在，明确自己面临的问题与特定的组织有关，迫切需要进一步了解与该问题有关的信息，但还没有采取相应行动的公众。对待这类公众，组织千万不能回避，应及时抢先开展各种公关活动，正视和满足知晓公众被告知的愿望和要求，及时沟通，选择最佳渠道主动传播，化解疑虑，使公众对组织产生信赖感，才能主动控制住舆论局势，从而求得谅解，防止矛盾扩大。

行动公众，是由知晓公众发展而来的，是指那些不仅意识到问题的存在，并已经开始对公共关系主体采取实际行动的公众。在这个阶段，公众以实际行动捍卫自己的利益，如诉诸大众传媒、诉诸法律等，从而对组织构成压力，迫使组织必须采取相应的行动。行动公众的形成能对组织的生存和发展构成直接威胁，对公共关系工作造成较大的困难，对组织造成十分恶劣的影响。公共关系人员必须冷静对待，全力以赴，迅速开展补救性工作，争取变被动为主动，变不利为有利，使问题得到妥善解决。

6. 按公众的稳定程度，可划分为临时公众、周期公众和稳定公众

临时公众，是因某一临时性因素、偶发事件或专题活动而形成的公众，比如专题活动的来宾、车船误点而滞留的旅客等。由某些突发事件而形成的临时公众，往往对组织构成额外的压力。公共关系部门应具备应付临时公众的能力。

周期公众，是按一定规律和周期出现的公众，比如节假日出现的游客。周期公众的出现是有规律的，可以预测的。对于季节性较强的行业来说，周期公众的确定非常重要，公共关系人员可以事先精心策划，制定周密的公共关系活动计划，以使周期公众转化为稳定公众。

稳定公众指具有稳定结构和稳定关系的公众，比如老主顾、常客、社区人士等。稳定公众是组织的基本公众，组织往往对稳定公众特别对待，如特别的优惠政策、特殊的保证措施等，以表示关系亲密。

划分公众的方法很多，选择适当的方法进行公众分类，是为了更好地认识和了解公众的特征和共性，便于组织有针对性、有重点地选择公众对象，争取公众的信任和支持。

第二节 公众心理分析和公众选择

一、公众心理分析

所谓公众心理，是指公众在与组织和社会相互作用中所表现出来的心理活动和心理特征。只有研究分析影响公众思想和行为的心理，正确地把握公众的心理活动及其特征，才能采取相应的公共关系活动策略，使传播沟通工作更具有针对性和实效性。如果对公众心理一无所知，或把握不准，公共关系工作就很难获得好的效果。下面是一些常见的公众心理现象。

（一）知觉

知觉是大脑对直接作用于它的客观事物的整体反映。由于各种原因，公众对客观事实的知觉经常会出现不同程度的变形或歪曲现象。因此，公共关系工作不但需要了解公众的知觉状况，及时调整或设计传播的内容、渠道和方法，而且必须以适合公众心理的方式和媒介去传播有关组织形象的信息，尽量使公众的知觉与客观现实相趋近，以减少主观性对知觉的影响。

1. 公众对信息的选择性

在众多的信息中，人们只能对其中少数形成清晰的知觉，而对其他大部分内容则可能视而不见。这就是公众对信息的选择性。

公众对信息的选择性表现在选择性注意、选择性理解和选择性记忆三方面。选择性注意，指的是公众只对他们感兴趣的信息产生注意的一种心理现象。由于公众兴趣、经历、文化程度等方面的不同，公众注意和接受的信息也不同。选择性理解，指的是不同的公众对同一信息的理解各不相同。因此要求组织在宣传时应尽可能提供给公众无可置疑的事实，以防产生不利于组织的误解。选择性记忆，是指由于受需要、态度及其他因素的影响，人们容易记住那些与自己有关的信息的一种心理现象。

在公关工作中，公众对信息的选择性是组织与公众沟通中的重要障碍。因此，公关工作需要分析研究各种影响因素，设法加强传播的针对性和有效性。

2. 心理定势

这是指公众心理上的“定向思维”，是人的认知和思维的惯性、倾向性。心理定势就如同一种惯性，推动着人们不自觉地沿着一定的方向去认识和判断事物、思考问题。它既有积极的定向作用，也有消极的妨碍和误导作用。在公共关系工作中，利用公众的心理定势所产生的各种效应，能够取得事半功倍的效果。

（1）首因效应，是指最先出现的信息给人留下特别深刻的印象，它往往强烈地影响着人们对事物的整体判断及长期看法。第一印象一旦形成就较难改变，公众若初次接触组织印象就不好，就会抑制他们同组织建立良好关系的意愿。因此，无论是人、产品、环境还是组织行为，都要尽可能给公众留下完美的第一印象。

（2）近因效应，是指最后出现的信息给人留下特别深刻的印象。由于这种心理的影响，人们的认识和看法会受到最后出现的信息的深刻影响，有时甚至会改变原来的第一印象。公关传播工作中要注意这种近因效应，注意用新信息去巩固公众原来的良好印象，或改变原来的不良印象。

（3）晕轮效应，也叫光环效应，是指人们往往将认识对象的某些突出特征或品质推广为对它的整体印象和看法，从而掩盖了对其他特征或品质的正确认识。这种认识其实是以偏概全，以点概面的。组织在公共关系活动中可以极力突出自己的优点，适当利用这种光环效应来掩盖自己的不足，达到美化形象的目的，但如果滥用这种晕轮效应也会导致公众反感。

（4）移情效应，是指把对特定对象的情感迁移到与该对象相关的人或事物上的一种心理现象。即俗话所说的“爱屋及乌”现象。如利用名人作广告，就是通过移情效应，把公众对名人的情感迁移到自己的产品或组织的知名度上来。

（二）态度

态度是人们在认识和行为上相对固定的倾向，比如赞成或反对，喜欢或厌恶等。这些倾向一旦形成，就比较稳定而持久地影响着人们对事物的判断以及行为。公众对组织的态度，反映了组织在公众心目中的形象，反映了组织与公众之间的关系状态，因此，研究分析公众的态度，影响和改变公众的态度，是公共关系工作的主要课题。

人的态度不是天生的，也不是一成不变的，会随着外界条件的变化而变化，也会在生活实践和学习过程中转变。公共关系工作要把调查分析、研究公众的态度作为依据，研究如何通过宣传、教育、引导来影响或转变公众的态度，使之对组织发展有利。

（三）价值观

价值观是人们对于是非、善恶、好坏的评价标准，对自由、幸福、荣辱、平等这些观念的理解。它是影响公众个体行为的重要因素。不同的国家、民族和组织，不同的生活背景和文化传统，会形成不同的价值观，进而导致公众态度和行为上的差异。

认识和分析人们的价值观，对于选择公众对象，确定公关活动的目标，调整或协调组织与公众之间的关系都有意义。比如，公共关系传播工作应该研究公众的价值观，根据公众的价值观来设计和调整传播沟通的方针、政策和形式。在组织内部，公共关系工作可以去创造条件和气氛，促使组织的成员形成积极向上的价值观，以增加组织的活力和动力。当组织和公众的价值取向相类似时，沟通就比较容易，效果就比较好；而与价值观相反的公众沟通难度较大，就必须更加注意传播内容和沟通艺术的运用。

（四）需要

根据马斯洛的需要理论，人的需要包含五个层次，即生理需要、安全需要、归属和情感需要、尊重需要和自我实现需要。这五种需要是普遍存在的，但对于不同的人，或对于同一个人的不同时期来说是有区别的，各种需要的强烈程度和迫切程度会有所不同。

通过了解和满足公众的需要来争取公众对社会组织的支持，是公共关系工作的一项基本内容。组织在设计公共关系工作方案时，要针对不同层次类别的公众需要。首先，要了解并满足公众需要中最迫切的需要；其次，组织在注重公众的目前需要时，还要兼顾他们的未来需要，并能够预测公众需要的变化。总之，组织必须认真分析并不断满足公众的需要，才能为公共关系活动的成功奠定良好的基础。

（五）性格、气质

性格对于行为的影响是深刻的。性格不同，在行为上就会表现出种种差异。性格是由后天的生活和教育以及个人的工作实践长期塑造而成的，客观生活环境的变化可以导致性格的变化。

气质主要表现在一个人的情绪体验的反应速度、强度和表露程度，以及动作的灵敏或迟钝方面。有的人情绪外露，喜怒形于色；而有的人却相反。气质虽然是天生的，但也可能会随着年龄的增长、阅历的变化而发生变化。

了解一个人的性格和气质，是了解其行为倾向的必要条件。这样不仅可以了解其现实的行为，还可以预见其未来的行为，这对于公共关系工作具有很明显的意义。

（六）兴趣、能力

兴趣是人们力求认识某种事物或强烈喜好某种事物的倾向。公众的兴趣具有以下特点：一是多元性。不同的公众有不同的兴趣，即使是同一个人，其兴趣也往往是多方面的。二是可变性。兴趣总是随着公众自身因素和客观条件的变化而发生变化。三是扩张性，公众的兴趣可以向相关方面延伸或扩散。比如从对足球的兴趣到喜欢带有足球标志的物品等。公共关系人员应善于观察公众的兴趣爱好，来设计或修正公共关系工作的内容与方式，使公关活动能够迎合或引发公众的兴趣。

能力是人们从事活动、完成工作的本领。公共关系工作要注意分析公众对象的不同能力，根据其实际能力来开展传播工作并充分调动他们参与的能力。

公共关系工作通过了解和研究公众对象的特殊兴趣和能力，尽量使公关活动能够迎合公众的口味，从而具有较强的吸引力。

（七）逆反心理

公众的逆反心理，是由于组织宣传过度，以至在公众心理上造成情绪和情感的对抗。一般来说，公众对于某些表现过分的东西，往往会产生厌烦、厌恶的感觉，从而形成抵触情绪。逆反心理会造成逆反行为、抵触行为。组织宣传过度的表现有：传播不分时间和场合，无时不有，无处不在；单调的信息内容重复过多；传播的内容或意图超越了公众所能接受的程度，不能为公众的情感所包容。

逆反心理的产生，会使组织对公众的传播沟通产生困难。因此，在公共关系传播活动中一定要讲究传播技巧，注意信息量和刺激要适度，慎防公众逆反心理的产生。

（八）舆论心理

舆论是指公众对于某一共同关心的问题所表达的意见。这些意见是经过长时间的辩论、讨论、相互作用而形成的，具有明显的理性评判的成分。

舆论对公众的行为有重大影响力。因此，正确对待舆论是组织公关工作的重要任务。组织可以通过宣传解释和劝导，及时引导公众的舆论，使其对组织有利。例如通过赞助等活动，制造自己具有责任感的公众舆论，形成对组织有利的良好的舆论氛围，可以树立美好的组织形象。

（九）流言心理

流言是提不出任何可信的确切根据，而被人们相互传播着的一种消息。公众基于个人的私欲，或是为表达某种情绪，或者传播者信息贫乏或信息不清晰，都会参与流言的制造或传播。它具有较强的煽动性和破坏力。当组织面临对自己不利的流言时，公共关系部门要利用一切可利用的传播手段，针对流言，公布和说明事实真相，向公众及时提供确切的消息和真实情况，使流言不驳自倒。也可以进行反宣传，对流言制造者以迎头痛击，制止流言的流传。同时，为了阻止流言的产生，组织对自己的一时失误，应及时如实地向公众讲明，取得谅解，使流言制造者无机可乘。

二、公众的选择

（一）公众选择的意义

公众选择是指一个组织的公共关系部门，在部署公共关系工作之前，寻找和确定公共关系活动主要对象的工作。不同的组织，或同一组织在不同时期、不同情况下，所面对的重要公众也有所不同。为了能够有效地开展工作，任何组织在进行每项公共关系活动之前，必须依据本组织的公共关系状况，对众多的公众作出选择和分析，从中选定有利于开展工作的公众对象。

公众选择实际上是组织公共关系工作的一个不可缺少的程序。具体说来有以下意义：

1. 有利于明确工作对象，确保工作实效

选定公众对象，可以避免公关人员在众多公众面前主次不分、手足无措，确保公共关系工作有的放矢。

2. 有利于公共关系工作的针对性

对象明确以后，公关人员就可以根据不同公众对组织的不同利益要求，根据不同的问题和不同公众的特点，有针对性地策划公关活动的具体内容，采用不同的方法进行沟通和宣传。

3. 有利于节约经费，缩减开支

公共关系工作需要适当的经费支持，而组织为公共关系工作提供的经费往往是有限的，工作对象明确、范围界定、目标专一，这就可以节约经费开支。

（二）公众选择的原则

公众选择的基本要求是要选准公众，而选准公众就必须确立正确的公众选择原则。这是组织寻找、确定公共关系工作对象的依据。不论任何组织，也不论其面对多少公众，都应该遵循以下基本原则：

1. 有重点原则

有重点，是指公共关系人员在面对众多的公众时，要选择重点，抓住关键，把工作对象的范围缩小，选择与本组织关系最为密切的重要公众。

2. 应急原则

公共关系人员在选择公众对象时，一定要紧密联系组织现实的公共关系状况，把那些对组织当前工作有现实影响的公众选择为重点的公关对象。

3. 动态原则

公众的选择虽相对稳定，但并非是一成不变的。随着时间的推移，条件及环境的变化，次要公众可能上升为首要公众，潜在公众也可能转化为知晓或行动公众。只有依据主客观条件的变化，动态地观察和分析问题，才能准确地选定公众对象。

4. 不扩散原则

当一个组织的公共关系出现问题时，一定要严格地界定危机的公众范围，在这个公众范围内有针对性地做沟通工作，决不能随意将公众范围扩大。切不可在未出现危机的地方也进行宣传解释工作。否则，不但不利于问题的解决，反而会弄巧成拙，既浪费人力、财力、物力，又造成不良后果。

（三）公众选择的方法

不同的组织，公众的构成不同，公众对组织的重要程度也不同。公众选择的方法也多种多样，以下介绍三种方法：

1. 分类法

根据不同的标准对公众进行分类。这在公众分类中已做了介绍。

2. 观察法

这是在自然状态下，公共关系人员通过对公众正常的工作、生活等活动进行观察，来了解公众各种不同的态度，从而有的放矢地开展工作。这种方法简便易行，获得的材料也比较真实。一般说，公众对组织持有两种不同的态度：一种是对组织持良好的态度，即正态度，如同情、认可、感兴趣、了解等；另一种是对组织持不良的态度，即负态度，包括敌意、偏见、冷漠、无知等。公共关系人员可以通过观察法了解公众各种不同的态度，有针对性地对公众开展工作。

3. 调查法

调查法是通过对公众进行问卷或访谈的形式，调查公众对组织的态度和行为的方法。公共关系人员可以通过让公众填写调查表格的方式，也可以通过面谈或电话访问等谈话的方式，来了解和收集公众的情况。由于公众对组织的态度不同，就会对组织表现出不同的行为。一般说来可能有三种行为：积极行为、反对行为、消极行为。公共关系人员根据调查结果，对公众的行为进行研究和分析，及时制定或调整有关的公共关系政策，并采取有效措施，促使公众的消极行为转变为积极的行为，从而实现公共关系的目标。

（四）选择目标公众

要选择目标公众，就要对组织的具体情况进行具体分析，才能作出正确的选择。不同的组织因为其性质、类型、目标和任务不同，所选定的目标公众是不同的。而有些公众，在一般的组织中较为常见，在不同组织之间也带有一定的共性，下面就此做一些简要的分析。

1. 员工公众

指组织内部的全体成员。员工公众既是组织内部公共关系工作的对象，又是组织外部公共关系工作的主体，是与组织自身相关性最强的一类公众，也是任何一个组织都存在的目标公众。

2. 股东公众

股东公众即企业组织的投资者。从广义上看，它也属于内部公众的范围。股东公众也是现代企业组织的首要公众。

3. 消费者公众

是指购买、使用本组织提供的产品或服务的个人、团体或组织。消费者公众是与组织具有直接利益关系的外部公众。

4. 新闻媒体公众

是指新闻传播机构及其工作人员。新闻媒体公众是一种特殊的公众，是必须搞好关系的公众。组织依赖新闻媒体公众与社会进行沟通，因此组织需要对其特别争取。媒介公众作为首要公众往往被置于公共关系工作的最显著位置。

5. 政府公众

政府是国家权力的执行机关。任何组织作为社会的一分子，都必须服从政府的统一管理，需要与政府的有关职能机构和管理部门打交道。政府公众是所有组织的目标公众中最具有权威性的对象，对组织来说具有重要意义。

6. 社区公众

社区是指人们共同活动的一定区域，社区关系也称区域关系，即一个组织与它所在地的地方政府、社会团体、其他组织及当地居民之间的睦邻关系。社区是组织赖以生存发展的基本环境，是组织的根基，与组织在空间上紧密联系，难以分离。

7. 名流公众

是指那些对公众舆论和社会生活具有较大影响力和号召力的有名望人士。这类公众数量虽少，但其传播作用和对公众的影响力很大，通过名流去影响公众，往往能起到事半功倍的作用。公共关系人员可以借用他们的知识和专长为组织获取信息，借用他们的关系网络为组织扩大交往范围，借用他们的社会声望提高组织的知名度、美誉度。

思考练习题

1. 什么是公众？公众具有哪些基本特征？
2. 如何对公众进行分类？
3. 分析公众的主要心理特征。
4. 简述获得公众的艺术。

案例分析题

[案例3—1]　一枚纽扣连着纽约城

一、案例介绍

一天，湖北省黄石市中日合资企业美尔雅总经理罗日炎办公室桌上，放着一封从太平洋彼岸美国纽约市寄来的一封挂号信。就是这封普通的挂号信，令他坐卧不安。

这是一封用英文写的信，罗日炎经理看不懂，便拿着信匆匆来到公关部，令有关人员立即翻译。一会儿，公关部将信翻译成中文，送到罗日炎手中。他看着这封指责美尔雅西服如何差、质量如何低劣的信，眉头皱起了疙瘩，心想，我们80%的西服外销世界各地，信誉不错，怎么会出现这种情况呢？

为了弄清原由，他就吩咐公关部立即给这位美国顾客回信，调查原因，赔礼道歉。谁知信发出一个多月，竟杳无音信。为此，罗日炎经理辗转反侧，忐忑不安。他决心要把问题弄清楚，亲自带着一名推销员，乘飞机从武汉经上海，飞抵美国纽约。他们不顾旅途疲劳，几经周折，找到了那位顾客。当那位顾客得知美尔雅总经理来调查情况、赔偿损失时，感激而又尴尬地耸耸肩说“No，No，你们真是太认真了。”

罗日炎心中纳闷，这是咋回事？原来，这位顾客花了400美元，买了一套美尔雅高级西服，买时没有仔细看，回到家里一试穿，发现少了一个纽扣。美国人一向注重商品质量，所以，他就一气之下，写了上面那封信。后来，他在纽约配了一个扣子，缝上了。

为了一套西服，美尔雅公司不远万里，来赔偿这位顾客的损失，使他深受感动，当即以“读者来信”的形式，给纽约《消费者时报》投稿，赞扬中国美尔雅讲究信誉的美德。这家报纸刊登后，纽约的其他报刊争相转载，美尔雅一下子名声鹊起，轰动了纽约城，销售量大幅度增长。美尔雅公司在一个月内收到5张纽约的订单。

罗日炎总经理针对这件事严加自责，在公司职工大会上，他当众宣布扣发自己半年奖金1000元，扣发其他领导奖金500元，责成公关部将这封信复印100多份，贴到车间教育橱窗，以此强化职工的质量意识。

美尔雅敢于曝光亮丑，这件事陆续刊登在《湖北日报》和《国内参考》等多家报纸上，引起了一次轰动。北京市为此出现了购买美尔雅西服热，就连一衣带水的日本有些报刊也做了转载报道，许多日本人也爱上了美尔雅。

美尔雅正是凭着这种“质量第一、顾客至上”的经营之道，从一个亏损500万元的小型床单厂，逐步发展成为年总产值2.2亿元的企业，“美氏家族”走出了国门，冲向了世界，并捧回了欧洲消费者博览会质量的金杯！

——摘自黄荣生《公共关系学》，东北财经大学出版社

二、案例思考

1. 美国顾客为什么能迅速由美尔雅的逆意公众转变为顺意公众？
2. 美尔雅总经理扣自己和管理干部的奖金，这一举动的公关价值何在？
3. 在企业管理中，如何强化职工的质量意识？

[案例3—2] 产品广告的公众心理负效应

一、案例介绍

有些电视广告形象生动，色彩鲜艳，其产品也堪称优质，其广告也并非虚夸，然而只因伤害了公众的心理，造成了负效应。下面略举几例：

（一）吸尘器与儿童教育

某家用电器厂广告：画面上是一间舒适的现代化客厅，一个又胖又可爱的小男孩坐在紫红色的地毯上，手里捧着一个饼干桶吃饼干。一不小心饼干桶打翻了，半桶碎饼干全倒在地毯上。小孩站起来，去拖一台吸尘器，边说“不要紧，我有某某牌吸尘器。”边说边拖，几秒钟碎饼干全被吸完了。人们看了以后，并不怀疑这台吸尘器的功能。问题在于这给孩子怎么样的教育？有了吸尘器什么东西打翻在地都不要紧？地是干净了，可是浪费的半桶饼干呢？

（二）中国广告，洋人包装

电视广告中借用西洋人、东洋人时有所见，要是进口商品或中外合资企业的产品似乎还情有可原。于是许多纯国产的商品广告也乐于此道，似乎忘记了观众的99.99%都还是中国人，中国人中极大多数还是有民族自尊心的。譬如：屏幕上出现线条勾勒的一辆摩托车图形，继而又显示出红白相间的真车形象，旁边出现了一位身

穿运动服的男青年，用典型的日本人语气和语言习惯说："哇！这么漂亮啊！这是某某牌摩托车，日本技术，上海组装。"

有人说：本来想买一辆，听了这句话，倒不想买了。

——摘自刘强、彭洪峰《公关经理MBA强化教程》，中国经济出版社

二、案例思考

1. 从以上案例中分析重视公众心理反应的重要性？
2. 怎样做才能避免造成公众的心理伤害，以赢得公众的好感？

第四章 公共关系的传播

学生目标

公共关系活动就其本质而言就是传播活动。组织所开展的公共关系活动往往通过运用各种传播媒介和沟通手段，在组织和公众之间建立有效的双向联系和交流，促进相互的了解，使双方达成共识并产生好感，获取公众对组织的支持。因此，传播成为组织与公众之间的桥梁，也就成为公共关系活动中必不可少的一环。为了更好地开展组织的公共关系业务，公共关系人员应了解传播的基本原理、基本过程和基本模式，掌握传播的种类和特点，学会熟练运用各种传播媒体，使公共关系工作得以顺利进行。

第一节 传播的方式

一、传播及其过程

什么是传播呢？简单地说：传播就是信息的交流。但传播不仅仅是把信息进行简单的交流，“传播”一词在英文中译为“Communication”，该词还有“沟通”的含义。总的来说，传播是人类交流信息的一种社会性行为，是人与人之间、人与他们所属的群体、组织机构和社会之间，通过各种方式，运用有意义的符号进行信息传递、接受与反馈的行为的总称。

组织所开展的公共关系活动就是组织与各种公众之间所进行的传播与沟通活动。有关传播的各种论著对“传播”的定义各有表述，有的描述得很抽象，有的描述得比较具体，但基本上体现了传播具有的三点内涵：一是传递信息，也就是传播者通过一定的方式把信息传递给接受者；二是传者和受者双方交流，接受信息的一方把对信息的反应反馈给传播者，造成双方对该信息在情感和态度上的交流；三是共享信息，由于沟通，使传受双方对某一事件或思想观念产生一定程度的了解和共识。

可以看出，无论用什么方式进行传播，都体现了这样一个基本的传播过程：组织将有利于树立良好组织形象和信誉的信息通过各种传播方式传递给公众，公众在当时的社会环境下可能还会接触到其他渠道传来的信息，这些信息在公众内心产生作用，产生新信息，形成传播效果，再反馈回组织，组织会利用反馈回来的信息来修正或调整自己的行动，这个过程在组织与公众之间不断循环反复，实际上也是一个沟通过程。如图 4－1 所示。

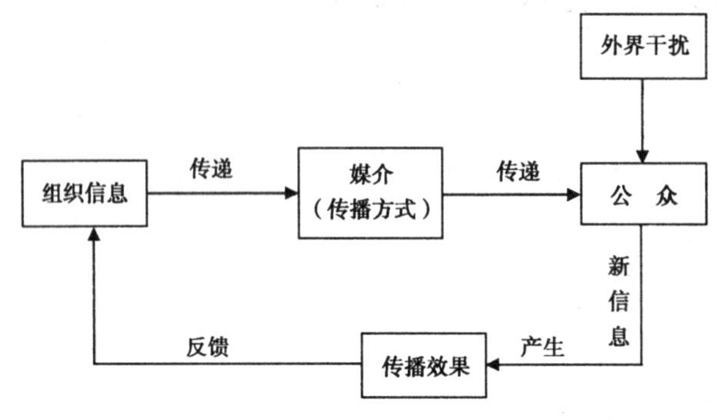

图 4－1　传播过程示意图

二、传播的方式

信息传播的方式是多种多样的，归纳起来可以分为三大类：大众传播、组织传播和人际传播。这三种传播方式既有自身的独特规律又有内在联系，公共关系信息的传播也正是利用这三种传播方式，同时进行有机的组合和控制，达到最佳的传播效果。

（一）大众传播

1. 大众传播的含义

大众传播是指专业的传播者运用大众传播媒介将大量复制的信息广泛、迅速地传播给类型众多、数量庞大的公众的过程。当组织策划的公共关系对象是外部公众且公众数量庞大时，常采用大众传播媒介来传播信息。

2. 大众传播的特点

（1）传播者是专业的严谨组织。大众传播者是有严密组织的专业机构，比如报社、电台、电视台等，内部按职能划分成各个部门，任职其中的工作人员都具有一定的专业素质。大众传播机构要向大众传播的内容包罗万象，涉及社会的各个领域，这些信息的搜索、编辑、整理到传播都需要懂得各种学科与专业的人才。

（2）受众是不确定的对象。大众传播的对象是不确定的，凡是接触到大众传播媒介的人都可成为该传播的对象。当组织开展公共关系活动需要使用大众传播方式时，首先了解针对的公众经常接触的媒体，再选用能覆盖这些公众的大众传播媒介。

（3）传播者与受众的非直接性。在大众传播中，传播者与受众不直接接触，而是通过中介物——大众传播媒介进行信息传递，因为双方没有面对面的交流，所以短时内难以产生信息反馈。因此，大众传播从某种意义上来说是单向传播，组织如运用大众传播方式开展公共关系活动，还必须借助于其他手段才能收集到公众所反馈的信息，以便和公众进一步沟通。

在选用大众传播这一方式的时候，还要考虑这样的问题：由于组织和公众之间有大众传播媒介这一中介物，信息发出人要将信息传递到受众那里，要经过很多关卡。如电视新闻播放要经过这样一个程序：采访——→剪辑整理——→审查——→核实，播放还要受时间限制，这样传递出来的信息可能会有一定流失或改变，所以组织还应该和大众传播媒介多作沟通，尽量减少信息在传递过程的缺失。

3. 大众传播的社会功能

（1）传递信息。大众传播媒介以发布新闻与传递新知识为主，或者是传递最新信息，向社会提供最新发生的客观事实，使社会大众了解自然环境、社会环境的变化及发展动态，这是人类生存的需要，是人类改造自然与推动社会发展的需要。

（2）思想与行为导向。大众传播对个人社会化、组织行为规范化有着促进作用。这种功能表现为：一是传播文化、传播信息、加速个人社会化；二是肯定某些个人、团体、组织的行为，使这些行为及主体成为大众行动的榜样；三是揭示某些个人、团体及组织的行为，使之成为人们的监督对象。

（3）社会凝聚作用。大众传播有把个人、团体与组织连结起来的社会凝聚作用。这种功能的产生是因为大众传播媒介具有专业化，同时具有一定社会威望，这里所传播的信息容易引发受众的共鸣，也容易使受众对未知事物的不确定性得以消除，通过对大众传媒信息的归类，使受众产生群体意识，并强化他们的归属感。

（4）授予和奖励。大众传播使个人、团体或组织在受众中获得一定声誉，提高知名度和社会地位，这表现在几个方面：一是使被宣传对象地位合法化，并提高他们声誉和威信，使之成为大众共同关心的热点；二是提高其知名度及美誉度，最终使被宣传者的形象得以提升，这正是组织开展公共关系活动想达到的目的。

（5）娱乐大众。大众传播为大众提供娱乐消遣的信息，使大众阅读后身心愉悦。大众传播媒介常有大量文学作品、音乐戏剧、体育运动等内容，大众从中获得精神上的享受。

正因为大众传播的以上特点，组织常利用大众传播媒介来引起公众的关注，形成正确的舆论导向，并改变原有的观念、意识，从而有效提升组织形象，达成公共关系目标。

（二）组织传播

社会中的个体几乎都从属于某一组织，甚至是几个组织，既有关系松散的非正式组织，也包括严密的正式组织，这是由人的社会属性所决定的。人在满足了一些基本需求之后会去寻找归属感，个体构成组织，组织又构成社会；由于有了组织的存在，也就产生了组织传播。

1. 组织传播的含义

组织传播是指组织内部的成员与成员之间、组织与成员之间以及组织与组织之间的信息交流活动。

2. 组织传播的基本形式

组织传播中的最大特点体现在组织内部的信息传播上，组织内部传播的最基本形式可分为纵向传播和横向传播，其他形式的传播以这两种传播作为基础。

（1）纵向传播。由于组织内存在着不同的等级，具有等级差别的成员间的传播沟通称为纵向传播。这当中又可以分为两种方式：下行传播与上行传播。

- 下行传播。这是一种“自上而下”的传播方式，一般指组织内部领导向下级发布指示、命令等自上而下的信息传播，是组织管理的一种形式。下行传播的内容一般包括：有关组织或集体目标的信息；有关工作的指示；加强下级对工作任务的了解；向下属提供关于工作程序的资料；向下属反馈其自身业绩信息。在下行传播中，由于双方地位差异，下级对上级心存敬畏，容易造成心理上的隔阂并引起认知偏差，信息传播内容受阻而达不到应有的效果。

- 上行传播。这是一种“自下而上”的传播方式，是组织内部下级向上级或组织成员向领导反映意见、要求或提出建议、批评等。上行传播是领导者了解下属情况的重要途径，同时也是下行传播的反馈。上行传播的方式很多，大致分为两大类：一是下属主动以口头、书面或其他形式或定期或不定期向上级反映情况；二是组织中的领导者主动组织座谈会或下基层了解情况。上行传播的内容一般包括：成员本身的工作情况或其他问题；有关组织决策的信息；成员的个人需求。下行传播与上行传播相互配合，可以增强组织内部的沟通，尽量避免信息在上下级间传播的流失，同时可以提高成员的工作积极性，使组织的管理更加有效。

（2）横向传播。横向传播是指组织内部同级成员之间或同级各部门之间的信息传播。组织内个人之间的信息传播一般是非正式的，实质上是人际传播，但信息内容局限于组织内部。同级部门间的信息传播主要是解决部门之间的矛盾，协调各部门间的关系，使工作能顺利进行。横向传播具有直接性、非正式性和语言传播为主的特点。同级各部门间也存在着公函往来的正式传播，但更多的时候，各部门间都是不经中间环节，直接使用语言进行沟通。

（三）人际传播

1. 人际传播的含义

人际传播是指人与人之间的信息交流，也可以称为沟通，这是人生存与发展的基本要求，是一种普遍的社会行为。公共关系活动的开展需要运用人际传播，通过人际传播建立良好的人际关系，使各项工作能顺利开展。

人际传播主要是面对面交流，如交谈、讨论等，当然还有通过一定的媒介所进行的传播，如书信、电话、传真、网络等。而在这各种人际交流方式中，最有效的还是传统的面对面直接交流，这种方式不但可以了解到言语内容，对面部表情、身体姿态、语音语调等所传递的信息也能一目了然，同时还可以予以及时的反馈，这是一种真正的沟通。

2. 人际传播的特点

（1）对象明确。在人际传播中，信息的传播者与接受者是明确的。在大众传播和组织传播中，只有广义的对象，没有具体的对象，比如说广告信息的传播：广告主要将商品信息传递给目标市场时并不知道具体的对象是谁。组织传播同样如此，下行传播中，上级的意见传达给下级，这里所指的下级通常不特指个人。

（2）人数有限。人际传播的参与人数是有限的，一般参与的人数越少越能做深入的沟通，如果参与的人数较多，就变成组织传播或大众传播了。通常对人际传播的研究是以对两个人的信息交流方式为研究主体的，然后再扩展到多个人的交叉传播。

（3）反馈迅速。人际传播实际上是人际信息交流，由于人际传播中对象明确，传者将信息传出后一般可以较快地得到反馈信息，传者和受者在信息交流中频繁互换位置。

（4）传递直接。人际传播中，信息传播较直接，虽然传者的信息通过一定媒介才能传递到受者，但无须经过任何以人为主的中间环节，所以信息流失较少。

3. 人际传播的障碍

人际传播中存在着各种各样的障碍，这些障碍影响人际传播的有效性。这些因素包括人际关系、语言障碍、知识水平、心理状态、个性差异等。

（1）人际关系障碍。人际关系是人际传播的基础，直接影响到人际传播的内容和形式。

人与人的关系亲疏对传播的内容及频率起决定性影响。

- 血缘关系。俗话说：血浓于水。在人际关系中，有无血缘关系会显现出明显的亲疏关系。一般情况下，血缘关系越近，信任程度越大，传播可能性越大。
- 交往频率。人与人之间交往次数越多，关系越密切，产生传播机会越多。由交往频率产生的“密切”关系可分为两类：一类是客观条件造成的，如工作需要必须经常保持联系；另一类是主观条件产生的，如有共同爱好或志向。
- 地理位置。地理位置的远近对人际关系也有影响，俗话说：远亲不如近邻，恰如其分地说明了这一问题。地理环境上的距离，会影响交往频率，影响亲疏关系。
- 人的世界观、价值观。当人有共同的情趣、共同的理想和信仰时，会使人与人之间产生“亲切感”，同时信息交流的次数及交流的信息量会增多。例如具有同样宗教信仰的人之间的信息传播比不同信仰者要多，有时甚至会排斥异己。

（2）语言障碍。在人际传播中，语言是基本且重要的传播工具，虽然通过身体姿态、表情或其他工具也可传递信息，但语言的传递是最直接的。由于信息的传者和受者是两个主体，对语言的掌握、理解及运用存在一定差异，因此出现由语言造成的传播障碍。

综上所述，公共关系从业人员只有熟练地掌握各种传播方式及了解各种方式的特性，才能在工作中灵活地加以选择，有效地完成任务。

三、传播的效果

通常情况下，对传播效果的分析可以分为几个方面：对传播信息的认知程度、公众态度的改变、生理基础的变化及行为的产生。传播的效果如图 4－2 所示：

获知——→认识——→喜欢——→偏爱——→相信——→行动

图 4－2　传播的效果图

从图示中可以发现：公众从传播活动中获取信息和事实，产生对事件的认识，从而改变自己原有态度，产生喜欢甚至是偏爱的情感，继而相信事实到最终采取相关行动。一般认为，对传播效果的研究主要内容是态度改变研究，在公共关系学中，我们对传播活动所产生的效果最关注的还是公众态度的转变。

在传播活动中，哪些因素能影响公众的态度，最终导致传播效果的产生呢？

（一）影响传播效果的因素

1. 被传播信息的来源

被传播信息的来源是传播者可以施加控制的因素之一。信息来源对说服效果的影响包括以下几个方面：

（1）传播来源的可信性。可信性高的来源，传播后所产生的效果较好。比如说，传播者的专业水平高及经验丰富，通过他们所传递的信息可信性较强，就如一位头发斑白的老医生所作的关于健康的报告所产生的影响远远高于一名普通的年轻人对健康的看法。

（2）传播者的吸引力。许多研究表明，对公众有吸引力的传播者说服效果更好。现在各大企业纷纷寻找影视明星来做产品或企业的形象代言人，就是看中了明星对公众的吸引力，这些吸引力强的明星在传播关于企业的信息时往往不需要太多的理由就能使公众接受。

2. 被传播信息的特征

这里所指的信息特征是从被传播信息与传播对象的关系角度而言。

（1）信息内容与传播对象现有态度的差异。社会心理学的研究表明，如果被传播信息的观点和公众的原有观点差异较大，传播的内容将不容易被接受。比如说某地区的消费者一向认为火腿肠是一种不新鲜、没营养的食品，而一家生产火腿肠的企业希望在该地区树立起“健康食品的来源”这一形象，其被接受的程度较低，因为这一信息与他们原有观念差距太大了。

（2）信息的呈现方式。同一个观念，用不同的方式呈现或表达，有不同的结果。提供结论对不同的人有不同的效果。当传播对象的智力发展水平和受教育程度较低、经验较少而且信息较复杂时，提供结论更有利于传播效果的产生，否则这类公众将有可能不明白传播者到底想达到什么目的。反之，如果传播对象的智力水平和受教育程度较高、经验丰富而且对信息内容有一定程度的了解，可以促使传播对象自己得出预期结论，这比告诉他们结论更好。

另一方面，公众对传播者说服动机的觉察影响说服效果。也就是说如果公众觉察到传播者向他传递某种信息，则说服效果较差；反之如果同样的信息是公众无意中接触到的，则说服效果较好。如果传播者能把说服意图完全隐藏，将获得更好的说服效果。

3. 公众本身的特征

（1）公众所属的文化群体。人们虽然不会有意识地回避那些和他们自己观点不一致的信息，但人本身所属的群体决定了人会较多接触那些支持他们已有观点的信息。

（2）公众的个性心理。如果一个人在成长的环境中形成一种这样的观念——认为人可以依赖于其他人的言论，则这种人容易形成信任心理。容易形成信任心理的人易被说服性信息影响。心理学研究还表明：低自尊者比高自尊者容易改变态度。

影响传播效果的各种因素是很复杂的，并且相互产生作用，作为公共关系人员在开展传播活动的时候要对各种因素有较深入的了解，才能使传播具有更好的效果。

（二）传播效果的测定

通常只针对使用大众传播方式传播的广告信息进行效果的测定；而人际传播及组织传播的效果由于难以控制，一般不进行量化的测定。以下简单介绍一种广告信息传播效果的测定方法。

$$\text{信息传播效率 I} = \frac{\text{信息接收人数 P} \times \text{公众对信息的理解程度（\%）H}}{\text{传播费用支出 C}}$$

信息传播效率I用于衡量信息传播阶段传播费用投入与信息被接受、被理解程度的关系。由于信息接收者对信息的理解程度不一，因此，理解程度H取调查后的平均值。P为信息接收人数，C为广告费用，P、H、C三个自变量间并非独立。P和H均受制于C，P、H与C是正相关关系，当信息传播效率不变的时候，传播费用支出越多，信息传播面越广，公众对广告理解程度越高，而这当中C对P的影响大于对H的影响，因为H的大小还取决于传播中广告创意与表现的成功与否。提高信息传播效率的途径有：

（1）C不变，增加P或H；

（2）C不变，同时增加P和H；

（3）C下降，P和H不变；

（4）C与P、H同时上升，但P、H上升幅度超过C的上升幅度。

第二节 传播媒介

媒介也称为媒体，是英文Media的音译，是指能把信息传送给社会大众的工具。可作为信息传播媒介的物质很多，几乎所有的大众传播媒介都可以作为广告信息的传播媒介，一些特殊物质也可作为信息传播媒介，如交通工具、票证、购物袋等。

一、大众传播媒介

大众传播媒介是指能把大量复制的信息广泛、迅速传播给类型众多、数量庞大的公众的传播介质。报纸、杂志、广播和电视传播媒介，被人们称为传统的“四大媒介”。随着计算机的普及和互联网技术的快速发展，网络已成为当今最重要的信息传播媒介，是21世纪第五大传播媒介。

（一）报纸

四大传播媒介中，报纸的历史最悠久，近代报纸起始于1609年德国创办的《关系报》，早期报纸主要传播新闻类信息。随着经济的发展，市场竞争日趋激烈，商家为使自己在激烈的竞争中取胜，开始利用报纸宣传自己的产品和企业，付费购买媒介做宣传——广告正式在报纸上出现。科学技术不断发展，新媒介陆续出现，但不管新媒体如何优异，报纸作为古老传媒，仍有旺盛的生命力，这是因为报纸的特点是其他传媒无法取代的。

1. 报纸的优势

报纸价格低廉，公众容易承受。随着人口素质的提高，读报逐渐成为人们的生活习惯。一份报纸往往被多人传阅，其影响力远远超过报纸发行量。报纸一般有专门的发行网络，投递迅速准确，能迅速将各种信息传递出去。报纸的传播力很强，往往报纸发行数小时后就能见到效果。报纸的选择范围较广，可根据传播信息的内容及传播对象选择性质不同的报纸，这种可供选择的优点能增强信息的传播效果。报纸还有文字表现力强这样的特点，从心理学的角度来说，通过视觉接触的信息往往印象最深刻。报纸还能装订保存，便于日后查找，报纸信息的传播因此可跨过一定时间、区间以保存。

2. 报纸的局限性

报纸的信息容易被读者忽略，读者看报带有很大的随意性和主动性，一般会选择符合自己兴趣的内容，很少仔细阅读报纸中的每篇文章，更少仔细读报中的广告。报纸的传播受文字表现的局限，对文化水平低甚至是文盲就很难产生效果。报纸的视觉表现力较差，精美的图片在报纸上的呈现效果较差，报纸更注重文字的表现。

（二）杂志

报纸和杂志在传播信息方面有很多共同点，两者的差别主要表现在发行范围、出版频率、版面大小、内容和视觉效果上。

1. 杂志的优势

杂志的视觉冲击力较强，图片表现较真实，杂志的信息传播可做到图文并茂；杂志的针对性较强，内容往往比报纸要专，杂志的读者群体是较单纯的，有利于一些有针对特殊群体的信息传播；杂志的出版周期较长，其产生影响的时间也长，可以反复阅读，在相当长的时间内被反复阅读，扩大信息传播的效果。

2. 杂志的局限性

杂志的出版周期较长，至少是1周以上，时效性较差，在杂志上不宜发布配合销售活动的时效性强的信息；杂志一般面向全国发行（有的面向全球），而企业的信息通常是针对某一目标市场的公众，尽管杂志能影响全国（或全球），但不集中，只能影响到特定地区的少量公众，如果是付费的信息传播——广告，则可能造成广告费用的浪费；杂志的影响力往往比不上一些发行量大的报纸，报纸可以在短时间内天天出现同类信息，并可以不同形式出现，造成声势，增强传播效果，而杂志在这方面望尘莫及。

（三）广播

广播是纯听觉媒介，它有视觉媒介无可替代的优势，它在20世纪60年代后成了极为普及的传播媒介。

1. 广播的优势

广播的传播速度快，这是前两种媒介无法比拟的。广播利用语言传播信息，加工信息过程简单，可随到随发，最适合发布时效性要求高的广告；广播的电波信号覆盖范围广，在信号覆盖范围内因地理影响传播的可能性小；这种听觉媒介对听众的文化水平要求低，只要智商及听力正常的人都能理解广播的信息；公众在接收广播信息同时可以做其他事情，只要环境中没有影响听力的因素存在，人们都可以收听广播；广播信息的制作简单，费用低廉，无需大量资金；广播以语言传播信息，比前两种媒体更亲切，更容易引发听众的情感，从而接受广播的信息。

2. 广播的局限性

与视觉相比，单纯的听觉传播记忆效果较差，要多听几次才能了解并记忆；广播信息的形式较单一，在四大媒介中，广播的影响力是排在最末的，它不够形象，不易使听众改变态度并产生行为。

（四）电视

电视在四大媒介中是最年轻的，但却是发展最快、影响力最大的传播媒介。

电视是兼视听于一体的传播媒介，它能充分利用语言、文字、色彩、绘画、摄影、音乐等表现手段真实地再现事物发生过程，具有极强感染力。电视已成为家庭重要娱乐方式，许多家庭的业余时间大多数是在看电视中度过的。

1. 电视的优势

电视最大特点是视听兼备，图文并茂，既有视觉冲击，又有听觉影响，产生强烈的传播效果。电视能给人们传送鲜明、准确的信息。电视的普及，使电视所传播的信息深入每户家庭，不分年龄、社会、地位、知识水平，人们都可以通过电视了解各方面的信息。现代通讯技术使电视信号可以传播到世界各地，不受时间与空间的限制，不受地理因素制约。在利用单一视觉媒介或听觉媒介传播信息时，常会遇到难以表述的信息内容，静态的语言文字图形缺乏电视那种生动的表现力。

据有关研究资料显示：人在接受视觉信息后，过了3小时还能记住信息内容的70%，过3天还能记住信息的40%；如果接受听觉信息，过3小时只能记住信息的60%，过3天仅记住信息的15%；而接受视听信息后，过3小时能记住90%的内容，过3天还能记住75%内容。由此可以推断，电视这种媒介在四大媒介中传播效果是最好的。

2. 电视的局限性

电视的主要局限在于费用，电视节目、广告的制作费用相对于其他媒介要高，如果要租用电视时段，费用则更加昂贵，电视时段的租用费通常以秒为单位，高昂的费用使组织在选用该媒介时受到限制。同时，现在电视频道很多，观众可根据自己的喜好选择，因此一些不受喜爱的信息容易被观众逃避。电视信息的传播还有瞬时即逝的特点，必须进行多次投放，才能使观众留下印象，不像报纸杂志那样一次投放就可反复阅读。

从以上介绍可以看出，四大传播媒介各有所长，也各有所短，各种传播媒介不可以互相取代。

（五）互联网

20世纪90年代末，信息产业（IT）的发展极大地改变着人们的生活，同时也对传统的传播媒介产生深远的影响。以互联网为传播媒介的网络广告（Internet Advertising）成为当今欧、美发达国家最热门的广告形式。

互联网（Internet），是一个由各种不同类型和规模的独立运行和管理的计算机网络组成的全球范围的计算机网络，包括局域网（LAN）、城域网（MAN）以及大规模的广域网（WAN）等。它通过普通电话线、高速率专用线路、卫星、微波和光缆等通讯线路把不同国家和地区的用户连接起来，为人们提供了巨大的并且还在不断增长的信息资源和服务工具宝库，用户可以利用互联网提供的各种工具去获取互联网提供的巨大信息资源，任何一个地方的任意一个互联网用户都可以从互联网中获得任何方面的信息，如自然、社会、政治、历史、科技、教育、卫生、娱乐、政治决策、金融、商业和天气预报等。

与传统的四大传播媒体相比，网络具有得天独厚的优势：

1. 传播范围最广

网络传播不受时间和空间的限制，它通过国际互联网络把信息24小时不间断地传播到世界各地。只要具备上网条件，任何人在任何地点都可以阅读。这是传统媒体无法达到的。

2. 交互性强

交互性是互联网络媒体最大的优势，它不同于传统媒体的信息单向传播，而是信息互动传播，用户可以获取他们认为有用的信息，厂商也可以随时得到宝贵的用户反馈信息。

3. 针对性强

分析结果显示：网络的受众是最年轻、最具活力、受教育程度最高、购买力最强的群体，网络可以帮您直接命中最有可能的潜在客户。

4. 受众数量可准确统计

利用传统媒体，很难准确地知道有多少人接受到信息；而在互联网上可通过权威公正的访客流量统计系统精确统计出信息的访问用户数量，以及这些用户查阅的时间分布和地域分布，从而有助于组织正确评估传播效果，审定公关策略。

5. 实时、灵活、成本低

在传统媒体上发布信息很难更改，即使可改动往往也须付出很大的经济代价；而在互联网上发布信息能按照需要及时变更内容。这样，经营决策的变化也能及时实施和推广。

6. 强烈的感官性

网络载体基本上是多媒体、超文本格式文件，受众可以对感兴趣的信息了解的更为详细，使顾客能亲身体验产品、服务与品牌。这种以图、文、声、像的形式，传送多感官的信息，让顾客如身临其境般感受商品或服务，并能在网上预订、交易与结算，将更大大增强网络传播的实效。

二、其他传播媒介

在信息传播过程中，除前面所介绍的能把信息大量复制并迅速传播的大众传播媒介，还有许多其他的传播媒介是不容忽视的。

（一）人际传播媒介

所谓人际传播媒介是指通过人的表情动作和身体姿态在人与人的相互关系中进行信息传递的渠道。人际传播在吸引公众、改变公众态度方面有特殊的宣传功能。组织利用人体形象进行传播，可以增强情感色彩，增强组织形象或商品形象的人格意义，从而有效地影响公众的思想观念和行为方式。

（二）实物传播媒介

“眼见为实”，是一般人对他人传播信息的要求，因此，物品本身就是最直接的媒介。而实物传播媒介是指企业通过橱窗的布置、商品的陈列尤其是举办展览会来向公众传播信息的渠道。由于这类活动所借助的渠道主要是企业的实物，如产品、生产设备、业绩以及模型等，因此被称为实物传播媒介，即通过实物来传播商品信息，宣传企业形象。

实物传播媒介在传播信息与宣传企业形象方面，起着其他媒介不可替代的作用，但它有自己的局限，因为实物传播媒介只有通过公众知觉系统才能引起公众注意，它的接触率比较低，只有和大众传播媒介相结合才会获得更好的效果。

（三）户外传播媒介

户外传播媒介是指利用霓虹灯、广告牌、路牌、旗帜、灯箱、车船、气球、市政公共建筑等传播信息的渠道。户外传播媒介宣传内容一般都比较简单，侧重于企业的名称、品牌名称的宣传，对于提高企业知名度有一定作用。

但这种媒介受场地限制，没有流动性，辐射面较小，即使在繁华地段，公众也很难驻足观看，传播效果难以控制。因此，户外传播媒介一般作为一种补充的媒介加以使用。

（四）其他传播媒介

如电话、空中字幕、飞艇、气味、立体充气物等作为信息传播的载体。一些原本没有传播意义的物体，如大地、树木甚至公共厕所，也在被用于传播信息，作为广告载体。从中可以看出，只要具备科学的创新意识，就能不断开发新型传播媒介，使传播媒介更加丰富。

思考练习题

1. 什么是传播？简述传播的过程。
2. 如何对传播进行分类？
3. 传播的效果受哪些因素的影响？
4. 大众传播媒介包括哪些方式及其特点是什么？

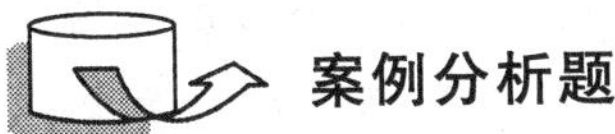

案例分析题

[案例4—1] 圣元：媒体公正报道 真相水落石出

一、案例介绍

2010年8月5日，《健康时报》报道了“武汉3名女婴性早熟”的病例，后调查发现，3名女婴的家长均称孩子曾食用过“圣元优博”奶粉，他们怀疑孩子的性早熟和圣元奶粉有关。之后，全国多个地方均发现此类病例，嫌疑直指圣元奶粉。

8月7日，圣元营养食品有限公司在官网上发布一则致媒体的公开信，发表声明：婴儿奶粉未添加任何激素。

8月9日，圣元回应女婴性早熟事件：政府职能部门已采样。

8月9日，政府官员否认圣元奶粉致婴儿性早熟。

在媒体争相炒作近一个月之后，卫生部15日召开专题新闻发布会，通报“圣元奶粉疑致儿童性早熟”调查结果。通报指出，检测结果符合国内外文献报道的含量范围。

湖北省对3例疑因食用圣元奶粉致性早熟的病例再次会诊和回访，并检测激素水平、骨龄等项目，未发现患儿生长发育明显加速，仅能判断为单纯性乳房早发育，为临床常见病例。此外，卫生部向部分国内儿童专科医疗机构调取的就诊资料显示，近年临床就诊的儿童性早熟病例数未见异常升高趋势，就诊的假性性早熟儿童中，纯母乳喂养和人工喂养的比例基本相当。

与此同时，在奶粉“激素门”事件中，曾首先将矛头指向圣元的凤凰卫视主持人马斌，在其主持的凤凰卫视天下被网罗节目中，也认真而诚挚地向圣元奶粉道歉，向广大的婴儿家长们道歉。

真相还了圣元奶粉一个清白，但是尴尬的是流言产生之初众人破鼓万人捶，炒得轰轰烈烈，但是流言破碎之日社会却反应冷淡。一方面负面新闻总是比正面新闻更能吸引人眼球，另一方面是人们习惯社会公信力缺失，对于所谓的“真相”也不那么信任了。

——摘自新浪新闻(http：//news. sina. com. cn)

二、案例思考

1. 根据案例分析大众传播对企业发展的影响。
2. 如何发挥传播媒介的作用?
3. 该案例对你有什么启发?

[案例4—2] 王老吉：亚运营销的最大赢家

一、案例介绍

广州亚运会被誉为是后奥运时代企业的最佳营销平台，但如何利用好这一平台，却是令所有营销人头痛的事情。这关键一点，就是看企业与这一平台的契合度问题。

作为凉茶始祖，王老吉起源于岭南，被两广地区老百姓当做清躁热、解暑湿的保健养生饮品已经流传了上百年，具有悠久的历史和地道的岭南本土文化特征。近10余年来，王老吉有效继承并传扬了这一传统养生文化，让这个有着180余年悠久历史的品牌重新焕发出了勃勃生机。正是以王老吉为代表的凉茶企业的推动，2006年，凉茶这一富有岭南文化特色的品牌成功入选国家首批非物质文化遗产，并随着王老吉的扩张在大江南北流传。如今，王老吉已成为中国“凉茶”的代名词，成为岭南凉茶文化的一个象征符号，成为了解岭南文化的一个窗口。从某种意义上来说，王老吉很好地担当了岭南文化传播使者的角色，成为广东省的一张名片。凉茶始祖王老吉起源于岭南，也是岭南文化中不可或缺的一个杰出代表。依托国际性大型体育赛事，迅速提升品牌影响力，加速国际化进程，成了王老吉的不二之选。

2009年2月，王老吉与广州亚组委签署协议，正式成为2010年广州亚运会高级合作伙伴——中国民族饮料品牌第一次站在国际顶级赛事的舞台上，迈出了国际化征程的重要一步，为打造一个世界级品牌奠定坚实的基础。

2009年2月，王老吉高调宣布其正式成为广州亚运会高级合作伙伴，一时间报纸、网络、电视纷纷报道，正式发起宣传攻势。2009年下半年，王老吉推出了具有广泛参与性的“先声夺金”唱响亚运歌手挑战赛。此次亚运歌手挑战赛，以国际顶级赛事为契机，以亚组委官方为背景，因此在比赛过程中极力突出亚运元素，而最终获胜的3名选手则成为亚组委官方认可的“亚运歌手”，共同“唱响亚运”。

2010年6月，“举罐齐欢呼、开罐赢亚运”——王老吉亿万亚运欢呼大征集活动拉开帷幕。王老吉号召全国人民为亚运献上精彩欢呼，“网聚”中国人对日益临近的亚运盛会的关注和期盼。这是一次基于Web2.0的互动整合营销活动，以网络平台为主体，借助多样化的电视传播策略，邀请千位明星为广州亚运会造势，借助明星超强的人气吸引公众参与。同时，每一个通过网络上传符合要求的“举罐欢呼动作”图片的参与者，都将有机会出现在广州亚运会开幕式上。

亚运的主题是“激情盛会，和谐亚洲”，而王老吉凉茶的口号则是“亚运有我，精彩之吉”，两者的主题轻易地完成了契合。文化与主题双重契合，可以说让王老吉的亚运营销处处逢源，如鱼得水。

在亚运营销中，除了对主题活动进行精心策划，王老吉还放弃了以往电视广告加主题活动的单一传播方式，而是将媒体联动作为突破口。王老吉以参与门槛低、互动性强的活动作为骨架，以电视、网络、平面媒体、户外媒体以及终端辐射作为配合，使得品牌信息通过多维媒体覆盖到全国的每一个角落。

为了实现与受众的多点接触和互动，将广州亚运会的声音和王老吉的品牌信息传达给更多的受众，王老吉策划的各大主题活动为大众提供了新闻传播、活动传播、互动体验传播等内容接触点，同时充分利用电视和网络两大核心平台进行无缝联动，为大众提供了一个互动性极强的体验平台。

在亚运营销中，王老吉对全市场、全渠道进行整合，专门拍摄广告片，在央视、卫视、地方电视台、户外、分众媒体、电台、报纸等平台上投放广告，配以地面终端、全国多个城市路演，通过媒体组合策略扩大品牌传播的覆盖范围和影响力。

——摘自腾讯新闻（http：//news. qq. com）

二、案例思考

1. 王老吉如何利用各种传播手段进行公关？
2. 王老吉的传播手段获得了什么效果？
3. 该案例对你有什么启发？

第五章

公共关系的工作程序

学生目标

本章主要掌握公共关系实务工作的操作过程即工作程序。公共关系活动作为一个完整的工作流程，不仅具有较高的艺术性，而且还有较强的科学性。人们习惯上把公共关系活动分为调查、策划、实施和评估四个工作步骤，这就是公共关系专家通常所说的“四步工作法”或称“公关四步曲”。

第一节　公共关系调查

一、公共关系调查的意义和原则

（一）公共关系调查的意义

公共关系调查是“公关四步曲”或“四步工作法”的第一步，是做好公共关系工作的基础。所谓公共关系调查是指公共关系部门就公众对组织形象的评价进行统计分析，用统计数字、文字或其他形式显示公众的意见，以便了解公众对组织形象的整体评价，或就某一公共关系活动条件进行实际考察，从而发现组织存在的或面临的问题。

古人云：“知己知彼，百战不殆”，这说明公共关系调查具有非常重要的意义。

1. 公共关系调查可以使组织准确地进行形象定位

所谓组织的形象定位是指组织在公众中形象的定量化的描述。公共关系调查可以使组织了解公众对组织形象的评价，准确地进行形象定位，有利于组织塑造良好的整体形象。通过形象定位，可以测量出组织自我期望形象和其在公众中的实际形象之间的差距，公共关系人员可以根据存在的差距，策划行之有效的公共关系活动方案，从而加强公共关系策划的目的性。

2. 公共关系调查为组织决策提供科学依据，提高组织决策的科学性

通过公共关系调查，组织才能准确地了解公众的要求和愿望，把握公众的心理定势，制定出符合公众要求和愿望的科学的决策，从而树立公众认可的良好组织形象。

3. 公共关系调查可以使组织及时地把握公众舆论，监测舆论环境

公众舆论是社会全体成员或大多数人对组织的意见或看法，对组织形象真实的感受。公众舆论是自发产生的并处在变化之中，随着组织的行为、公众的心理等各种因素的变动而不断地扩大或缩小。公共关系调查可以使组织及时把握公众舆论，通过有效的公共关系活动扩大积极的舆论，缩小消极的舆论，为组织的发展创造一个良好的舆论环境。

4. 公共关系调查能够提高公共关系活动的成功率

公共关系调查是公共关系工作程序的第一步，是公共关系策划及实施的必要前提。通过公共关系调查，组织才能充分了解所要开展的公关活动的主客观条件，把握组织现有的人力、物力状况及公众的心理状态。只有这样，组织才能制定出切实可行的公共关系计划，并使传播活动取得良好的效果。

（二）公共关系调查的原则

成功地开展公共关系调查工作，一个重要的基础就是保证公共关系调查的科学性。因此，调查人员必须遵循以下原则：

1. 客观性原则

公共关系调查是为了准确地了解公众对组织形象的评价，为组织提供决策依据。因此，公共关系调查人员在调查过程中，应该坚持客观性原则，实事求是，从客观实际出发，区分公众的客观态度和主观臆想，搜集公众对组织形象的真实的评价。公众的客观态度是指调查对象对组织形象的直接感受和真实评价，而主观臆想则是调查对象对组织形象的一种想象或愿望，应把二者区别开来，把握公众的客观态度。同时，在调查过程中，调查人员不能将自己的主观意图加入到公众的态度中，以保证调查结果的真实性。

2. 全面性原则

公共关系调查的客观性本身就要求调查必须全面，在搜集调查对象对组织形象的评价时，要注意搜集各类公众的各方面的意见。一是调查对象必须有代表性。如果调查对象不能够代表公众或不全面，即使他们对组织的评价是客观的，但也不能反映公众的整体态度。二是调查所得的资料要全面。调查人员既要了解调查对象对组织的正面意见，也要注意搜集他们的反面意见；既要了解这一类公众的意见，也要注意搜集另一类公众的意见。这样，才能保证调查结果的全面性。

3. 时效性原则

公众的态度和组织所处的客观环境是不断变化的，而公共关系调查只能了解公众在某一确定的时间内对组织的态度，所以，公共关系调查结果具有时效性。调查人员应根据客观环境和公众的变化，不断地搜集信息，确保信息的真实性和快捷性，以免让迟滞的信息导致组织失去取胜的良机。

4. 计划性原则

就组织的整体运作而言，公共关系调查是组织获得信息的主要渠道，应使之制度化、规范化；就公共关系工作程序而言，公共关系调查是基础和出发点，应将其纳入公共关系工作整体规划之中；就一项具体的调查工作而言，事先必须要制定一个严密、完整的调查计划，对人力、财力、时间以及可能出现的问题与对策进行充分考虑，以保证调查工作的顺利进行，提高调查工作的效率。

二、公共关系调查的内容

公共关系调查主要有三方面的内容，包括：组织形象的调查、公众舆论的调查、客观环境的调查。

（一）组织形象的调查

组织形象的调查包括三个基本环节：组织自我形象的调查、组织实际形象的调查、形象差距比较分析。

1. 组织自我形象调查

自我形象是指组织自身所期望建立的形象，是组织公共关系工作的内在动力、目标和基本方向。设计组织自我形象，要对组织的主观愿望和客观实际进行调查分析，防止自我形象过高或过低，脱离客观现实。

（1）组织领导决策层的目标和要求。组织领导决策层决定着组织的总体目标，从而决定着组织形象的基本定位。因此，组织领导决策层对组织的发展期望，对于组织形象的设立，具有决定性的意义。公共关系人员在设计组织形象之前，必须详尽研究领导决策层所拟定的政策，领会他们的决心和意图，并以此作为组织自我形象设计的重要依据。

（2）组织员工的要求和评价。一个组织的目标和政策必须得到员工的认可和支持，才能有效地转化为实现组织目标的实际行动。因此，必须通过调查研究，了解员工对组织的要求及其评价，了解他们对组织自我形象的看法、建议及其态度。这是设计组织自我形象不可缺少的环节。

（3）组织的实际状态和基本条件。组织自我形象的设计必须以组织的实际状态和基本条件为客观依据。公共关系调查必须要全面地掌握组织各方面的基本资料，如经营方针、管理状况、生产状况、财务状况、市场营销状况、人事组织状况等，以增强组织自我形象的可行性，使其与客观实际相适应。

2. 组织实际形象调查

组织实际形象是指社会公众和社会舆论对组织的总体的看法和评价。它与组织自我期望形象相比，更能准确地反映组织的真实面貌。组织实际形象的调查主要是通过调查组织在公众中享有的知名度和美誉度，了解组织在社会公众中的形象。

知名度是指社会公众对组织认识和了解的程度，是评价组织名气大小的客观尺度。如公众是否了解本组织的名称、标记、产品或服务，这种了解的程度与范围如何等。

美誉度是指社会公众对组织的信任和赞美程度，是评价组织声誉好坏的社会指标。如公众是否喜欢本组织所开展的一切活动，是否信任本组织及其产品或服务，信任程度如何等。

组织在公众中良好的形象是由知名度和美誉度构成的，缺一不可。但实际上知名度和美誉度并不一定能够同步形成和发展。知名度高不一定美誉度高，知名度低也不意味着美誉度低；美誉度高不一定知名度高，美誉度低也不意味着知名度低。组织良好的形象应该是知名度和美誉度的有机统一。

3. 形象差距比较分析

公共关系人员根据对组织自我期望形象和组织实际形象的调查结果，统计并加以分析，找出二者之间的差距及造成这种差距的原因所在，从而确定存在的公关问题。弥补和缩小这种差距，就成为下一步公共关系工作目标和重点。

（二）公众舆论的调查

公众舆论的调查是对公众对组织的态度倾向进行统计、测算，用数字显示公众的整体意见。公众舆论具有广泛性和变化性等特点，要把握其变化的势态，必须对舆论进行分解，确定舆论标志和指标体系。

1. 舆论标志

舆论标志表明各种公众意见在一定时间和空间所达到的规模和发展趋势，它显示各种舆论的综合对比关系，是对舆论总体趋势的描述。舆论标志具有变动性、多样性，按其分布的区域和公众人数的多少可把舆论标志分为四个等级：主导舆论、分支舆论、次舆论、微舆论。舆论标志是通过舆论指标体系反映出来的。

2. 舆论指标

舆论指标包括量度指标和强度指标。

（1）量度指标。它是指持肯定或否定态度的人占总人数的百分比，其中，指标数百分比大的舆论为广度舆论，指标数百分比小的舆论为狭度舆论。

（2）强度指标。它是指公众所表示的态度、意见、观点的强烈程度或坚定程度。不同的调查对象对组织的意见具有不同的强烈程度，而舆论强度揭示了公众态度的坚定程度，描述了公众对组织形象评价的质量。

组织可以通过舆论的量度指标和强度指标的显示，对比不同舆论的广狭、强弱，准确而全面地了解公众舆论。

（三）客观环境的调查

客观环境的调查包括宏观调查和微观调查。

1. 宏观调查

宏观调查是指对组织所处的社会环境的调查。组织在开展公共关系活动之前，应对社会政治、经济形势进行分析，对市场和公众的心理进行研究，把握组织发展的有利时机。

2. 微观调查

微观调查是对开展公共关系活动的具体条件的调查。即对开展公共关系活动的场地、设备以及各类规章制度等进行调查。

三、公共关系调查的程序

公共关系调查的基本程序包括四个步骤：确定调查主题、设计调查方法、实施调查方案、处理调查结果。

（一）明确调查主题

明确调查主题即确定“最需要了解的问题”，是公共关系调查过程的第一步。明确了调查主题，才能有的放矢地开展公共关系调查工作。

（二）设计调查方法

根据不同的调查主题、组织的主客观条件及公众的心理，选择、设计相应的调查方法。公共关系调查的方法主要有文献研究法、访问法、问卷法、抽样法，公共关系人员应根据需要精心设计。

（三）实施调查方案

实施调查方案就是收集调查材料的过程。在实施过程中，要根据调查方案的要求和设计好的调查方法，运用合理的技术手段，进行资料和数据的收集。

（四）处理调查结果

处理调查结果是公共关系调查的最后一步。公共关系人员对调查的资料、数据进行整理、分析、加工，把握确认存在的问题，指导公共关系工作的开展。

四、公共关系调查的方法

（一）访谈法

访谈法是社会调查中最古老、最常用的方法之一。它是指调查人员通过与调查对象直接交谈来了解情况、收集信息的方法。访谈法具有直接性、灵活性、效率高、反馈迅速等优点；其缺点是标准化程度低、调查成本高，调查结果往往会受到双方的主观因素的影响，如双方的性格特征、价值观念、文化程度等。

访谈法的形式多种多样，主要包括以下几种类型：根据访谈提纲的方式可划分为结构性访谈与非结构性访谈；根据访谈的地点可划分为机关访谈、家庭访谈、公共场所访谈等；根据访谈的人数可划分为集体访谈和个人访谈；根据访谈的次数可划分一次性访谈和跟踪访谈；根据访谈的深广度可划分为广泛访谈和深度访谈。

（二）问卷法

问卷法是目前国内外社会调查中较为广泛使用的一种方法。它是指通过书面提问的形式收集信息的方法。调查人员先将所要调查的内容和问题编成问卷表格，通过邮寄、个人分送或集体分发等形式发放给被调查者，由被调查者根据表格提示来填写答案，最后寄回或收回。问卷法具有调查范围广、规模大、标准化程度高、成本低等优点，比访谈法更详细、完整和易于控制。

问卷主要有两种形式：开放式问卷和封闭式问卷。

开放式问卷，是指答卷者可以根据自己的看法自由回答，一般不限字数。如：您对本公司的产品如何评价？

封闭式问卷，是指答卷者根据答卷中设定的两种或多种答案进行选择。如：

您对本公司产品是否满意？

A. 很满意　　B. 满意　　C. 无所谓　　D. 不满意

开放式问卷回答的内容非标准化，容易掺杂不相关的信息，难以进行统计；封闭式问卷回答标准，利于统计，但限制了答卷者的自我创造性，不利于发现新问题。

（三）抽样法

抽样法是从全部的调查对象中抽取一部分对象进行调查的方法。主要有以下几种常用的形式：

1. 简单随机抽样

简单随机抽样是最基本的随机抽样法，即对整体不加任何分类、分组、排队，完全随意地抽取调查单位。如抽签、摇奖等。

2. 等距抽样

等距抽样又称机械抽样，把调查总体的所有的单位按照一定的顺序进行排列，然后按相等距离或间隔抽取必要的样本。如从100个单位中抽取20个作为调查单位，抽样距离K等于总体N除以样本单位数n，即每隔5个抽取一个。

3. 分层抽样

分层抽样是把总体单位根据属性、特征分为若干层，然后在各层中随机抽取样本。这种方法比较适用于总体情况复杂、单位数多、各单位之间差异大的调查对象，能够提高样本的代表性。

4. 整群抽样

整群调查又称成组抽样，是指在总体中抽取调查单位时，不是一个一个地抽取，而是成群或成组抽取，然后对抽取的各组或各群的全部单位进行调查。这种方法由于调查单位只能集中在若干群或组中，而不能均匀地分布在总体上，调查结果的准确性较差，但比较简便。

（四）文献研究法

文献研究法是通过对组织内部或外部的文献资料进行研究而搜集信息的方法。在调查时，可以找到与调查主题相关的各类文字资料和声像资料，进行质量、数量、时间、频率等方面的统计分析，从中获得有价值的情报信息。文献研究在搜集文献资料、了解历史情况等方面具有重要作用。

第二节 公共关系策划

一、公共关系策划的原则

所谓公共关系策划，就是公共关系人员在加工整理调查信息的基础上，根据组织形象的现状和目标要求，谋划、构思和设计最佳行动方案的过程。在这个过程中，公共关系人员根据组织形象的现状，确定公共关系目标，并据此设计公共关系活动的主题。然后，通过分析组织内外现有的各种条件，如人、财、物或社会环境等，提出若干可行的公关方案，并对这些方案进行比较、择优，最后确定最恰当、最有效的活动方案。

公共关系人员进行策划时，为了提高策划方案的目的性、计划性和有效性，应遵循以下原则：

（一）灵活性原则

经策划所形成的公共关系活动方案，要纳入组织的整体计划之中的，涉及到组织各方面的协调，所以一旦确定，是不能轻易改动的。但由于组织的主客观环境是处于不断的变化之中，这就要求公共关系人员在策划时应为行动方案留下回旋的余地，并针对可能发生的变化，考虑补救措施，使公共关系策划方案具有一定的灵活性。

（二）可行性原则

公共关系计划必须是切实可行的，应该具有很强的可行性。否则，公共关系计划制定得再完美，但缺乏可行性、可操作性，也不过是纸上谈兵，空中楼阁。为了保证公共关系计划的可行性，这就要求公共关系人员必须要尊重客观事实，根据组织现有的主客观条件，制定切实可行的活动方案。

（三）独创性原则

独创性是公共关系活动取得成功的必要条件。不同的组织的主客观条件不同，即使同一组织其自身条件和环境也是不断变化的，所以，不会有两个完全相同的公共关系策划。公共关系人员必须根据新条件、新变化进行创新，才能在众多的组织中脱颖而出，吸引公众，取得良好的效果。

（四）协调性原则

公共关系策划的协调性表现在两个方面：一是公共关系策划要与组织的整体发展计划相协调，应注意各种公共关系活动之间的连续性；二是公共关系策划要与社会发展相协调，为组织形象的建立创造良好的社会环境。

二、公共关系策划的程序

（一）确立目标

确立目标是公共关系策划的前提。公共关系目标是公共关系活动的出发点和归宿，没有明确的公共关系目标，公共关系策划就无从谈起。

1. 公共关系目标类型

公共关系目标有许多类型，一般分为：长期目标、近期目标、一般目标、特殊目标。

长期目标。这类目标涉及到组织长远发展和经营管理战略等重大问题，它与组织的整体目标相一致。时间跨度一般在5年以上。

短期目标。它是围绕着长期目标制定的具体目标，内容具体，具有明确的指导性，最常见的是年度工作目标，时间跨度一般在5年以下。

一般目标。它是依据各类或几类公众的共性要求制定的，解决共性的问题。

特殊目标。它是针对不同类型公众的个性需要制定的，具有特殊的指向性。

2. 确立公共关系目标需注意的问题

（1）目标要与组织的整体目标相一致。公共关系人员在策划时，应有全局观念，通盘考虑，有助于不断完善和提高组织整体形象。

（2）目标应具体、明确。这是指公共关系目标要具有可操作性，其含义要清楚，而不能是泛泛的、抽象的口号。

（3）目标要具有可行性和可控性。公共关系目标不仅要现实、切实可行，而且还要具有一定的弹性，留有充分的余地，以便条件变化时能灵活应变。

（二）设计主题

公共关系活动的主题是对公共关系活动内容的高度概括，对整个公共关系活动起着指导作用。设计公共关系主题是否恰当，对公共关系活动影响极大。

公共关系主题的表现方式多种多样，一般是一句陈述或者一句口号，但它必须与公共关系目标保持一致，具有鲜明的个性、适应公众的心理需求、简单易记等特点。如北京元隆刺绣绸缎商行的公共关系活动主题口号是“古有丝绸通西域，今有元隆连五洲。”

（三）分析公众

不同的组织由于其性质任务不同，所面对的公众也不同。公共关系的工作对象就是以不同的方式针对不同的公众展开的。确定与组织有关的公众是公共关系策划的基本任务。分析公众的具体步骤：

1. 鉴别公众的权利要求

公共关系本质上就是一种互利关系，公共关系策划必须要考虑公众的权利要求，并将其作为策划的依据之一，从而有针对性地开展工作。鉴别公众的权利要求，可采用列表把各种公众的权利要求排列比较，以便进行分析。

2. 对各类公众的各种权利要求进行研究分析

不同的公众在权利要求上既有共同点或共性问题，也有其特殊要求或个性问题。公共关系人员要分析研究各类公众的各种权利要求，从中找出哪些是公众的共性要求，哪些是公众的特殊要求，等等，以便区别对待，谋求组织与公众利益的共同发展。

（四）选择媒介

1. 媒介的类型

（1）个体传播媒介。这是个人对个人所进行的传播，如面对面的交谈、电话、书信往来等。这种方法对象明确，能深入、细致地解决一些特殊问题，但传播面较窄，适用于针对某些特殊公众或关键公众。

（2）群体传播媒介。个别人对一群人所进行的传播。可针对一群人的特殊要求或特殊问题进行传播，包括各种公众代表会、座谈会、记者招待会、宴会、演讲会以及其他群体交往活动。

（3）大众传播媒介。主要包括以广播、电视为主的传播和以报纸、杂志为主的传播，具有传播速度快、辐射面广、影响力大等特点，有利于解决共性问题。

2. 选择媒介的原则

不同的传播媒介具有不同的特点，各有所长，各有所短，要结合公关活动的具体条件来选择。只要选择恰当，就能取得良好的传播效果。选择传播媒介的原则是：

（1）根据公关目标来选择传播媒介。选择和使用的传播手段和方法必须符合公共关系的目标要求，使其服务于公共关系目标，充分发挥其传播功能。

（2）根据不同公众来选择传播媒介。不同的公众由于他们的经济状况、文化程度、职业习惯、生活方式及接受信息的渠道不同，就应该选择不同的传播媒介，才能使信息有效地传播给公众，并被公众所接受。

（3）根据传播内容来选择传播媒介。选择传播媒介时，应把传播内容的特点与各种传播方式的优缺点结合起来考虑。如果传播内容复杂，需要充分说明才能使公众明白，应该选择报纸、杂志等方式；如果传播内容简单、生动有趣，应该选择电视、电影、互联网等电子媒介。

（4）根据经济条件来选择传播媒介。根据组织现有的经济条件，量力而行，精打细算，争取在最经济的条件下获得尽可能大的传播效果。一般来讲，人际传播最省钱，而群体、大众传播费用较高，应依据公共关系经费适当选择。

（五）预算经费

活动经费的预算是公共关系计划中不可缺少的一项具体内容，应列入组织的总规划中，以免出现“巧妇难为无米之炊”的局面。

公共关系活动经费一般包括以下几种：

1. 劳动报酬

劳动报酬包括公共关系从业人员以及相关人员的基本工资、职务工资、奖金等业务报酬。

2. 管理费用

管理费用是指维持公共关系部门日常工作而支付的费用，包括办公用品费、电话费、房租、水电费、保险费等。

3. 设施材料费

设施材料费包括专业器材和成品制作费用，如制作各种印刷品、纪念品的费用以及支付在摄影设备和材料、美工器材、广播器材、电视录像设备、展览设施等上的费用。

4. 宣传费用

宣传费用包括公共关系广告费用和各种大众媒介宣传费用，如支付在报纸、杂志、广播、电视等上的费用。

5. 实际活动费用

实际活动费用包括举办记者招待会、召开座谈会、举办大型活动、组织展览和参观的费用；为公众免费提供的各种教育、培训和服务项目的开支；公共关系人员的活动费等。

6. 赞助费

赞助费是指赞助社会文化、教育、体育和各种福利事业或慈善事业的费用。

（六）形成方案

形成方案即编写策划书，是公共关系策划中的关键环节。每一项具体的公关策划都要以文字的形式写出来，形成书面报告，以备查找。

公共关系策划书，应包括以下主要内容：

1. 背景

背景包括组织所处的客观环境、所面临的问题以及问题存在的原因分析等，阐述公共关系活动的必要性。

2. 宗旨

宗旨是策划的大纲，包括对公共关系的目标、社会意义、操作实施的可能性等方面的说明，展示策划的合理性、重要性。

3. 内容

内容是策划书的主体，包括为实现目标而采取的相应措施，如选择什么传播方式、开展哪些活动、实施步骤和时间如何安排，等等。

4. 预算

预算即按照策划确定的目标每项列出细目，计算出所需经费，并列出所需经费的单子，便于查对。

（七）审定方案

审定方案是对公共关系策划的再分析，包括优化方案和论证方案两方面的内容。

1. 优化方案

一般从三个方面考虑，即增强方案的目的性，增加方案的可行性，降低费用。通过对方案的审定，选择那种用最小的力量、最短的时间、最简单的条件、最低的费用而能够获得最大的效益的方案，达到最优化。

2. 论证方案

论证方案即对公共关系策划进行可行性评估与论证。一般由有关领导人、专家和实际工作者对计划的可行性提出问题，由策划人员答辩论证，也可以通过召开座谈会的方式进行。

第三节 公共关系实施

公共关系实施就是在公共关系计划确定以后，将计划内容变为现实的过程。公共关系实施是公共关系四步工作程序中的第三个环节，也是最为复杂、最为多变的一个关键环节。

一、公共关系实施的特点

公共关系工作的终极目的不是研究问题而是解决问题。公共关系计划的制定是研究问题的过程，计划的实施才是直接地、实际地、具体地解决问题的过程。公共关系实施活动具有变化性、创造性、广泛性的特点。

（一）变化性

公共关系计划的实施是由一系列相互关联的实践活动构成的，是一个思想和行为需要不断变化、调整的过程。无论公共关系计划制定的多么具体和细致，但在实施过程中难免会遇到一些新问题、新情况，这样就需要经常不断地改变、修正或调整既定方案。

（二）创造性

公共关系计划实施的过程不是简单的照章办事的过程，而是一个实施人员发挥创造性的过程，也就是一个实施人员对原计划进行艺术再创造的过程。公共关系实施人员在计划实施过程中面对新问题、新情况时，要充分发挥自己的积极性、主动性和创造性，灵活地调整实施策略，将公共关系计划变为生动、形象的具体活动。

（三）广泛性

任何公共关系活动的实施，都会对各类公众产生广泛的影响。一方面，公共关系计划的实施，会对众多的目标公众产生深刻的影响，使其对组织的观点、态度等方面产生不同程度的变化；另一方面，公共关系计划的实施有时还对整个社会的文化、习俗产生深刻的影响，推动整个社会的发展。

二、公共关系实施的原则

（一）目标导向的原则

所谓目标导向的原则即目标控制原则，是指在公共关系计划实施过程中，保证公共关系实施活动不偏离计划目标。为了切实遵守目标导向原则，可以使用线性排列法和多线性排列法，使一切公共关系活动围绕着计划目标有序的进行。

1. 线性排列法

线性排列法是按照公共关系行动、措施的内在联系将所有的活动项目逐一排列出来，一步一步地向目标迈进（图 5－1）。线性排列法的优点在于每一步行动都建立在前一个行动取得成功的基础之上逐步迈向目标的，避免了出现工作的混乱和人力、财力、物力的浪费。但其缺点是比较费时间，缺乏灵活机动性。

①⟶②⟶③⟶④⟶目标

图 5－1　线性排列法

2. 多线性排列法

多线性排列法是将所有的行动同时展开，共同向目标迈进（图5－2）。多线性排列法的优点是可以缩短实施时间，但需要投入大量的人力、物力、财力，容易造成浪费。

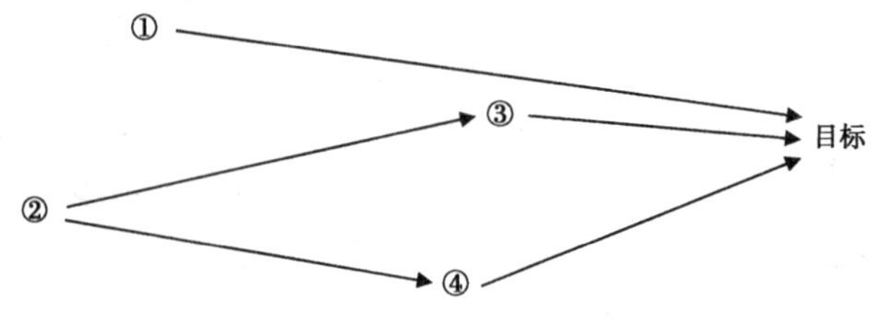

图5－2　多线性排列法

（二）控制进度的原则

所谓控制进度的原则就是根据公共关系计划目标的需要，按照一定的程序掌握工作的进度，以避免出现畸轻畸重的现象。在公共关系计划实施过程中，很可能出现各项工作的不同步，有的工作滞后或影响了整体工作。例如，某项赞助活动在电视台和报刊已经传播开了，但赞助的纪念品还未完成，必然使赞助活动无法正常进行。因此，公共关系人员要经常检查各方面工作的实施进度，善于对全局统筹安排，使各项工作达到同步和平衡发展，避免顾此失彼。

（三）整体协调的原则

所谓整体协调的原则就是指在公共关系计划实施过程中使方方面面的工作达到和谐统一、合理互补状态的原则。协调不同于控制，控制是指在计划实施过程中纠正或克服那些与计划背离或存在差异的行为，协调则强调实施过程中的各个环节之间、各部门之间及实施主体与其公众之间相互配合，不发生矛盾或少发生矛盾，当矛盾产生时，也能及时地加以处理。

（四）选择时机的原则

在公共关系计划的实施过程中，必须考虑一个关键的因素，就是时机问题。所谓选择时机的原则就是要求公共关系人员在实施过程中对开展活动的时机进行精心地选择与安排，提高传播效果的原则。如果时机选择不当，则会造成沟通的障碍，甚至导致计划方案实施的失败。

在实施公共关系计划时，应该怎样正确选择时机呢?

1. 要注意避开或利用重大节日

凡是与重大节日没有任何联系的公共关系活动都应该避开节日，以免被其冲淡；凡是与重大节日有联系的公共关系计划可以利用节日烘托气氛，扩大公共关系活动的影响。

2. 要注意避开或利用国内外重大事件

凡是需要广为告知并且与重大事件无关的公共关系活动应避开国内外的重大事件，以免与重大事件发生冲突；凡是需要广为告知又希望减少震动且与重大事件有关的公共关系活动，可选择在重大事件发生期间，减少活动的影响和舆论的压力。

3. 利用组织自身的有利时机

组织开业或纪念日之时，是开展公共关系活动的有利时机。公共关系人员应该抓住这一时机，运用最佳的沟通手段，与社会各界公众建立广泛的联系，给公众留下良好的第一印象，为塑造组织形象奠定基础。

组织推出新产品或服务项目之时，公共关系人员可以及时地利用各种形式的活动对新产品或服务项目进行宣传和介绍，推销组织新形象。

组织出现失误或被误解之时，公共关系人员应及时利用各种传播媒介，向公众说明真相，采取措施进行纠正，取得公众谅解，维护组织形象。

4. 不宜在同一时间内同时进行两项不同的公共关系活动，以免其效果互相抵消。

三、公共关系实施中的障碍因素

由于组织运行的客观环境是不断变化的，在具体的实施过程中会出现众多而复杂的问题和障碍。一般来说，主要包括三个方面，即计划方案本身的目标障碍、实施过程中的沟通障碍及突发事件的干扰。

（一）目标障碍

所谓目标障碍就是指公共关系计划所拟定的公共关系目标不正确或不明确、不具体而给实施带来的障碍。

为了排除各种目标障碍，一方面要求计划制定者从组织的主客观条件出发，尽量使计划目标切合实际，具有正确性、明确性和具体性；另一方面要求实施人员在开展工作之前，应从下列几个方面检查公共关系计划目标是否具有正确性、明确性和具体性：一是检查计划目标是否切合实际并可以达到；二是检查计划目标是否可以比较和衡量；三是检查计划目标是否指出了所期望的结果；四是检查计划目标的完成是否是计划实施者职权范围内所能完成的；五是检查计划目标是否规定了完成的期限。

如果公共关系实施人员在以上方面发现漏洞，应主动与计划制定者取得联系，使其重新修订，以保证公共关系计划的顺利实施。

（二）沟通障碍

公共关系计划实施的过程实际上就是传播沟通的过程。实施过程中出现的各种各样的障碍影响着传播效果，主要包括以下几种：

1. 文化障碍

不同国家、不同民族、不同区域的公众，文化背景不同，语言文字不同，风俗习惯也各异，就会造成与公众的沟通障碍。用方言与公众进行交流或语意不明，都会使沟通出现障碍或失误，如问路走错路，乘车乘过站，购物听不懂等。所以，公共关系人员在实施公共关系计划时首先要排除文化障碍，一次成功的公共关系活动也意味着两种不同文化的相互交流和相互接受。如果不顾及公众特有的文化习俗，就会引起公众的反感，使沟通失败。

2. 观念障碍

观念本身就是沟通的内容之一，同时又对沟通起着巨大的影响。有的观念能够促进沟通的顺利进行，有的观念则会阻碍沟通，形成观念障碍。

在公共关系计划实施中，常见的观念障碍主要有：

（1）封闭观念排斥沟通。封闭观念源于自给自足的自然经济，人们生活在“鸡犬之声相闻，老死不相往来”的环境下，形成了自我封闭观念，排斥与外界的沟通。

（2）极端观念破坏沟通。固执己见，难以接受别人的思想和看法。在现实生活中，我们经常遇到这样的情况：争论双方都只抓住对方沟通过程中的某一环节、方面或特点，各执一词，彼此否定，谁也听不进去对方的意见，其结果是不欢而散。

3. 心理障碍

心理障碍主要是指人的认知、情感、态度等心理因素对沟通造成的障碍。在认知方面，由于认知的偏差无法全面正确地判断事物，必然会对沟通造成影响；在情感方面，由于情感失控也会导致沟通受挫，如感情冲动的时候往往听不进不同的意见；在态度方面，态度欠妥也不能取得理解的沟通效果，如“权威效应”，对权威的盲目崇拜和迷信往往会使人接受虚假信息。研究沟通过程中的心理障碍的目的是为了了解它、掌握它、利用它或排除它，进而实现公共关系的目标。

4. 组织障碍

合理的组织结构能够有效地进行内外沟通，反之，不合理的组织结构则会成为束缚沟通的绳索。沟通过程中的组织障碍主要表现在以下四个方面：

（1）传递层次过多造成信息失真。信息在传递过程中，中间环节越多，保真率越低，甚至有时最后信息与原来的信息相比面目全非。

（2）机构臃肿造成沟通缓慢。机构臃肿不仅表现为组织层次多，还表现在每一层的构成单位繁多，一条信息要经过如此多的层次和单位，必然要耗用大量的时间，造成信息的传递速度缓慢。

（3）条块分割造成沟通“断路”。条块分割的组织机构，使信息很难畅通无阻。只要有一关通不过，就不能实现沟通。

（4）沟通渠道单一造成信息量不足。这种沟通中组织障碍主要是指信息的传递基本上是单向的——“上情下达”。组织结构中的安排不大考虑从下往上传递信息，即下情难以上达，因而送达到决策层的信息量明显不足。

沟通的障碍可能来自沟通过程中的任何因素，除了以上四种，还有政治障碍、技术障碍、生理障碍、方法障碍等。

由于沟通中所遇到的障碍多种多样，其排除方法也就各有所异。一般来讲，排除沟通障碍，一是要根据所遇到的障碍适当调整公共关系目标和方法，或者重新选择沟通方式；二是注意缩小传播者与公众之间的距离，如利用与公众所处的社会位置最近的媒介进行传播，利用公众信任的媒介进行传播，利用公众习惯的语言和方法进行传播等。

（三）突发事件

对公共关系计划实施的干扰性最大的莫过于重大的突发事件。突发事件包括两类：一是人为危机，如公众投诉、媒介曝光、政府批评等形成的商业危机。二是非人为危机，它是不以人的意志为转移的危机事件，如地震、水灾、火灾等自然灾害和因社会环境与政策的变化而引起的危机事件。突发事件具有突发性、危害性，组织难以预料。面临突发事件，公共关系人员应该保持冷静的头脑，防止感情用事，认真分析原因，正确选择对策。

第四节　公共关系评估

公共关系评估是公共关系工作程序的最后一个步骤，即根据特定的标准，对公共关系计划、实施及实施效果进行持续检验、衡量和评价，以总结经验，调整策略的过程。

一、公共关系评估的作用

公共关系评估是对公共关系全过程的评价，在肯定成绩的同时发现新的问题，以便不断调整组织的公共关系目标，使公共关系工作成为有计划的持续过程。公共关系评估，在整个公共关系计划、实施过程中都具有重要的作用。

（一）公共关系评估是改进公共关系工作的重要环节

通过公共关系评估可以及时发现公共关系工作的方向是否偏离了原计划，不失时机地调整工作内容和方式，从失败中吸取经验教训，对组织的公共关系工作具有“效果导向”的作用。同时，组织在经营管理上的各种失误和不足，都可以在评估中反映出来，有利于组织全面地把握自身的优势和劣势，以便有目标地开展工作。

（二）公共关系评估是制定新的公共关系计划的依据

公共关系工作是具有连续性的，没有对原有的公共关系工作的评估，就不可能制定新的公共关系计划。新的公共关系计划的制定是以原来的公共关系工作及其效果为依据的，或是原来的公共关系工作所要解决的问题没有得到完全解决；或是伴随着原来的公共关系所解决的问题又出现了新的问题。

二、公共关系评估的程序

组织开展的每一项公共关系活动都需要进行评估。评估的过程一般包括以下几个步骤：

（一）确定评估目标

确定评估目标，是公共关系评估工作的起点，是检验公共关系工作的参照物。

（二）选择评估标准

不同的评估目标，对应的评估标准是不同的。公共关系人员应根据目标要求选择适度的评估标准，才能对已开展的工作给予恰当的评价。

（三）收集分析资料

根据评估的目标和标准，广泛地进行调查，收集公众的各种信息资料，然后进行分析比较，看哪些达到了原来的目标，哪些没有达到预期目标等，形成评估结果。

（四）使用评估结果

这是评估的最后阶段，也是评估的最终目的。评估结果一般用于新的公共关系目标的制定，或用于组织总目标的调整。由于评估结果的运用，问题确定以及形势分析将会更加准确，公共关系目标将会更加符合组织发展方向的要求。

三、公共关系评估的标准

一般可以根据公共关系活动的不同阶段，制定不同的评估标准。

（一）准备过程的评估标准

1. 背景材料是否充分

在准备阶段，由于公共关系活动尚未开始，对公共关系效果难以测定，其评估重点在于检查组织环境以及方案中所有因素是否齐全，及时发现在分析中被遗漏的、对公共关系项目有影响的因素。

2. 信息内容是否充实

主要是检验信息的合理性，如公共关系活动的传播信息内容是否有助于问题的解决，是否与传播媒介的要求相适应；对目标公众所进行的信息传播是否准确、及时、适宜；传播活动在时间、地点和方式上是否符合目标公众的要求；公共关系活动传播的信息是否能产生某些副作用，等等。

3. 检验信息的表现形式是否恰当

这是准备过程评估的最后一个环节，主要是检验信息传递的有效性。如检查信息传递材料及宣传品的设计是否新颖、引人注目；各种符号图形、色彩、色调等象征意义是否能为公众理解和接受等。

（二）实施过程的评估标准

这一阶段主要发挥公共关系的监控、反馈机制，对公共关系的工作方式和传播途径适时地加以调整，防止偏离公共关系目标，取得最佳的传播效果。对实施过程的评估，包括三个不同层次的评估标准。

1. 检查发送信息的数量

这一评估过程需要了解所有信息资料的制作情况和其他宣传活动的进行情况，如寄发给公众的信件、传单、内部刊物、礼品的数量，投往电视、广播、报刊的稿件数量，召开新闻发布会及座谈会的次数、公众的人数、宣传材料的数量等，以此检查公共关系工作的努力程度。

2. 被媒介所采用的信息数量

公共关系活动不能满足于制作信息的数量，还应特别注重这些信息被传播媒介所采用的数量。只有被电视、广播、报刊、互联网等大众媒介所传播的信息，才能为广大公众所知晓，才能产生广泛的影响。如果不能被传播媒介所采用，就意味着它不能为目标公众所接收，也就不会发挥其影响和作用的。所以，公共关系人员必须检查被传播媒介所采用的信息，以便了解信息的传播范围。

3. 检验接收到信息的目标公众数量

公共关系信息传播应针对目标公众，因此，公共关系人员不仅要了解收到信息的公众的绝对数量，最重要的是要对这些公众的结构进行分析，从而了解有多少目标公众收到了信息。通过评估，如发现目标公众对组织信息接收不足，应采取一些补救性的措施，使目标公众尽快地收到信息材料。

（三）实施效果的评估标准

实施效果的评估是一种总结性的评估。这一阶段的评估标准包括以下几点：

1. 了解信息内容的公众数量

公共关系活动的目的之一是为了增进目标公众对组织的认识、了解和理解。公众没有了解或没有完全了解组织的情况，都会使他们对组织产生或多或少的片面认识，从而影响他们对组织的看法和行为。

2. 改变观点、态度的公众数量

这是评估实施效果的一个更高层次的标准。公众的观点和态度是长期形成的较固定的看法，不容易在短时间内发生变化，所以，不能凭一时一事判定公众的态度是否改变，要根据一段时间内公众在所有有关问题上的立场和观点来评判。例如，企业为了推广一种新的产品，需要经过长时期的消费教育和消费引导，促使公众放弃原来的消费观念，接受或树立一种新的消费观念。

3. 发生期望行为和重复行为的公众的数量

这是评估公共关系活动效果的重要标准。在公共关系活动实施之后，有多少公众按照导向采取了行动，这就是发生期望行为的公众数量。在掌握了发生期望行为的公众数量之后，还应注意了解重复期望行为的公众的数量，以此判断公共关系活动的成效。

4. 达到的目标与解决的问题

这是公共关系效果评估的最高标准。一般是将公共关系活动实施后的效果与公共关系计划所设计的目标进行比较，看是否完成了规定的目标或达到预期的效果。如某组织举办的筹措资金的公共关系活动实施结束后，筹措的资金数额是否与目标中预期的数额一致。

四、公共关系评估的方法

公共关系的评估方法，可以根据评估者的不同，分为自我评定法、专家评定法和公众评定法。

（一）自我评定法

自我评定法是由公共关系计划实施人员自己对公共关系计划、实施过程、实施效果进行评估。这种评估可以随时进行，能够及时发现问题，调整策略。但由于是对自我工作的评定，对其实施的计划、实施过程及效果可能会尽量隐恶扬善，从而无法看出公共关系活动的真实影响。

（二）专家评定法

专家评定法是由公共关系方面及有关方面的专家组成专门评议组，对公共关系计划进行审定，对计划实施过程进行观察，对计划实施的对象进行调查，并与实施人员交换意见，撰写评估报告，鉴定公共关系活动的效果。专家评定比较权威、规范，但一定要聘请公共关系知识丰富、熟悉情况的专家。

（三）公众评定法

公众评定法是公众通过亲身感受对公共关系活动给予评定的方法。一般通过走访、座谈、民意测验等方式了解公众对组织的态度，然后加以分析、统计，评估公共关系活动的效果。公众评定法来自公众的评价，比较客观，能够反映公共关系活动的真实面目，但有时也可能产生不真实的测量结果，尤其是对公众提出一些比较敏感的问题时更是如此。

在实际的评估中，往往是将自我评定、专家评定和公众评定结合起来，这样才能做到评估的全面、公正、客观、权威。

思考练习题

1. 什么是公共关系调查？简述公共关系调查的基本程序及其内容。
2. 公共关系策划主要包括哪些步骤？
3. 分析影响公共关系计划实施的主要因素。
4. 公共关系评估的标准是什么？

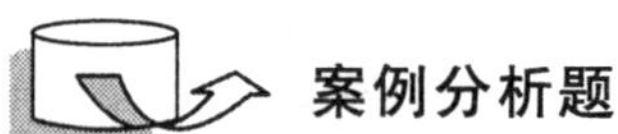

案例分析题

[案例5—1]　“先搞清这些问题”

一、案例介绍

有一家宾馆新设了一个公关部，开办伊始，该部门就配备了豪华的办公室、漂亮迷人的公关小姐、现代化的通讯设备等，但该部门部长却发现无事可做。后来，这个部长请来了一位公共关系顾问，向他请教“怎么办”，于是这位顾问一连问了以下几个问题：

“本地共有多少宾馆？总铺位有多少？”

“旅游旺季时，本地外国游客每月有多少，港澳游客有多少？国内的外地游客有多少？”

“贵宾馆的‘知名度’如何？在过去3年中，花在宣传上的经费是多少？”

“贵宾馆最大的竞争对手是谁？贵宾馆潜在的竞争对手是谁？”

“去年一年中因服务不周引起房客不满的事件有多少起，服务不周的症结何在？”

对这样一些极其普通而又极为重要的问题，这位公关部长竟张口结舌，无以对答。于是，那位被请来的公共关系顾问这样说道：“先搞清这些问题，然后开始你们的公共关系工作。”

——摘自张岩松等《公共关系案例精选精析》，经济管理出版社

二、案例思考

1. 你是如何理解公关顾问的话“先搞清这些问题，然后开始你们的公共关系工作”的？公共关系调查对组织有何意义和作用？

2. 公关顾问所提的5个问题体现公关调查的哪些内容？

[案例5—2]　蒙牛乳业“一天三杯奶”推广活动

一、案例介绍

作为中国航天基金会的合作伙伴蒙牛乳业成功地借助了“神五”事件，在“蒙牛牛奶——强壮中国人”、“中国航天员专用奶”深入人心的同时，蒙牛也取得了中国液态奶销量榜首的市场地位，并在品牌知名度与美誉度上赢得大幅度的提升。

树立一个坚决的目标，围绕“神六”事件展开大规模的品牌推广攻势事在必然。经过长时间多方面各角度的研究表明，现在制约着中国乳制品行业整体发展的最大瓶颈是国人没有科学的饮奶习惯，由于这个原因，国内部分省市甚至出现了“奶比水贱”的现象。因此，借助“神六”这一全球瞩目的大事件，如何完成一轮大规模、密集式的公关传播，促进国人的科学饮奶意识，达到进一步提升品牌美誉度、稳定忠诚度的目标是项目组的重大课题。

（一）项目调研

1. 媒体分析

与“神五”相比，媒体对“神六”的关注度将会有所下降，但这个关注度下降需要界定——事件本身的振奋力是有所下降，但谁都不可能报出准确的数值出来；换个视角，社会并不会因为“神六”振奋力下降而减弱传播力度。考虑国际局势、民族自豪感、伟大的中国航天科技又一次超越等要素，媒体都必然按“神五”的规格进行海量传播，不难想象，受众必然处于强大的被动关注环境中。

“神五”升空时合作伙伴仅有蒙牛乳业等5家赞助商，而“神六”赞助商翻了一倍多，达到13家。与“神五”相比，“神六”的市场开发显得更加成熟。这次中国航天事业冠名商分“合作伙伴”、“赞助商”和“特许企业”三类。这么多企业共同要拿“神六”做文章，消费者眼花缭乱，会产生干扰，而且不能排除会有只谋求短期利益的企业盲目开发的情况，这些会对蒙牛此段时间的传播形成障碍，降低信息到达率。所以应该想方设法跳出常规的宣传方式。

媒体兴趣会集中在与“神六”直接相关的层面，但是也会关注与其有间接关联的内容，例如航天员本身。蒙牛作为“中国航天员专用奶”，这是较为强势的一部分，只要有效的和航天员健康形成关联，也是赢得媒体兴趣的捷径。但是很显然，在这样一个强大的关注环境当中，要转移媒体的兴趣和报道方向，必须在媒介关系的处理上深思熟虑，要站在战略的高度上进行通盘考虑、精密策划。

2. 产品层面

老百姓对“神六”的关注也会转移到对航天员的关注，也希望知道航天员的完美健康体质从何而来。从产品层面来讲，蒙牛牛奶与航天员的科学饮食有着不小的关系，该信息只要能有效和巧妙的传达，将会形成富有成效的正面影响。

长征二号F运载火箭总设计师刘竹生曾经表示，探月是国人的下一个梦想，只有民族的强大，梦想才会更高、更远，而体质上的强大是民族强大的一个重要基础。蒙牛作为中国航天员专用奶，有着提出“强壮中国人”倡议的客观条件，只要紧密联系“神六”与蒙牛牛奶的关系，就能达成营销学上的“无逻辑必然联系”——跟航天员一起喝蒙牛牛奶。这也是公众易于接受的提法。

基于以上分析，项目组提出了一个“无创意”的大策略，拟定了一个核心的公关传播核心信息——“一天三杯奶，强壮中国人”。所谓无创意，是指一天三杯奶的科学性早有定论；而所谓大策略，是我们希望打破中国人一天只喝一杯奶这一传统饮用习惯的瓶颈。在与部分媒体提前沟通之后，可以初步肯定这是一个可资发挥的主题，因此将其确立下来。

（二）项目策划

1. 传播策略

经过分析，此番PR传播，要塑造出“一天三杯奶”概念的权威性（航天员专用奶），要大规模地打造声势，同时要培育整个乳制品市场（普及科学的饮奶常识），开展“一天三杯奶”强体工程，不仅形成强力的促销风暴，也带来对改进公众饮奶习惯的有力影响。

对于和“神六”的结合，首先是《向航天员学习，一天三杯奶》一文的系列传播，直面诉求产品力，加深消费者对蒙牛航天员专用奶的理解，利用航天员的号召力，促进卖场销售力。

同时结合《从航天员到平民，蒙牛打造国民奶》系列传播，宣传蒙牛是最适合中国人引用的好奶品的品牌，无论是价格还是品质，都是极为优秀的，营造消费者的贴近感和亲切感，进而打造蒙牛品牌的消费忠诚度。

2. 媒体选择

在蒙牛“一天三杯奶”这个项目上，在确定传播媒体范围时，掌握了两个原则：

（1）根据目标受众接受信息的特点。消费者接触各种媒体所受到的影响是不同的。在不同媒体、不同时段或栏目中刊载信息，能送达的用户类型必然不同。此外，各类媒体在传播速度、覆盖面上也存在差异。因此，在选择传播媒体时，首先确定目标顾客（每个关注健康的中国人）接受健康指导信息时所关注的媒体，选择合适的媒体及传递方式，使信息能够有效地传递。在“一天三杯奶”的规划中，尽量选择最大众化、且最有针对性的媒体组合，如电视生活栏目、网络生活健康频道、晚报、都市报类市民报纸、少儿和中老年健康类媒体，主妇类杂志，等等。

（2）根据产品特点。各种媒体对不同信息的表达力也各有其特点，在选择传播媒体时，应结合产品特点考虑因素。对于“一天三杯奶”项目的主诉求——鼓励大家多喝奶来说，需要对为什么要“一天三杯奶”、如何正确地饮用牛奶、以及饮用牛奶的误区等诸多方面做详细充分的说明。宜多选用报纸、网络或者电视访谈类栏目等载体发布，使顾客通过比较丰富的资料来认识新的概念，这样也利于从深度和广度上得到保证。

（3）为了保证足够的覆盖面，决定选择数量多达130余家有影响的主流媒体，其范围则几乎覆盖了全中国各省的大中型城市和众多地级城市。

（三）项目执行

1. 媒介沟通

不同的媒体有其不同的刊播形式和风格，针对媒体形式策划传播内容，不仅对于公关传播计划的顺利实施是良好的保证，对于确保信息有效达到也是至关重要的环节。

在“一天三杯奶”策划方向的制订初期，公关小组就及时开始了与不同的媒体沟通的工作。在沟通中发现，尽管“一天三杯奶”的大概念相当有力度，但是不同区域、不同类型媒体的受众群体，其关注点都有相当多的差异，仅仅围绕一个目标做文章显然是不可取的。而且经过多次交流发现，各个地方、各种不同类型的媒体在涉及要传达的信息时都提出了自己的兴趣点和针对性要求，特别是该类话题要真正传达下去必须要通过各种细节的传达才能形成有效性。

在交流中，媒体不仅充分了解了“一天三杯奶”的科学性，而且可以借助航天员的饮奶习惯与“神六”这一新闻事件巧妙结合起来，同时对“一天三杯奶”这一倡议的发起者——蒙牛乳业的社会责任感表示赞同。

在了解这些信息的前提下，“一天三杯奶，强壮中国人”的大局观只是作为基本出发点，而被分解为多个信息细节，分类、分层次、分步骤，依据媒体兴趣来做文章。经过初步但是详尽的沟通，实现了传播主诉求与媒体编辑主旨的初步统一，为以后的执行结果奠定了坚实的结果。

2. 媒体落地

在与媒体前期充分沟通的基础上，依据“一天三杯奶”这个大的核心，分别从健康倡议、航天员的榜样树立、国外推广饮奶经验、各种典型消费者与饮奶的关系、针对各种人群饮奶引发的话题讨论、“三杯奶”普及的大调查和分析、对于提升蒙牛品牌的活动宣传、对蒙牛基地的探访、对蒙牛负责人的访谈等各个细分信息，策划并撰写了将近50篇内容、侧重点或类型都有差异的文章。

在对这些文章选择媒体进行投放时，需要在跟媒体进一步交流的基础上对文章主题、内容和细节进行或多或少的调整。例如根据都市类报纸的编辑需求，策划撰写了《一天三杯奶引发的体质革命》、《一天三杯奶，全家好健康》等观点性文章；对于时尚类杂志，根据关注的焦点，设计出《牛奶让女人漂亮》、《纤体，从一天三杯奶做起》等文章；对于网络的健康频道和育儿网站，设立相关话题《冠心病人宜多喝牛奶》、《健康一生别断奶》、《母乳、配方奶、牛奶——婴幼儿喂养三部曲》等，引发读者讨论，以达到概念传播的目的。此外，还根据区域、季节和传播环境的变化对传播内容进行调整，比如多数健康类版面多涉及秋冬养生题材，因此我们加入了牛奶在秋冬季节的饮用益处等细节。

在网络方面，则开辟了“一天三杯奶”系列网络专题区，而且板块涉及新闻、女性、育儿、饮食、生活、聊天、教育、星座。在各个板块，针对其特点，除了设置“神六”的详细报道、蒙牛企业产品介绍的版位，还设置了“一天应该喝几杯奶，是一杯、二杯、三杯、更多杯、以奶代水?”“什么时候喝奶，早餐、中餐、晚餐、睡觉前、胃痛的时候、什么时候都可以”等类型的投票，并通过论坛将“一天三杯奶”的倡导导入社会舆论中，让专题变成话题。

总之，对于所涉及的媒体，都本着普及新概念、传播新知识为主旨，从而达到与媒体的充分合作。

3. 消除疑虑

在和媒体进行交流的过程中，不少媒体都对一些内容、提法或大的概念有一定的疑虑。为了顺利地执行传播策略，这些疑虑是一定要打消的。为此，项目组不仅向他们提供各种依据的出处和来源，还向他们提供能为我们的观点作证的权威机构和权威人士的联系方式。例如联系到了中国航天基金会、中国航天中心、解放军总装备部的营养师，不仅从他们那里得到准确的说法和信息依据，同时也征得了这些机构负责人和权威人士的同意，使媒体能方便地联系到这些人士，这样就为打消他们的疑虑提供了帮助。

（四）项目评估

1. 传播效果

经过与媒体沟通规划后，以平面传播为例，蒙牛成功地在全国范围内130余家主流媒体上得到了传播结果，在短短的20天传播周期里就传播字数38万字，传播频次250余次。其中，有85%以上的媒体是在经过与企业充分、细致的沟通和引导之下，主动要求发文报道这一系列公关传播稿件的。

在传播所涉及的130多家媒体中，90%的接口记者表示，不但对饮奶习惯有了科学的认识，并对蒙牛的企业和产品有了更加全面、细致的认识和了解，他们也给予了相当多的正面反馈。

在网络上，不仅在新浪这样的门户网站的网络专题得以成功开展，转载量也相当惊人，在google搜索引擎上，关于“一天三杯奶”的搜索结果已经达到26万条之多。

2. 消费者反馈情况

为了了解公关传播中核心信息在受众中的到达率，蒙牛委托第三方调查公司做了随机电话访问和卖场拦截式调查。

在北京、广州、上海、成都地区的300例随机电话调查中，有145人表示知道“一天三杯奶”的宣传信息，其中85人的信息来自于平面媒体，并且有115人对此倡议表示认可。

在北京地区5个大型超市进行的拦截调查中，访问了200个消费者，有95人表示知晓“一天三杯奶”的宣传信息，其中45人的信息来自于平面媒体，并且有82人对此倡议表示认可。

——摘自百度文库（http：//wenku. baidu. com/view）

二、案例思考

1. 你认为蒙牛乳业“一天三杯奶”推广活动其成功之处在哪里？你是否有其他创意？

2. 公关策划活动规模越大、越隆重，社会影响越大，活动效果就会越好，是否正确？举例并模拟。

第六章

公共关系的工作内容

学习目标

公共关系协调对实现组织目标和可持续发展、对建立和谐的公共关系环境具有重要的意义；内部公共关系工作是组织整个公关工作的前提和基础，协调的外部公共关系可以塑造组织良好的形象，对组织的生存和发展至关重要。本章着重介绍内外部公共关系的内容及协调方法与艺术。

第一节　内部公共关系

内部公共关系工作是组织整个公共关系工作的前提与基础。内部公共关系如何，直接关系到组织的生机和活力并进而影响着外部公共关系的构建和组织目标的实现。搞好内部公共关系是整个公关协调工作的基础和起点。

一、内部公共关系的概念与特征

（一）内部公共关系概念

内部公共关系是指社会组织与其内部各类公众之间的关系。它包括组织内部横向的和纵向的公众关系。横向的公众关系包括同级的部门之间的关系以及正式组织与非正式组织之间的关系等；纵向的公众关系包括组织内部上下级之间的关系、领导与群众的关系等。

（二）内部公共关系特征

1. 稳定性

在一定的时间和条件下，组织的内部公共关系是相对稳定的。如果组织关心职工，保障职工应有的利益，组织内部的员工就能安心工作，一切为组织的利益着想，那么公共关系工作所面对的内部公众就保持基本稳定。

2. 密切性

内部公众与组织之间，不但信息交流的频率比其他公众要高，而且交流的内容也是十分重要的。组织与内部公众之间关系的密切程度，应当高于其他任何一种公众。

3. 可控性

与各类外部公共关系相比，组织的内部公共关系比较易于控制。因为组织内部的公众是相对稳定的，组织对他们可以利用正式的管理手段和信息沟通渠道来控制，而且员工也自觉地服从组织，因此内部公众具有可控性。

4. 一致性

指组织与内部公众在根本利益上的完全一致性。作为组织内部的成员，内部公众的利益与组织的利益紧密相联。内部公众利益需求的满足只能依靠组织的发展来实现，而组织的发展又需要内部公众作出努力，组织与内部公众在寻求利益一致与平衡的基础上共同获得发展。组织与内部公众利益的一致性，是组织内部公共关系的重要特征。

5. 双重性

这是内部公共关系的突出特点。内部公众在公共关系中扮演着双重角色，具有双重身份。一方面，作为内部公众，他们是组织公共关系工作的客体，是组织公共关系工作的重要工作对象；另一方面，作为组织的内部成员，他们又在组织公共关系工作中发挥着一定的职责作用，以公共关系主体的身份处理外界事务，扮演着公共关系主体的角色。内部公众角色的双重性，决定了他们在组织公共关系中的地位和作用的特殊性。

二、内部公共关系的构成要素

一般来说，组织内部的公共关系由员工、团体和领导者关系三个基本要素构成。

（一）员工关系

协调员工关系，是组织开展公共关系工作的首要任务。组织内部公共关系工作就是要分析和研究不同员工不同层次的需求结构，并不断满足员工的各种需要，最大限度地调动每个员工的积极性、主动性和创造性，使所有员工齐心协力塑造良好的组织形象。

在分析员工关系时，必须注意以下几类员工关系：

1. 管理人员关系

指组织内部各级业务部门主管人员和各个职能部门的主管人员。他们对各个部门来说是权威，其言行举止在职工中很有影响力。因此他们对于组织内部公共关系活动的开展具有举足轻重的作用。

2. 技术人员公众

他们是现代企业组织求生存发展的重要生力军，如果与他们的关系恶化，就等于失去了竞争的优势和实力后盾。

3. 操作人员关系

他们是一线工作人员，占员工公众的大多数，对于整个内部公共关系具有最直接的影响，直接关系到组织的声誉和形象。

（二）团体公众关系

组织内部的团体公众，是指组织内部的互相影响、互相依存、具有相同或相近行为规范和工作目标的社会群体。组织内部的团体既包括科室、工会等正式团体，又包括文娱沙龙等非正式团体。在内部公关活动中，应通过发挥组织内部正式团体和非正式团体的作用，来协调组织内部员工之间的关系和组织与员工之间的关系。

（三）领导者公众关系

领导者公众是指组织的最高决策指挥层，他们是在内部公共关系中处于特殊地位的公众。如果领导者具有强烈的公共关系意识，就能使组织内部形成良好的环境和气氛，调动广大员工和各类团体的积极性。

三、内部公共关系的职能

（一）导向功能

组织通过内部公共关系活动，发现和满足内部员工的各种需求，实现内部员工共同追求目标和共同利益宗旨，组织必然对其内部的全体公众产生一种强烈的感召力，从而把众多员工的言行引导到组织既定的公共关系目标上来。

（二）规范和约束功能

内部公共关系对员工的思想观念和举止行为起着规范约束的作用。内部公众那些合乎组织特定准则的行为会受到组织的肯定，从而使内部公众产生满足感。反之，则会产生失落感。内部公众往往会自觉地服从那些根据组织成员的根本意志和利益愿望制定的行为准则，即“从众行为”。因此，内部公共关系对内部公众具有规范和约束功能。

（三）凝聚功能

内部公共关系活动使内部公众的个人目标与组织目标高度一致，并在此基础上树立一种以组织为中心的群体意识，从而对组织集体产生强大的向心力。具有强烈集体观念的各个成员会对本组织所承担的社会责任和发展目标有深刻的理解，组织目标成为强有力的粘合剂，把本组织全体成员的意志凝聚在一起。

（四）激励功能

通过各种形式的外部刺激，可以使组织内部的个体成员产生一种士气高昂、奋发进取的精神状态。较物质刺激来说，内部公共关系活动从精神上给员工以激励，它的适应性更广泛，作用力更持久。

（五）辐射功能

内部公共关系能够使各类组织充分发挥整体优势和特长，同时，它也向社会展示组织的形象，包括员工的精神风貌、组织的管理风格和特色、经营思想、价值观念和行为准则以及产品、服务、标识等，不断向外界广大公众提供有关本组织各方面的可靠而真实的信息资料与发展动态，以提高本组织在各界公众心目中的知名度和美誉度，给广大公众留下良好的印象。

四、内部公共关系的协调艺术

内部公共关系的协调，可以在组织内部形成相互交流、相互配合、相互支持、相互协作的人际关系，创造一种良好的组织心理气氛，提高工作效率，为组织发展提供强大的动力。

（一）员工关系

组织需要员工的认可、支持和配合。任何组织都是由内部员工共同构成的，每一个员工都是组织的细胞。员工关系协调，员工积极配合和支持组织，充分发挥积极性、主动性和创新精神，组织的价值和目标才会实现。

组织需要通过全员公关来树立形象、扩大影响。员工在对外交往中，本身既是内部公众，又是组织的公共关系人员，他们在工作岗位上的实际表现直接代表组织并影响组织的形象。公共关系部门必须协调好组织与员工的关系，努力培养员工对组织的认同感和归属感，不断激励员工对组织的敬业、奉献行为以及团队精神，为良好的外部公共关系提供条件和基础。

1. 关心、尊重、信任和理解员工

（1）关心员工。组织应关注员工的切身利益，满足他们不同的需求，才能最大限度地调动每个员工的积极性、主动性和创造性，使所有员工都自觉积极地塑造组织形象。

组织对员工的关心包括物质和精神两方面。组织要关心员工的工作和生活状态，包括工资待遇、福利待遇、劳动条件和劳动环境等物质需要的满足和改善。这是建立良好的公共关系状态的物质基础，也是激发员工劳动积极性的手段。

除了物质方面的关心之外，还要给予精神方面的关心，比如员工积极表现时给予精神鼓励，员工生日时赠送贺卡等。总之，要多办实事和雪中送炭，要使多数人受益。

（2）尊重和信任员工。尊重和信任员工，树立以人为本的观念，是搞好员工关系的根本基点。员工只有得到尊重和信任，才能把自己的利益和组织的利益融合在一起，才能以主人翁的责任感来维护组织的形象，并在维护组织良好形象的具体过程中不断实现自我价值的更高层次。

尊重员工，是指尊重员工的人格、劳动、意见、价值信念等。尊重员工的人格，尊重他们的劳动和尊严，使他们处处感觉到自己是组织不可缺少的一分子，认识到组织荣辱与他们的工作息息相关。

信任员工，就是要为员工提供一个十分自由、宽松的工作环境，让其放手工作。对员工而言，信任就是最高的奖赏。俗话说，“疑人不用，用人不疑”，组织应充分信任员工，让他们在自己的职权范围内大胆工作，绝对不可又用又疑。

（3）理解员工。组织应理解员工为组织所作的奉献。由于员工自身条件的局限，员工为组织的发展总要克服各种困难，付出辛苦的努力，组织应理解员工，善于换位思维，做员工的知心朋友。只有理解，才能肝胆相照，同舟共济。

2. 创造良好的人事环境

运用各种形式给职工的成长和发展提供充分的机会。为全体员工提供各种形式的培训，使他们掌握必要的技术，为其提供进步和发展的机会；在企业内部造成必要的竞争气氛，对职工的良好工作表现与成绩给予各种形式的奖励，对于在工作岗位上有成绩、有才干的人，要给予鼓励和支持，给予更多的晋升机会，实现他们的理想和追求。

3. 加强内部沟通，尊重员工的知晓权

（1）加强内部沟通的意义。员工都渴望知道组织的最新动态，希望了解组织的有关内情。当有关组织的事情外部公众比组织的员工早知道，而且更清楚时，员工就会感到自己受冷落，自尊心将受到一定的挫折。而且，内部人际关系的许多障碍是由信息梗阻所引起的，信息不畅，就会产生相互间的猜疑和小道消息的泛滥。而改善内部沟通可以防止谣言的产生和扩散。

因此，加强内部沟通，是内部公共关系工作的重要任务，也是协调员工关系的基本手段和基本途径。只有将员工视做公共关系沟通的首要对象，尊重员工分享信息的优先权，使员工在分享信息中与组织融为一体，才能使员工真正感觉到自己是组织的一员，对组织产生自觉的向心力和归属感，组织才能形成信任与和谐的内部气氛。

（2）组织内部信息沟通的渠道。一是自上而下的信息传递，即“上情下达”。有关组织的重大经营决策、贯彻组织方针、布置组织计划、下达组织任务及各种信息，要及时告知员工。组织可以通过会议、内部刊物、内部广播、墙报、黑板报等多种方式进行传达。二是自下而上的信息反馈。如组织了解员工的需要和思想动态、征求员工的意见和建议等，可以通过领导接待员工来访、实地调查、现场办公会、座谈会、设置意见箱和建立建议制度等。三是横向信息沟通。部门之间、员工之间因不存在隶属关系和上下级的指挥与服从关系，进行信息沟通相对来说比较困难。组织可有意识地举办各种文娱、体育活动，增进内部横向各方面的联系，沟通感情，促进其相互协作。

（3）建立内部沟通网络的具体方法。一是内部刊物，包括小报、业务通讯、杂志、小册子等，刊物内容除了传达公司的一些重要信息外，还要注意增加趣味性和可读性。二是黑板报和墙报，在中小型企业中常用于传递各类工作信息，而在大中型企业中则用来宣传组织理念，美化视觉环境，增强文化氛围。三是电子媒介，包括广播、现场闭路电视、录像播放、录音带、电话交流、互联网络等，尤其是互联网的开通和普及，为内部沟通提供了更加丰富和广阔的空间。四是建立合理化建议制度，这是实行民主管理，调动员工积极性、充分发挥员工聪明才干的良好途径，它使员工对组织的管理不再袖手旁观而是主动参与。合理化建议制度可以通过设意见箱、热线电话、演讲会、举办活动等多种形式进行，它为信息的多方向流动创造了条件。

（二）组织内部部门之间的关系

组织的任务是由各部门的有机配合来完成的。如果各部门都从自己的利益和立场去考虑和解决问题，不断发生摩擦和冲突，就会造成内耗，影响整体效能。因此，协调各部门的关系是公共关系的重要工作之一。

1. 协调部门关系的重要性

（1）有助于增强各部门之间的团结与协作，提高工作效率。部门关系协调，信息沟通顺畅，上下左右步调一致，工作效率必然提高。同时，公共关系人员及时发现各种矛盾的苗头，及时协调，解除误会，增进相互间的了解，使人们在工作中形成共识和亲密感，创造一种良好的人际气氛。

（2）有助于组织制定正确的决策。各部门关系协调，互相配合，分别从不同的角度及时准确地提供完整的信息，组织就能够制定正确的决策。

2. 协调组织内部部门之间关系的方法

公共关系人员应协助组织，通过沟通信息，加强部门之间的横向联系，创造一种互相支持、互相信任、互相谅解、团结合作的环境，从而使各部门之间达成协作，实现组织目标。公共关系人员应协助组织的领导做以下工作：

（1）争取各部门之间统一目标，树立全局观念。

（2）明确各部门的职责权利范围。保证横向的各部门业务标准化，制定其职权范围和横向的信息流程，同时通过工作保障体系来进行横向沟通。

（3）提高协调艺术。应提倡各部门在工作上互谅互让、互相尊重。

（4）促进各部门之间的信息交流。除了业务方面的信息交流外，还包括非业务方面的信息交流，如部门内的活动可邀请其他人员参加，部门之间共同开展活动等。

（三）组织与非正式组织之间的关系

非正式组织是指内部成员在共同的工作过程中，由于感情、利益、观点、经历背景等方面具有共同点而自然结合的、没有得到正式认可和批准的团体，如朋友群体、游戏群体、志趣群体及老乡会、同学会等。

1. 非正式组织的作用

（1）积极作用。一是有利于企业目标的实现。组织目标如果得到非正式组织的支持，非正式组织的成员就会主动发挥积极性、创造性，组织的全体员工就能齐心合力，团结一致地去完成任务。二是帮助组织加强管理。非正式组织的成员，常对组织的管理进行评价，不拘形式地提出赞同或批评意见，有时还提出建议，促使组织合理解决某些问题，改善和加强管理。三是有助于沟通信息。非正式组织的信息传递要比正式组织迅速、灵活，不受机构层次、时间、地点、形式的限制，因而非正式组织是一条灵敏迅速的信息沟通渠道。

（2）消极作用。一是抵制组织的决策，削弱正式组织的控制力和影响力。组织作出的决策如不符合他们的要求，非正式组织就会不予理睬或进行抵制，阻碍组织决策的贯彻和实施。二是散布流言蜚语。非正式组织的成员习惯于传播小道消息，散布流言蜚语，从而有可能引起员工的思想混乱，严重影响组织的正常工作。三是滋生不正之风。非正式组织和正式组织往往会互相渗透，有些人利用正式组织搞不正之风。四是有碍员工的整体团结。非正式组织搞小团体主义、宗派主义，人为造成组织成员间的隔阂和矛盾，使组织四分五裂，不利于企业成员之间的团结。

2. 协调组织与非正式组织之间关系的方法

（1）疏导法。首先要疏通信息交流渠道，使双向的信息交流通畅。一方面，使非正式组织的成员了解并参与组织的决策和计划；另一方面，要对非正式组织的具体情况认真摸底，做深入细致的调查研究，搞清楚非正式组织形成的背景原因、思想倾向、成员构成、意见领袖和活动方式。在此基础上，因势利导，以理服人，逐渐将其小团体主义精神升华为大团体主义，走上与组织的目标方向相一致的轨道。

（2）抓头法。组织应利用意见领袖在非正式团体中的威信，引导意见领袖与组织保持协调一致。公共关系人员要善于和意见领袖交朋友，善于体察他们的思想动向，掌握他们的个性，采取有效策略，缩短感情距离。要尊重意见领袖，对他们反映的情况要重视并及时处理，否则容易引起一大批员工的反感。还要注意平时多和他们联系，进行主动沟通。

（3）渗透法。组织的领导和公共关系人员应亲自深入到非正式组织中去，参与他们的活动，加强与他们的感情联系。等感情融洽后，有目的地进行引导与控制，使他们信服而不是被压服，促使其发挥积极作用。

（4）影响法。组织的领导和公共关系人员应通过自己的模范言行来影响和改变非正式组织的整体心理和行为，使其受到打动和感染，自愿向组织的目标凝聚。否则，管理者自身不正，搞宗派主义，组织内部必然会四分五裂。

（5）满足法。要善于分析非正式组织成员的需求，尽可能满足非正式团体的合理要求。领导者要正确处理人际关系，善于倾听员工的意见，公平、公正、善解人意，非正式组织的成员就自然会对组织产生亲切感、忠诚感和责任感。

此外，还可以通过调动工作、思想教育等方法促使非正式组织分解，还可以运用惩罚和奖励手段，充分发挥非正式团体的积极作用，克服和限制他们的消极作用。

（四）股东关系

股东是组织的投资者。股东关系，就是组织与投资者之间的关系。股东关系对组织的发展有直接的影响，因此股东关系的协调有着重要意义。

1. 股东关系的重要性

（1）股东是筹集资金的重要来源。良好的股东关系可以使组织获得雄厚的资金来源，增加自身的造血功能，使组织始终处于朝气蓬勃的状态。组织应注意维护和改善与股东之间的关系，以便在需要扩大规模、增股筹资时及时得到股东的帮助。

（2）股东对企业的产品销售和企业形象都有帮助。股东可以是企业的顾客，其社会关系还可以为企业提供广泛的销售网络。股东可以在接触社会公众的过程中，积极宣传企业的形象，树立企业在一般公众中的信誉和声望，提高组织的知名度。

从上可以看出，股东关系处理得好坏，直接关系着股份制企业的兴衰。因此，协调好股东与组织之间的关系有着重要的意义。

2. 协调股东关系的方法

（1）尊重股东特权，激发股东的主人翁意识。协调企业与股东的关系，非常重要的方面是维护和确保股东的正常权益。股东的利益主要表现在三个方面：一是知晓权。公关人员要利用一切可以利用的方式和渠道，与股东保持经常性的对话，把企业经营管理及绩效等情况及时告知股东并反馈股东信息。二是参与管理权。企业应采取有效的手段，吸引和鼓励股东参与企业经营管理活动，并鼓励股东献计献策，提合理化建议，或激发股东身体力行，成为企业的消费者、宣传者、推销者。三是保证股东应有的经济权益。做到及时地发放真正的股金红利，确保股东有退还或转让股金的各方面权益。股东的各方面权益得到充分的保证，才能成为企业命运的共同体。

（2）明确股东关系目标，制定股东关系政策。根据股东关系现状和需要制定股东关系目标。股东关系目标一般包括：加强相互了解、争取股东对公司的忠诚、增加新的投资、促进股东使用和购买公司产品、树立组织在股东心目中的形象、协调与投资顾问的关系，等等。

（3）加强与股东的沟通。一是做好信息通报工作。首先要确定股东需要了解的信息。公共关系人员应经常地、主动地向股东提供这些问题的详细资料，以增强股东对组织的了解和信心。股东只有了解组织的可靠性和发展前景，认为能够获得投资效益，才会更乐于投资。二是组织应加强同股东的感情联系。经常与股东进行接触交流，取得他们对组织的了解、信任和支持。感情融洽后，即使组织在生产经营中，一时发生了重大失误或出现严重困难，股东也不会落井下石，而且还会帮助组织渡过难关。三是广泛收集股东的意见和建议。对股东的意见和建议，应认真分析，慎重对待，作出适当处理。如采纳，应登门致谢，并通报表扬，颁奖鼓励，以树立榜样，扩大影响；如未采纳，也应给予答复或解释，使他们继续关心组织的成长和发展。四是开好股东年会。股东年会是股东审核组织经营业绩的会议，同时也是组织与股东直接沟通的主要形式。在年会上，组织要向股东如实汇报经营状况，既要报喜，也要报忧，还要向股东报告组织政策、目标、发展计划、资金流动、股利分配、盈利预测等各项详尽统计数字。大会议程、股东发言要记录整理好，编成简报，发给每一位股东。五是策划以股东关系为主题的公关专门活动。以股东关系为主题的公关专门活动，目的在于吸引股东对组织的兴趣，促进股东与组织之间更好地理解与合作。

第二节　外部公共关系

组织的外部公共关系，是组织公共关系环境的重要组成部分，关系着组织目标的实现和组织的可持续发展。协调的外部公共关系可以塑造良好的组织形象，对组织的生存和发展具有重要的意义。

一、外部公共关系的概念与特征

（一）外部公共关系概念

组织的外部公共关系就是组织与其外部公众之间的关系。

（二）外部公共关系特征

1. 公众对象的复杂性

与组织的内部公众相比，组织的外部公众是广泛存在于组织之外的，他们不但构成复杂，具有很大的差异，对组织的态度等方面也不相同。而且外部公众之间也是相互关联、相互影响的，因此，要求组织在处理外部公共关系时，必须统筹兼顾，全面谋划。

2. 公众需求的多元性

各类外部公众的需求目标也互不相同，明显呈现出多元的特征。因此，组织在处理外部公共关系时，要重视和研究各类外部公众不同的利益需求。

3. 外部公共关系具有变动性

组织的外部公众独立于组织之外，他们同组织的关系一般不具有稳固、稳定的性质，而具有变动性和流动性。比如主要的外部公众和次要的外部公众之间可以互相转化，而原先与组织较为密切的公众有可能会转向其他的组织。组织的外部公共关系的变动性，对组织的公共关系工作提出了更高的要求。

二、外部公共关系的类型与协调艺术

（一）顾客关系

顾客关系是组织与自己的服务对象之间的关系。良好的顾客关系对组织的生存和发展具有十分重要的意义。

1. 顾客关系的重要性

（1）顾客是组织存在的价值和首要条件。满足顾客的需要是组织活动的基本目标和出发点，一个组织没了顾客，即失去了服务对象，它就不可能存在下去。就如一个商店，没有顾客来购买商品，就没有存在的价值，更谈不上发展了。所以说，顾客对组织是至关重要的，良好的顾客关系，是组织生存和发展的首要外部条件。

（2）顾客关系决定组织的兴衰成败。顾客是组织数量最多、分布面最广的外部公众，也是最重要的公众。组织只有坚持以顾客为中心的导向，使顾客得到满意的服务，才能拥有融洽的顾客关系。这样组织不仅可以在顾客心目中树立良好的形象，而且顾客会不知不觉地为组织做宣传，使组织的影响得到扩大，组织拥有的顾客就会越来越多，组织生存和发展的

空间就会越来越大。

2. 协调顾客关系的方法

（1）树立顾客至上的观念。组织要为顾客提供满意的服务，首先必须端正服务思想，强化服务意识。把顾客至上作为组织的宗旨，明确组织与顾客之间的关系，不是顾客依赖组织，而是组织的生存和发展要依赖顾客。明确以顾客需要为中心，为顾客着想是组织的使命和职责。

（2）为顾客提供满意的服务。一是尊重和维护消费者的权益。建立良好的顾客关系，必须尊重和维护顾客的权益。组织应自觉维护顾客的利益，保证其权益不受侵犯。尊重顾客的权益，顾客才会对组织产生信任和好感，才会信赖和支持组织，组织与服务对象的融洽关系才能得以建立。二是主动为顾客提供满意的服务。在具体的工作中，要主动为顾客提供满意的服务，满足顾客不同的需求。比如商业企业，应深入市场进行调查和预测，充分了解顾客的需求，并依据顾客的需求提供各种服务。这是企业塑造良好形象的重要途径，也是企业与顾客建立友好关系的重要内容。服务的内容主要有售前服务、售中服务和售后服务。

（3）重视与顾客的信息交流。组织与顾客的信息交流应该是双向的。一方面，公共关系人员要收集顾客的信息，了解顾客的需要和愿望，对组织的评价、意见、印象及看法。另一方面，公关部门要把组织的有关情况及提供服务的特点等信息，尽可能迅速、准确而广泛地传递给顾客，促使他们对组织有更多的了解和信任。

（4）正确处理顾客意见。组织要维护自己的形象，搞好与服务对象之间的关系，必须尽可能减少与服务对象发生冲突。要求组织的员工要自我克制，避免冲突，缓和矛盾，并积极为解决矛盾创造条件。

（二）组织与新闻媒体之间的关系

新闻媒体公众包括新闻传播机构和新闻界人士。组织与新闻媒体关系，一是指组织与报社、广播电台、电视台、杂志社等大众媒介机构的关系；二是指组织与编辑记者之间的关系。

1. 新闻媒体公众的重要性

（1）新闻界公众是最特殊的外部公众。新闻界公众是组织的公关对象中最重要、最敏感的一部分，与新闻界公众的关系是组织的外部公共关系中最为特殊的一种。其特殊性表现在新闻界公众具有双重身份：他们既是组织与各类公众实现信息沟通的最主要和有效的渠道，同时又是组织必须特别重视和争取的公众对象。媒介与公众对象的合一，赋予新闻界特别重要的地位。因此，在组织的对外公共关系工作中，与新闻界的关系往往被摆在最显著的位置。

（2）新闻界是影响社会舆论的权威性机构。新闻界将源源不断的信息经过处理输送给社会，在日积月累中形成了公众对它的依赖感，在公众中具有一定的威信，能左右公众对事物的态度。只要新闻媒体对一些问题给予重视，集中报道，并忽视或掩盖对其他问题的报道，就能影响公众舆论。利用新闻界提高自己的知名度和美誉度，是其他传播媒介所无法比拟的。因此，有远见的组织都乐意与新闻界打交道，并且善于利用它为自己在社会上树立良好的形象。

（3）新闻界公众是社会信息流通过程中的把关人。在信息社会中，新闻媒体决定着各种信息的取舍、流量和流向，公众每天所接触到的信息，大部分是经过层层把关人的筛选以后报道出来的。因此，公共关系工作能否争取到公众舆论的理解和支持，为组织创造良好的公众舆论环境，很大程度上取决于组织与媒介的关系。

（4）新闻界可以加速组织与公众之间的信息交流，放大组织公共关系的功能。组织与公众之间的信息沟通，通过新闻界会更加灵敏和迅速。而且新闻媒体与公众的关系是最广泛的，通过新闻传播媒介可以在更远距离、更大范围内实现与社会公众之间的信息沟通，放大了组织公共关系的功能。

2. 协调组织与新闻界关系的方法

（1）尊重新闻界公众。这是搞好新闻界关系的前提条件。具体应遵循十六字原则，即以礼相待、以诚相待、平等相待、迅速及时原则。

以礼相待是对待新闻媒介机构和记者要友好热情，有礼有节。

以诚相待是组织对新闻界要讲真话，要向新闻界提供实事求是的材料。

平等相待是指对不同层次的新闻媒介都要平等对待。组织对不同层次的新闻机构在提供信息和接待上都应做到一视同仁，给予平等获得信息的机会和权利，不能厚此薄彼。

迅速及时是指组织要迅速及时地向新闻媒介提供信息。尤其当组织发生危机事件时，要本着虚心接受批评、认真查明真相、积极承担社会责任的态度，迅速及时地向记者提供真实的消息。

（2）保持长期接触，善于和新闻媒介交朋友。组织要赢得新闻界的好感，必须持之以恒地不懈努力，积极疏通交流渠道，与新闻界建立广泛而密切的联系。公关人员平时就要与新闻界保持经常性的联系，尤其要善于结交新闻记者，有计划有步骤地建立稳固合作的关系和友谊，切忌“临时抱佛脚”。

（3）熟悉新闻媒介。一是要了解各种新闻媒介的性质、特点和特殊需要。这样，组织就可以根据需要选择合适的新闻单位和适当的报道时机，使组织的宣传报道更有针对性，达到预期的目标和效果。二是要了解新闻记者的职业要求、工作特点、工作性质以及所处的地位和环境。例如，新闻记者所写的文章或报道必须对新闻媒介负责，必须考虑新闻媒介在社会上的影响。组织的宣传工作要与之相适应，才能很好地与记者交朋友，建立良好的关系。三是要了解和熟悉基本的新闻写作知识和技巧，提高公关人员自身的知识素养和社会交际能力，懂得什么样的信息才具有新闻价值，这些有价值的信息又该怎样用文字、图像来表达。这样才能较好地避免向新闻媒介提供毫无价值的信息。

（4）正确对待批评报道。当新闻媒介要发表关于组织的批评报道时，组织不能采用威吓、指责或施加压力等手段进行阻止；对已经发表的批评报道，组织也不能抱有对抗态度，埋怨指责新闻界，而应采取积极补救的态度，争取他们的配合，对问题加以妥善解决。如果情况属实，组织应对新闻媒介的报道给予肯定并感谢他们的监督；同时，应实事求是地承认错误，采取积极有效的措施，以实际行动表明接受批评的诚意，以求得公众的谅解。理智的做法是：肯定新闻媒介的舆论监督，心平气和地指出报道失实之处，邀请记者一起参加调查核实工作，再提出予以更正的要求。

（5）利用各种新闻传播方式加强新闻传播。一是邀请记者采访。这是组织宣传形象的重要方式之一。应邀请与组织有特殊的良好关系的记者，安排较长的采访时间，这样写出的新闻报道有一定深度，效果也比较好。二是主动写稿件或提供资料。公关人员要在经常了解新闻界所关心的重点和热点问题的基础上，主动写稿件或提供资料。这样既能及时准确地传递组织新闻信息，又能为记者节省人力、物力，提高新闻媒介对本组织的报道率，扩大组织的社会影响。三是举办新闻发布会。组织有重大事件或具有重要价值的事情发生时，可以通过举办新闻发布会的形式来引起新闻界的重视，扩大信息传播面，影响社会舆论。这既能密切同新闻界的关系，又有利于宣传组织形象。四是制造新闻事件，以吸引新闻界注意。制造新闻事件，不是指组织制造一些哗众取宠的假新闻，而是指以健康正当的手段，在事实的基础上设法提高某些事件的新闻价值，制造意料之外、情理之中的效果，以引起社会公众和新闻界的注意。五是传播时机的选择。可选择企业开业、更名或合并时；推出经营新品种或新服务时；取得重大的成就时；重要人物来访，或举行重大的纪念活动及其他活动时等时机。

（三）组织与社区关系

组织与社区关系是指组织与所在地地方政府、社会团体、其他组织、当地居民之间的睦邻关系。任何组织都生存于一定的社区之中，社区作为社会组织的根基，是组织外部环境的重要组成部分。社区关系对组织的生存和发展有着重要的影响。

1. 社区关系的重要性

（1）组织的活动依赖于所在社区的各种社会服务和支持。社区为组织提供的交通、通讯、水电供应、治安、卫生、消防等服务，对组织来说是不可缺少的。

（2）社区公众是组织比较稳定的顾客。组织提供的产品和服务在社区内推出，可以减少大量的运输费用与仓储费用，降低成本。

（3）社区是组织新劳动力的重要来源。雇佣当地员工，不但可减少交通、住宿等方面的许多问题，而且可以使社区居民安居乐业，扩大和加深与他们的联系。

（4）社区关系影响着组织的形象。社区公众涉及当地社会的各个方面和阶层，如果社区关系搞不好，组织的行为得不到社区公众的理解、信赖、支持和协作，组织在本区域内的公众形象就会受到严重影响。

2. 组织如何建立良好的社区关系

发展良好的社区关系是为了争取社区公众对组织的理解、支持与合作，为组织创造一个稳固的生存与发展的环境，扩大组织的区域性影响。组织要建立良好的社区关系，要从以下几个方面努力：

（1）加强与社区公众的信息沟通，这是搞好社区关系的基础。一方面，组织应增加透明度，向社区公众介绍组织的政策宗旨、历史、现状、为社区作出的贡献等方面的情况，把组织的信息有效地传递出去，加深社区公众对组织的了解，提高知名度。另一方面，要及时收集社区的各种情报资料，了解社区的活动情况及社区公众对组织的态度、意见，及时发现存在的问题，消除社区公众对组织的不满和误解。

（2）积极参加社区的各项活动，通过参加活动建立与社区公众的感情。比如参加社区大会、庆祝会、联谊会、社区文化活动、社区互助活动等。利用参加社区活动的机会进行相互交流、相互影响，使社区公众感觉到组织的行动同社区相一致，对组织产生亲切感和认同感。

（3）主动承担必要的社会责任。要提高自身在社区中的地位，树立一个合格公民的良好形象，组织需要将社区作为自身发展的一个组成部分，将社会公众看做自家人，积极承担必要的社会责任。积极参加公益活动，提供人、财、物力支持社区公益事业，支援地方建设。

（4）协助地方政府解决人口就业问题。

（5）自觉维护社区利益，注意使组织利益与社区利益协调一致。

（四）组织与政府关系

任何组织作为社会的一员，都必须接受上级主管部门的管理，需要与工商、人事、财政、税收、审计、环保等政府的各种职能部门打交道，因此也就必然存在与政府关系。政府公众作为一个特殊的公众，是任何组织的公共关系对象中最具有权威性的公众。

1. 政府关系的重要性

（1）政府公众是最有权力的公众。政府公众通过法律、法规、政策，运用各种政治、行政、法律手段，管理和制约各种社会组织，以确保其政策的执行。这种权力是其他任何公众所没有的。

（2）政府是组织重要的外部信息源。中央和地方各级政府中，都设有专门负责收集社会政治、经济、文化等方面的信息和统计数据的机构，如统计局。这些信息资料和政府机关的各类文件、简报等，都是对组织具有重要参考价值的信息资源。

（3）政府是组织重要的资金来源。政府与各组织之间存在财政、税务关系。政府可以采取免税、减税、优惠贷款等方式，支持和扶助各类组织的发展。如果组织能争取政府在资金和税收方面的支持，自然有利于自身的发展。

（4）政府能帮助组织协调与其他社会组织的关系。组织在进行活动时与社会各界产生矛盾和摩擦，其中组织的力量不能解决的，如果政府出面协调，问题就会变得简单多了。

2. 如何协调与政府公众的关系

（1）遵纪守法，做政府的模范公民。政府通过各种法律、法令、条例、政策等来管理社会，规范个人和组织的各种行为。组织只有遵纪守法，服从管理，树立遵纪守法的良好形象，才有可能赢得政府的信任和支持。

（2）熟悉国家政策、法律和法规。组织的一切活动都必须在国家政策、法律允许的范围内进行。熟悉有关的法律和法规，分析研究政府所颁布的各种政策，并随时注意政策的变动情况和变化趋势，了解其变通性和灵活性，据此及时修正组织的方针政策和实际活动，这样才能使组织最大限度地受惠。

（3）了解政府机构情况及其功能。政府机构有不同的层次，要熟悉政府机构的内部结构及职能，充分了解和熟悉政府机构的设置、职能、结构、内部层次、工作范围和工作程序，并主动与主管部门的工作人员保持联系，才能提高办事效率。

（4）重视同政府的沟通。组织应主动与政府保持联系，及时沟通信息。组织通过多层次多渠道地与政府沟通，可以使政府了解组织的基本情况和发展动向。此外，组织还应设法拓宽与政府的沟通渠道，如通过新闻媒介的宣传介绍，也可以增加政府对本组织的了解，密切双方关系，增进了解，联络感情。

（5）主动协助政府解决问题。对组织来说，应主动为政府分担一定的社会责任，积极参加政府提倡的有利于社会的公益活动，既有助于组织的形象，也会获得政府的信赖和赞许。

（五）组织与其他组织之间的关系

组织与其他组织之间的关系是指社会组织之间在业务活动中发生的关系。这种关系按其性质可以分为合作关系和竞争关系。如组织与供应商、经销商、金融界之间为了各自的目的相互协作所形成的关系就属于合作关系；组织与竞争对手之间为了取得对各自有利的条件而相互进行较量所形成的关系就属于竞争关系。

1. 组织与其他组织之间关系的重要性

组织的活动处于社会总体活动中，必然与其他组织之间发生各种各样的联系，协调好这种关系对组织的生存和发展有着重要的意义。

（1）能促使组织自身形象的完善。融洽的关系使组织能得到相关组织的支持、配合和尊重，组织的实力将大大增强，组织能够以比较良好的形象出现在公众面前。

（2）有助于提高组织的经济效益。组织如果能得到供应商、销售商、金融界等业务往来组织的支持与合作，就能够保证组织产品和服务的畅通，组织就可以获得较好的经济效益。

（3）有助于减少利益相关组织之间的纠纷。协调的关系可以缓和矛盾，减少纠纷，创造一个“人和”的环境，有利于公平竞争。

2. 协调组织与其他组织之间的合作关系

合作关系是一种利益互补的关系，应遵循互利互惠、共同发展、信守合同的原则来处理。从企业的角度看，主要指以下三种关系：

（1）与经销商的关系。和经销商处理好关系，不仅有助于企业争取到他们的合作，而且可以促使他们积极宣传企业的产品。企业在协调与经销商关系时应注意：产品符合市场的要求，而且供货及时，这是根本保证；重视经销商意见和建议，给予合理解决；充分考虑经销商的利益；培养经销商对组织和产品的信心；提供多方面的服务。

（2）与供应商的关系。供应商不仅可以供应企业的生产经营所需的各种要素，而且他们往往能提供许多有价值的信息，甚至有可能同时是企业的顾客。在协调与他们的关系时，企业要注意：企业内部要制定统一的对供应商的政策；和供应商加强相互了解和信息沟通；公平合理地分配利益，做到双方都有利可图；与供应者个人定期保持联系，等等。

（3）与金融界的关系。金融界是组织的资金来源，在协调与他们的关系时，要做到：坚守信用，按期还贷；自觉接受监督，遵守国家和银行的政策及规定；经常联系，沟通情况；保持融洽的人际关系。

3. 协调组织与其他组织之间的竞争关系

组织如果处理好这一关系，就能借助同行的力量来发挥自己的优势，或变劣势为优势，对组织的生存和发展将会非常有利。否则，组织将与竞争对手成为狭路相逢的冤家，在较量中影响双方组织的信誉和形象。协调好组织与竞争对手的关系，要求公共关系部门一是在竞争中寻求联合；二是建立信息网络，相互沟通和联系。协调好组织与其他组织之间的关系，二者就能在竞争中取得双赢的结果，从而避免不必要的消耗。

思考练习题

1. 什么是内部公共关系，其特点是什么？
2. 如何协调内部公共关系？
3. 什么是外部公共关系？
4. 如何对外部公共关系进行分类？

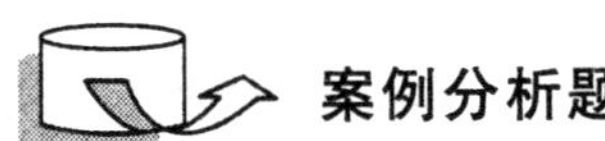

案例分析题

［案例 6—1］　　IBM 公司的“金环庆典”活动

一、案例介绍

美国 IBM 公司每年都要举行一次规模隆重的庆功会，对那些在一年中作出过突出贡献的销售人员进行表彰。这种活动常常是在风光旖旎的地方，如百幕大或马霍卡岛等地进行。对3%的作出了突出贡献的人所进行的表彰，被称作“金环庆典”。在庆典中，IBM公司的最高层管理人员始终在场，并主持盛大、庄重的颁奖酒宴，然后放映由公司自己制作的表现那些作出了突出贡献的销售人员工作情况、家庭生活，乃至业务爱好的影片。在被邀请参加庆典的人中，不仅有股东代表、工人代表、社会名流，还有那些作出了突出贡献的销售人员的家属和亲友。整个庆典活动自始至终都被录制成电视（或电影）片，然后被拿到IBM公司的每一个单位去放映。

IBM公司每年一度的“金环庆典”活动，一方面是为了表彰有功人员，另一方面也是同企业职工联络感情、增进友情的一种手段。在这种庆典活动中，公司的主管同那些常年忙碌、难得一见的销售人员聚集在一起，彼此毫无拘束地谈天说地，在交流中无形地加深了心灵的沟通，尤其是公司主管那些表示关心的语言，常常能使那些在第一线工作的销售人员“受宠若惊”。正是在这个过程中，销售人员更增强了对企业的“亲密感”和责任感。

——摘自百度文库（http：//wenku. baidu. com/view）

二、案例思考

1. IBM公司的庆功会在公司内部有哪些重大意义？
2. 你认为加强和改善员工关系的关键之处在哪里？

[案例6—2]　35次紧急电话

一、案例介绍

一次，一位名叫基泰丝的美国记者，来到日本东京的奥达克余百货公司，买下了一台索尼牌唱机，准备作为见面礼，送给住在东京的婆家。售货员彬彬有礼，特地为她挑了一台未启包装的机子。

回到住所，基泰丝开机试用时，却发现该机没有装内件，因而根本无法使用。她不由得火冒三丈，准备第二天一早就去奥达克余交涉，并写好了一篇新闻稿，题目是《笑脸背后的真面目》。

第二天一早，基泰丝在动身之前，忽然收到奥达克余打来的道歉电话。50分钟后，一辆汽车赶到她的住处。从车上跳下奥达克余的副经理和提着大皮箱的职员。两人一进客厅便俯首鞠躬，表示特来请罪。除了送来一台新的合格的唱机外，又加送蛋糕一盒、毛巾一套和著名唱片一张。接着，副经理又打开记事簿，宣读了一份备忘录。上面记载着公司通宵达旦地纠正这一失误的全部经过。

原来，昨天下午4点30分清点商品时，售货员发现错将一个空心货样卖给了顾客。她立即报告公司警卫迅速寻找，但为时已晚。此事非同小可。经理接到报告后，马上召集有关人员商议。当时只有两条线索可循，即顾客的名字和她留下的一张“美国快递公司”的名片。据此，奥达克余公司连夜开始了一连串无异于大海捞针的行动：打了32次紧急电话，向东京各大宾馆查询，没有结果。再打电话问纽约“美国快递公司”总部，深夜接到回电，得知顾客在东京婆家的电话号码。终于弄清了这位顾客在东京期间的住址和电话，这期间的紧急电话，合计35次！

这一切使基泰丝深受感动。她立即重写了新闻稿，题目叫做《35次紧急电话》。

——摘自张岩松等《公共关系案例精选精析》，经济管理出版社

二、案例思考

1. “奥达克余”在处理问题的过程中，他们不仅向顾客道歉、请罪，还报告了事件从发现到处理的整个经过，这有何意义？其收到了怎样的公关效果？

2. “奥达克余”的副经理拟定怎样一份与顾客基泰丝见面的工作计划。

3. 面对不利事件，如何变坏事为好事，向好的方面扩大自己的知名度？试找一个纠正失误的实例进行评析。

第七章

公共关系的形象塑造和危机处理

学习目标

公共关系主体的一切活动都是为了树立、维护和完善组织的形象，组织的形象是社会公众对组织的印象、认识、评价、态度等；本章重点介绍组织形象的内涵及如何塑造组织形象，并引伸到个人形象塑造，以及在发生危机时如何维护和保持组织的形象。

第一节　组织形象塑造

一、组织形象的含义

形象这个词有三种含义。第一种含义是指事物的外部形状，有如我们平时说的形象思维中的“形象”含义，有的人长相、身段很好，可以称之“形象”很好。形象的第二种含义是指人的精神风貌和性格特征，比如一个人的行为处事很符合一个领导者的特征，可以说这个人具有“领导者的形象”。形象的第三种含义是指人们对某种事物形状、性质、形态的抽象，从前两种含义中衍化而来，既有外在的视觉感受又有内在的实质，并且不仅针对人而泛指一切事物。组织形象中的“形象”就属于第三种含义。

组织形象是对组织的外在和内在特征的抽象化的反映，是一种和评价相联系的观念状态。当我们说起“白天鹅宾馆”的时候，我们的头脑中就呈现出对这家宾馆的抽象化的特质反映：这是一家祖国南大门的五星级的宾馆，这是一家有条件接待国家元首的宾馆，这是一家能提供优质服务的具有良好环境而又高消费的一流旅游酒店。至于白天鹅宾馆有多少工作人员，面积有多大，这些细节就显得无关重要，无碍于我们对白天鹅宾馆的评价。

组织形象包含的内容是非常广泛的，从企业的角度来看，企业的组织形象又称企业形象，包括产品形象、员工形象和企业文化形象等几部分。

（一）产品形象

产品形象是企业形象的物质基础，是指企业产品的质量、性能、外观、商标、包装、价格等方面在公众心目中的印象。产品形象的好坏，是企业形象优劣的体现，尤其是优秀的产品质量，会给公众留下美好印象和一连串的联想。如日本的索尼、松下电器，德国的奔驰汽车，法国的皮尔·卡丹服饰等国际公认的名牌商品，其本身就是优质品的代名词，消费者只要一提起这些品牌就会浮想联翩。这种联想的核心在于产品的内在价值和外在社会价值的高度统一，这种统一是建立在良好产品形象基础上。

可见，产品形象是企业形象的基础。

（二）员工形象

员工形象是指企业成员的整体形象，包括管理者形象和职工形象。管理者形象是指企业管理者的知识、能力、魄力、品质、气质、风格及经营业绩给公众留下的印象。企业领导者代表企业，其形象好坏直接影响到企业形象。职工形象是指企业职工的职业道德、行为规范、文化水平、专业技能、仪表装束和个人修养等给外界的整体印象。企业是职工的集合体，因此，职工的言行同样影响企业形象。管理者形象好，可以增强企业的向心力和社会公众对企业的信任度；职工形象好，可以增强企业的凝聚力和竞争力，为企业的长期稳定发展打下牢固基础。

日本的伊藤洋货堂是一家大型百货公司，在日本消费者心目中享有很高的声誉，该公司有两项规定：一是放假期间可自由登山、游泳，但不可过分晒太阳，更不可把脸晒黑或脱皮，这将使顾客不悦；二是上下班途中，不许把外衣搭在肩上，显得懒散，如需脱下上衣，只准搭在胳膊上，不然有损洋货堂职工形象。此外，诸如"不准吃请"、"不准阅读低级刊物"之类的"清规戒律"，都是他们的晨会"必修课"。在日本企业家们看来，任何一个员工的工作、生活细节都随时向社会公众展示着整个企业的形象，虽然这些规定有些苛刻，但该企业对员工形象的重视值得国内企业借鉴。

（三）企业文化形象

企业文化形象是企业深层形象的核心，是一种深刻的文化内涵，像一只无形的手操纵着企业中的每位员工，企业文化形象由企业目标和优秀的企业文化构成，良好的企业文化形象对内有助于企业上下团结一致和对员工产生激励，起着强大的凝聚作用；对外能给企业带来大量的利润和无形资产，能吸引社会精英和资本，使企业长久而稳定地发展。

"施乐"复印机在办公领域被广为使用，中美合资上海"施乐"复印机有限公司有一条颇为全体员工引以为豪的广告词："成功背后的光辉"，这7个字正是上海"施乐"公司优秀企业文化的缩影。这种成功的背后就是"用户优先"、"一切使用户满意"的价值观念，"质量是施乐的生命"的经营信条。这两点正是该公司成功的奥秘所在，也是该公司塑造企业形象的着眼点。员工对企业文化的理解和拥护增强了企业的凝聚力，也使企业和产品获得市场和公众的支持。

二、组织形象的评价

（一）关系程度与舆论指向

关系程度是指组织和相关公众"关系"的联系程度和状况。作为"关系"，它既表示双方之间的某种性质的联系，也表示双方之间的相互作用和影响的状况。公共关系本质是一种利益关系。利益作为纽带和桥梁把组织和公众联系起来，并相互作用和相互影响。因此，组织与公众的"关系程度"也能反映一定的组织形象。

舆论指向是指社会公众对组织的基本态度和意见指向。有什么样的公众关系，就有什么样的舆论方向。处在良好公共关系中的组织，它的公众舆论必然是“正向”的；同理，与公众之间的关系相处不好的组织，公众舆论自然是“负向”的。

总之，处在良好公共关系状态中的组织，它的整体形象一定是“好”的，与公众关系程度一定是“深”的，所处的舆论指向一定是“正”的。

（二）知名度与美誉度

知名度是一个组织被公众知晓、了解的程度。这是组织“名气”大小的客观尺度。

美誉度是一个组织获得公众信任、赞许的程度。这是评价组织社会影响好坏程度的指标。

组织形象是由组织行为而产生，由公众舆论所判定的。从量化标准看，组织形象可以用知名度和美誉度表示。然而，一个组织的知名度高，美誉度不一定高；反之也同样。美誉度是组织形象的基础，没有美誉度，知名度毫无意义；美誉度差的组织，知名度越高越有损于组织形象。因此，知名度是组织形象的条件，那种“酒香不怕巷子深”的观点在当今市场经济竞争中行不通了。组织产品质量再好、服务水平再高，如果缺乏“自我推销”的意识，缺乏更多消费者的了解，也必然在竞争中处于不利地位。因此，一个组织若想树立良好的组织形象，就必须同时把提高知名度和美誉度作为追求的目标。

分析知名度和美誉度的关系，可以得出以下情况：

知名度 > 美誉度 > 0 ——→ 名过其实

知名度 > 美誉度，美誉度 = 0 ——→ 名不副实

知名度 > 0，美誉度 < 0 ——→ 臭名远扬

知名度 = 美誉度 > 0 ——→ 名副其实

综上所述，可以得出：第 1 种情况应减少过度宣传和炒作，踏踏实实搞好组织经营和管理并和公众多做良性的沟通；第 2 种情况是一个品牌泡沫，品牌没内涵，公众难以产生好感，组织应引起重视，迅速采取措施，重塑形象；第 3 种情况是组织的形象最糟糕的表现；第 4 种情况是最佳状态，组织应不断努力，使知名度和美誉度共同成长。

（三）认可度和忠诚度

认可度是指组织的产品和服务让公众在观念上认同的同时转化为实际选择行动的程度。认可度着重考察的是公众从潜在公众转化为知晓公众后，又转化为行动公众的过程。一个组织的高认可度，表明组织的形象最终被公众接纳的广泛程度。一般情况下，具有高认可度的社会组织，其知名度和美誉度相应较高。

忠诚度是指组织的产品和服务不仅被社会公众所认可，而且非常满意，以至于在公众心目中形成一种很高的心理地位和心理偏爱。忠诚度的基础是顾客的满意度，这也是一种“品牌效应”。这种效应，恰恰是现代社会组织苦苦追求的。因为公众一旦对某一企业或品牌形成“忠诚”，其他同类品牌或企业是不可能轻易动摇或摧毁其地位的。所以对于企业来说，发展一位新客户比保住一位老客户要多耗费几倍成本。

（四）组织形象定位

组织形象定位是组织在公众心目中确定自身形象的特定位置。这个特定位置通常是由特定组织与同类组织相比较而确定的。因此，组织形象定位总是根据组织的自身特点、同类组织的情况和目标公众的需求三个要素来实行的。

麦当劳作为当今世界上最大的快餐连锁企业，其成功之处首先在于它的明确的经营理念：麦当劳要为大众提供优质的、卫生的、有价值的快餐服务。而另一快餐连锁企业肯德基则以“炸鸡专家”的明确形象出现，成为麦当劳强有力的竞争者。在这里可以看到，准确的组织形象定位能使企业在激烈的市场竞争环境中立于不败之地。

第二节　形象塑造 CIS 的导入

20 世纪 50 年代以来，世界上各大企业纷纷开始在经营管理中导入 CIS，而这种经营管理体系在 20 世纪 80 年代末期开始也逐渐被我国企业所采用。

一、CIS 的基本含义及特点

CIS 是在国际上盛行的一种有效的组织形象塑造的方法。CIS 是英文 Corporate Identity System 的缩写，意思是企业识别系统。从公共关系的角度看，它意味着组织的一种整体形象塑造。它将组织的理念、行为、视觉形象等一切公众能感受到的东西实行统一化、标准化、规范化与系统化的科学管理体系，并且以此成为公众辨别与评价组织的依据。当今市场竞争日趋激烈，组织之间已经从单一的产品质量的竞争、推销手段的竞争发展到利用组织整体形象的竞争。20 世纪 80 年代后期，中国经济的飞速发展也使一些企业意识到实施 CIS 战略的重要意义。

大规模的企业经营体系往往有隔层脱节的问题存在，使企业经营理念的贯彻、经营行为的执行可能出现偏差，企业在职能部门之间的衔接、经营环节上，很可能出现不必要的损耗。随着企业集团化趋势的加强，企业的庞大也可能使情报传递失误、对市场的经营管理的疏漏和市场信息回馈周期过长等。CIS 的导入可解决这一系列问题。

同时，CIS 结合现代设计观念与经营理论，通过整体性动作以刻画企业的个性，突出企业精神，使社会公众产生深刻强烈的印象及认同感，以达成企业终极的创利目标。它是塑造企业形象的一种具体方法。

CIS 是规范大企业对内、对外动作及管理条例化的手段，是企业在社会上建立良好形象并获得良好效益的有效方法。

CIS 具有以下特点：

（1）CIS 结合企业的经营理论与营销策略将市场原有的营销标准、广告的原有设计表现标准，提升为有经营哲学指导的更高层次的统一的、标准化的行动；

（2）CIS 的导入使对外弘扬企业形象的任务不再只由广告宣传部门承担，而是由整个企业成员共同承担企业发展的责任；

（3）企业信息承担者不再是消费者，同时包括企业内部所有成员、相关的社会大众及机关团体；

（4）企业信息传播不仅使用大众媒体，而是动用各种传播方式，采取全方位、多角度的传播；

（5）CIS 的导入不是短期行为，而是有效地制定长期计划，有组织、有系统地开展各项工作。

二、CIS的构成要素

CIS（企业识别系统）的构成包括三点：Mind Identity（企业理念识别），简称MI；Behavior Identity（企业行为识别），简称BI；Visual Identity（企业视觉识别），简称VI。

（一）企业理念识别（MI）

企业理念识别是指企业在经营过程中的经营理念和经营战略的统一。理念识别是企业独特的文化和价值观的设计与形成，它在CIS策划问题解决过程中，是一个非常重要的因素。企业理念识别可称为CIS的“想法”、“核心”，包括企业经营信条、精神标语、座右铭、企业性格、经营策略等基本内容。企业理念识别是企业形象定位与传播的出发点，也是企业形象的核心。完整的企业识别系统的建立，首先有赖于企业理念的确立。

企业理念是一个总体概念，不同的企业在建立自己的识别语汇的过程中，会选择不同的切入角度，因此，企业理念的确立会涉及不同的范畴。下面简要介绍几种主要范畴：

1. 企业使命

这是指企业由社会责任、义务所承担或由企业自身发展所规定的任务。企业使命是企业形象一个颇为直接的描述。企业通过向社会传达自己的使命，可以树立自己的企业形象，让公众更多了解企业，产生信任和好感。如IBM宣称：IBM就是服务。这一使命伴以良好的公关事件的支持，公众就容易相信这家企业是在很好地完成自己的使命。美国杜邦公司提出：“为了更好的生活，制造更好的产品”。这一使命宣称带有不断用新产品、好产品来改变人类生活的含义。

2. 企业精神

这是企业内在本质的集中体现，它不是经营上的某一具体做法，但却是企业经营的高度概括，它集中了企业理想的美德。企业精神通常是针对企业内部，通过公关活动使公众了解企业精神的内容，同样会产生信任感。日本著名的松下电器公司在创业之初提出的“松下精神”，是企业精神的良好典范。“松下精神”是指：产业报国、光明正大、友好一致、奋斗向上、礼节谦让、感激、适应形势。松下公司所获得的成功与“松下精神”有密切关系。

3. 企业性格

企业性格是企业从上到下在经营活动中所表现出来的一贯的总体倾向和偏好。企业性格常常与企业的各项活动联系在一起。企业性格越独特，越强烈，引起的效果往往越大。广州番禺的“丽江花园”是广东房地产界一个成功的典范，该住宅小区的发展商把“丽江花园”塑造成“白领人士的优质生活小区”的形象，该形象得到当地消费者的普遍认同。这是广东房地产开发中成功塑造企业性格的一个例子。

4. 经营策略

这是企业为了达到自己的目标而采取的具体的战术。策略须明显体现出“做什么，怎样做”。策略对于公众来说，不是企业形象的直接展示，但策略具体的“怎样做”却能吸引广大公众。比如德国大众汽车公司奉行的策略是：“不作外型的改变而注意内部的改良”。有的汽车公司很注重外型款式的改变来迎合一部分追求新异的人的品味，但可能给人以只重外表而性能不佳的感觉，而德国大众的理念与此正相反，“不作外观上的改变”的做法使持有相同价值观，注重内在品质的消费者对企业产生信赖，成为企业的忠实客户。

企业理念识别的实施分两部分：一是对外传播，可以用以下形式：信息发布，如新产品发布、CIS 成果发布、股票上市等；广告，如企业形象广告、产品广告、人才招聘广告等；公关活动；组织宣传册等。二是对内渗透，可以用宣传培训、编写理念手册、员工演讲比赛等形式。

（二）企业行为识别（BI）

企业行为识别是企业理念的动态识别形式。当企业理念确立之后，要通过各种方式将理念辐射到与企业相关的各个方面，逐步塑造企业形象。

企业行为识别是企业行为和员工操作行为的统一。行为的统一表现在组织行为的活动方式的统一，包括对内的活动方式，如专业训练、礼仪规范、作业制度、管理模式、组织内的人际沟通和组织经营决策，等等；也包括对外的活动方式，如公共关系网络的建立、市场的开拓与营销、广告的策划与宣传，等等。

组织内部行为的统一主要表现在建设组织的制度文化上。制度文化是组织为实现自身目标而给予所有成员以一定方向、方式的具有适应性的规章制度。这种对组织成员的行为给予一定限制的文化，具有共性和强有力的行为划一的要求。组织制度文化的“规范性”是一种来自成员自身以外的、带有强制性的约束。如岗位责任制、奖励惩罚制、技术培训制、服务规范制等一系列组织管理制度，规范着组织中每一个人。建设组织的制度文化，使传统的人情道德化转向人情契约化，而这种人情契约化，正是组织推行与整合行为规范不可或缺的社会基础。

组织外部行为的统一主要与组织所进行的活动性质、目的有关。下面以广东“太阳神”集团占领上海市场的一次营销活动为例说明企业外部行为的统一。“太阳神”集团是国内最早导入 CIS 策略并取得成功的企业。20 世纪 80 年代末期的上海市场是一个较为理智的市场，当年市场上有几十种新型保健品先后亮相，但消费者公众的选择却相当冷静和谨慎。针对上海当时的情况，“太阳神”公司策划了一整套打入上海市场的方案，整套行为识别方案包括三个部分：制造舆论、赞助活动及发布广告。

（1）舆论制造。当时，上海的一些大众传媒，不时报道儿童服用补品而产生“性早熟”的事例。因此，上海人对含有“激素”的保健营养品望而却步。这正给“太阳神”准备进入上海市场带来一个难得的机会，因为“太阳神”口服液是由动物提取液制成，不含任何激素。该公司及时发布了这一重要的产品信息，并且抓住“汉城奥运会上夺魁的中国体育健儿服用的保健饮品是‘太阳神’”这条新闻大量传播，在公众中形成舆论。“太阳神”还定期将产品送到市防疫站等权威的检测中心，并及时公布检测结果。由此形成了较权威的舆论导向：“太阳神”可以放心服用。

（2）赞助活动是公关营销的重要手段。“太阳神”初进入上海，成功地举办了两次独家赞助活动。一次是“上海市首届少年儿童体育节”，有 100 万少年儿童参加了这一活动，这数字意味着上海一半以上的少年儿童都参与了，也就是说有半数的上海家庭涉及了这一活动，于是“太阳神”的名字一下子就闯进了少年儿童及其家长的心里，产生了潜在的广告效应。另一次是“歌唱家朱明瑛‘艺术家之梦’的独唱专场”，安排在能容纳几万人的上海最大的演出中心——上海体育馆，一连几场，场场爆满。几天内，“太阳神”随着歌唱家的歌声、随着荧屏前的频频亮相，不断见诸于各大传媒，形成强烈的视觉冲击力并获得广泛的宣传效果。

（3）发布广告。为了让“太阳神”形象深入人心，该公司采用了多种形式发布广告。如在当地发行量最大的《新民晚报》上开展“关于太阳神企业形象和功能”的有奖知识竞赛。将“太阳神”的企业理念、企业标识的组合含意，通过“有奖知识竞赛”这一形式，灌输给社会公众。该公司所制作的广告如下：画面上一片大沙漠中升起一轮鲜红的太阳，阳光下站立着一个顶天立地的巨人——“太阳神”标识的定格特写，画外响起“当太阳升起的时候，我们的爱天长地久”这样的广告词，画面与广告词浑然合一，很贴切地体现了“太阳神”的企业理念，把“太阳神”的形象做了更深一步的传播。

“太阳神”有效的传播，全方位地成功推出产品形象及企业形象。该企业的成功策划说明了组织外部行为要统一并体现企业理念，才能有效地塑造企业形象。

（三）企业视觉识别（VI）

企业视觉识别是组织理念的静态识别。它是将企业理念的内容用视觉形式更具体地加以外化，更准确、更快捷、更凝炼地传达出来，使公众一目了然地掌握组织的信息，产生认同感，从而达到识别目的。

心理学的研究表明，人所感知的外部信息有83%是通过视觉通道，视觉是人接受外部信息最重要的感觉。企业视觉识别是CIS的静态识别符号，是以视觉传播为主体，将企业理念、文化特质、服务内容、企业规范等抽象概念转换为具体符号，以标准化、系统化、统一性的手法，塑造企业独特形象，凸显企业个性。企业识别分为基础系统与应用系统两大部分，在基础系统与应用系统中，关于标志、标准字、标准色的设计是最能体现创造性的，这三者是企业视觉识别的基本要素。

企业视觉识别的基础系统包括：企业名称（包括品牌名称）；企业标志（包括产品商标）；企业品牌专用字体（中英文）；企业标准色；企业造型与图案五个方面内容。

企业视觉识别的应用系统是基础系统各要素在生产、经营、管理等不同的领域中的统一应用，包括办公事务及接待用品；产品包装；广告宣传；建筑外观；运输系统；衣着制服；展示陈列七个方面内容。

企业视觉识别设计是建立在美学原理及美术设计基础上，一方面要充分体现、表达企业理念和战略方向，另一方面无论是基本系统还是应用系统的设计，都应实施统一整合战略，使信息传达更集中且统一，更具认知与识别的功能。在企业形象的塑造中，企业理念、企业精神的升华和视觉系统的审美化应当是统一的。企业视觉识别应该是美的，能唤起公众对企业形象的好感。例如日本航空公司的企业标志，采用“JAL”三个典雅字体，配以两个前后相连的方格图形。字体用黑色，强调诚实稳重感，前面的红色方格，充满朝气和动力，后面的灰色长条形代表了动力和速度，整个设计简单、优美，具有国际感且又保留了日本文化特色。

企业视觉识别设计与一般的商标或外观设计不同，最重要的区别在于企业视觉识别设计要传达企业宗旨、企业使命、企业战略方向、企业价值观、企业精神等，而脱离了企业理念、企业精神的符号只能是普通商标。优秀的企业视觉识别设计在表达企业理念方面都取得了成功。比如全球最大的快餐连锁企业麦当劳的视觉识别：金黄色拱门“M”＋麦当劳叔叔塑像。

三、导入CIS的基本原则

CIS的导入需要具有丰富的想象力和统筹能力，但这种想象和统筹应该从企业实际出发，而不能异想天开和漫无边际。因此 CIS 的导入必须在一定的原则指导下进行规范化操作。

（一）长期性原则

英国 ICI 公司原先设计了一个呈波浪状的公司标志，但公司收购了一家新公司后，经营范围扩大了，原有的标志已不能完全体现新公司的理念，但放弃这个早已被人们所熟悉的标志，对 ICI 是一个严重损失，于是企业决定对这一条波浪加以修正，使它能代表新公司，但又不放弃已有公众对它的印象。公司负责人说："与其说 ICI 公司的标志是一个难以名状的混合物，倒不如说它是将公司的一系列相互分离互不联系的各个部门表现为一个总的公司。这个设计是为了将新收购的公司融入原来的公司结构中，这是一种新的设计类型，一项要在 150 个国家执行的战略。"从该公司的例子可以看出 CIS 是一种战略，一种全方位推出企业形象的系统战略。

CIS 的导入决不是简单的视觉设计问题，它包含了很深刻的文化内涵，并且是为企业的未来 10 年、20 年甚至更长时间作规划，而这种规划也并非短时间内能收到明显的成效，而要通过长期的贯彻、积累才能把企业形象引向深化。这项规划，必须对企业内外运作、内外环境、市场状况和发展全景进行全面了解和考察，并与企业各部门主管一起从战略的角度完成 CIS 的策划和导入工作。可以说 CIS 导入是一项关系到企业前途命运的工作，每一个环节都要慎重审查，否则有可能毁掉一个企业。

而当 CIS 中企业理念已经确立，视觉识别标志已开始传播时，对 CIS 导入的各个环节就不能随意更改了，否则会引发公众对企业形象认知的混乱，前期工作前功尽弃。当企业的经营范围有所延伸和扩大企业理念和它的各项识别标志不能涵盖新企业的要求时，一般的做法是增加企业理念的内涵同时对原有的识别标志做一定程度的修改，而不是对原有的 CIS 全盘否定并全面修改，这是为了保持企业形象的延续并保护企业的无形资产。所以，长期贯彻并具有战略眼光是 CIS 导入的一个先决条件。

（二）统一性原则

日本的小西六写真工业公司，于 1873 年创业，堪称世界照相器材工业的元老。在 20 世纪 80 年代以前，该公司拥有小西六、柯尼卡、樱花、优美 4 个著名商标，一度占领 80% 的相机、胶卷市场。日本的富士胶卷公司 1934 年才创立，但该公司创立时就用企业名作商标，而且用一个统一的形象来争夺小西六的市场，结果到 20 世纪 50 年代，富士抢走了小西六一半市场。美国柯达公司也以其柯达牌系列产品侵入日本市场，小西六在日本市场连老二的位置也保不住了。在严峻的形势面前，小西六痛下决心改头换面，将商标统一为柯尼卡，小西六写真工业公司也更名为柯尼卡公司，并顺利导入 CIS，重新塑造企业形象。尽管公司在统一新形象之初，公司业务受到一定影响，但过了不久，公司统一的形象很快在公众心目中建立了清晰的良好形象，重新抢回部分市场。

这一例子体现了统一性原则的重要性。当然 CIS 导入的统一性，不仅仅体现在视觉识别标志和企业名称、商标名称及品牌名称的统一，更重要的是在整个策划和实施过程中企业理念、行动架构及视觉识别的统一。比如说国际知名的日用品生产企业 P&G 就拥有飘柔、潘婷、海飞丝、汰渍、舒肤佳等众多的品牌和商标，但 P&G 的所有品牌都是和 P&G 结合在一起的，该企业的每一个品牌的诞生都是对 P&G 的延续和发展，这些品牌在进入市场后并没有引起人们形象认知上的混乱，而是更充分地体现了 P&G 的经营理念及加强了公众对 P&G 的视觉识别，该公司的任何一个品牌都能令人毫不迟疑地想起 P&G 公司，这个例子同样体现了 CIS 导入中的统一性原则，而这种统一不仅仅是视觉识别上的统一，更重要的是理念及行动的统一。

（三）个性化原则

麦当劳的黄色圆弧形拱门，太阳神的人托起一轮红日，可口可乐的红色波浪，都是具有自己独特个性的商标，不但体现了本企业的理念和个性，同时也给公众强烈而深刻的视觉刺激，令人过目不忘。

CIS 的导入要具有个性化，这是很重要的，不论企业风格、管理经营策略，还是企业名称、品牌、标识、广告、口号等，都要有自己的特色，体现自己的鲜明个性。只有个性化才有区分度，才容易使一个企业从繁杂的背景信息中脱颖而出，使公众迅速识别并形成牢固的记忆。CIS 的个性化要兼具行业的特点，比如 P&G 的中文名称“宝洁”，很容易让公众认知为与“日用品、清洁用品”相关，能体现行业特点，这一点有利于 P&G 公司在中国顺利推行它的 CIS 策略。CIS 导入还必须体现个体的个性特点。同一行业中的不同企业应有自己的个性，才有利于突出自己，加强竞争力。同样是经营快餐业，麦当劳的黄色“M”字与肯德基的白色“KFC”各具特色，并各自代表着不同的企业内涵。

四、导入 CIS 的步骤

（一）设立 CIS 委员会

CIS 导入是一项涉及企业的经营理念、制度规范、企业市场运作和信息传播的系统工程。因而导入这一项系统工程时，要做好总体规划，并设置 CIS 导入的专门机构，有效地执行原定计划。CIS 导入机构——CIS 委员会一般分两部分：CIS 策划委员会和 CIS 推广委员会。CIS 策划委员会的设置一般包括三部分人：一是企业内部人员——企业高层主管、各部门负责人或业务骨干；二是 CIS 问题专家——有广博的学识和丰富的经验，能对 CIS 的导入提供专业指导及检查评估；三是专业公司人员，因为 CIS 是一项系统工程，涉及范围很大，企业仅凭自身力量不一定能独立完成，所以大多数企业的 CIS 策划需要专业公司的帮助。CIS 推广（执行）委员会隶属于 CIS 委员会，是一个从事 CIS 推广与实施管理工作的机构。

（二）开展企业实态调查

做好企业的 CIS 策划，必须事先对企业进行充分的调查研究，准确系统地掌握企业各方面状态是 CIS 成功导入的基础。调查程序如图 7－1 所示。

一般针对 CIS 策划所开展的实态调查包括以下内容：

1. 企业竞争环境调查

这是指对企业生存发展的外部空间的调查，主要包括国际国内市场态势、宏观经济形势的影响、消费需求的变化、金融行情的变动、竞争对手的动态、政策法规的导向等。准确地了解和把握企业竞争环境，对于制定企业发展规划和经营战略是非常必要的。

2. 企业形象调查

企业形象调查主要是调查公众对企业的认知、态度和印象。一方面是关于企业的知名度和美誉度。另一方面是要具体了解公众对本企业的产品、价格、服务方式等是否欢迎和满意，对企业的信任程度如何；还要了解公众对企业的运作及经营管理、社会活动、环境卫生、人员形象的评价情况。企业形象的好与坏是相比较而言的，因此在调查企业形象时要列举出同类企业，请公众加以比较。

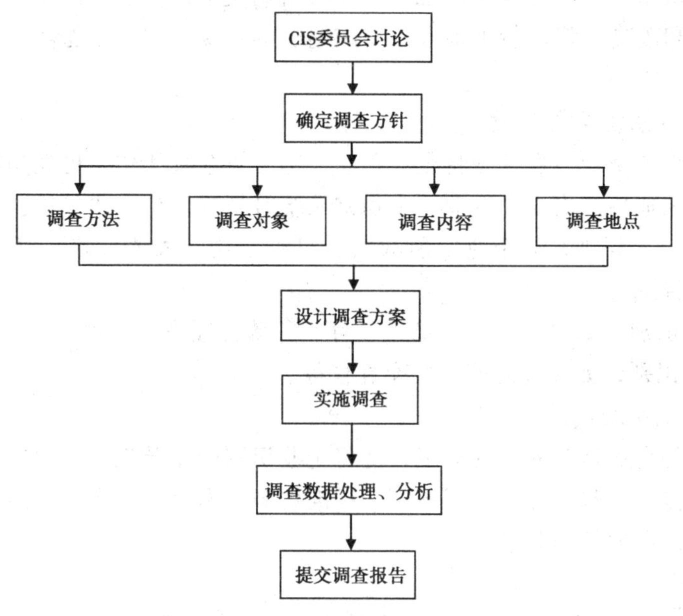

图 7－1　企业实态调查一般程序

3. 企业整体素质调查

（1）对企业高层决策者的调查。因为 CIS 策划的导入和推广，与企业经营者和决策者有极大的关系，企业的发展模式、形象导向应该体现企业经营者、决策者的意志；

（2）对企业员工的调查，员工是企业的物质财富和精神财富的直接创造者，也是企业导入和实施 CIS 策划的主体，对企业内部员工进行访谈调查，不仅可以熟悉企业的历史和现状，还可以直接征集到员工对企业形象塑造的意见和看法，从而激发全员参与 CIS 策划的积极性；

（3）对企业营运状况的调查。这包括企业经营理念与战略是否明确、合理，是否符合当前行业与市场状况的要求，是否具有现实可行性，是否体现企业行业特色与存在个性等，企业在生产管理方面是否科学，市场营销是否引起企业足够重视，企业行为管理是否人性化，等等；

（4）关于企业视觉识别的调查。调查分析企业现有的视觉要素是否与企业新的发展目标一致、视觉要素在企业的各项活动中的应用情况，并对原来的视觉识别标志进行重新评价，分析利弊，以此作为重新设计企业和品牌视觉识别系统的依据。

（三）CIS 策划

CIS 策划内容主要以调查结果为依据，对未来的公司形象进行定位，构筑企业理念系统，进而设计系统的行为活动传达形式和视觉传达形式，以此塑造全新的、有个性的企业形象。策划内容包括以下三部分：

1. CIS 总概念的策划

根据 CIS 调研结果，重新评估企业理念系统，构造新的经营策略和 CIS 总方针，并作为未来 CIS 管理操作的方向，统称“CIS 总概念”。总概念是有关 CIS 的策划书，也是公司最高领导的建议书，是能表达总体策划思路、战略方针与企业精神的文件。它具有解决问题、改善公司形象、指出未来方向的作用。总概念能针对调查结果，表达出正确的判断，提供有关 CIS 的活动方针和改良建议，指出未来企业应塑造的形象，CIS 总概念也就是对企业理念的详尽说明。

2. 企业行为识别系统策划与设计

企业行为识别系统策划与设计是将企业理念，即总概念具体化，也就是如何通过动态方式，将企业理念有效地传播出去。企业行为识别系统策划与设计主要包括：

（1）企业整体行为识别，如企业发展战略、组织架构、人才战略、营销战略、品牌战略、公关战略、广告宣传等；

（2）组织行为识别，如组织人事、员工教育、劳动管理等；

（3）员工行为识别，如岗位规范、社交礼仪等。

3. 企业视觉识别系统设计

企业视觉形象是企业理念的感性显现，能将企业识别的差异充分表达出来，其传播力与感染力最直接且具体，它包括标志、标准字、标准色等基本设计，事务用品、建筑外观等所有能直接产生视觉冲击力的相关形象。

（四）实施管理

CIS 策划方案制定后，CIS 实施管理阶段开始。此阶段有两个工作目标：一是认真落实 CIS 策划方案；二是在实施中不断调整和完善 CIS 策划方案。为达成上述两个目标，具体应做的工作有以下两个方面：

1. 对企业内部员工宣传 CIS 战略，使员工理解 CIS 战略并配合其实施

员工是企业形象的创造者，他们不仅是传播企业形象的主体，他们的行为本身又构成企业形象传播的媒体。对员工宣传的主要内容有：

（1）CIS 战略本身的性质、意义、基本理论、历史沿革以及目前国内外尤其是同行业导入 CIS 的情况与业绩，以实例说明 CIS 导入推行的重要意义；

（2）向员工交待本公司导入 CIS 的动机、目的、基本程序、策划设计开发状况、实施管理的计划等。让广大员工意识到他的一言一行时刻都在塑造企业形象；

（3）详细介绍企业新理念，分析新理念的内在精神实质及其应用范围，同时说明建立新理念体系的动机、目的与必要性；

（4）说明企业标志、标准字、标准色的象征意义，使员工产生认同感；

（5）宣传员工对内对外日常行为准则，将企业理念贯穿在言谈举止中，使员工日常行为成为 CIS 识别的符号；

（6）为员工制定一套介绍企业 CIS 的说明，若有人询问有关情况，企业员工可提供一致的说法。

2. 在社会上广为宣传导入企业的 CIS

通过管理、营销、公关、广告及新闻等形式宣传导入 CIS 的新的企业理念系统、行为系统、视觉识别系统以及有关 CIS 的重大活动，让社会公众广泛知晓企业的 CIS 运动及接受企业新形象。具体传播内容如下：一是对企业新理念的解释；二是企业员工新面貌；三是企业 CIS 设计开发的基本精神；四是企业新标志的象征意义；五是品牌系统设计要素的意义说明；六是企业新的发展战略、管理架构、人才战略、营销战略、公关战略、广告创意、企业文化建设等；七是企业配合 CIS 开展的质量管理运动的情况与成绩报告；八是企业社会公益

活动的报道等。

在进行CIS传播的同时，应广泛听取社会公众的意见，使CIS在实施中不断完善，使企业理念在实践中升华，塑造起良好的企业形象，使企业在经营和发展中获取更大的成功。

第三节 个人形象的塑造

前面我们主要从组织行为的角度分析了组织形象塑造的问题；在公共关系活动中，组织行为的操作却是由每一个人去实施的，因此在组织形象塑造的过程中，个人形象的塑造是不容忽视的。

一、个人形象塑造的重要性

个人形象塑造对于不同的个体，具有不同的重要意义。

（一）作为组织的领导者

组织的领导者代表着组织，其个人形象好坏直接影响组织的形象，领导者的形象好，可以增强组织的向心力及社会公众对组织的信任度。随着传播技术、传播手段的多样化发展，随着社会组织形象设计和传播多层次、多方向展开，公共关系的主体除"社会组织"之外，必然还包括代表组织形象和作为组织形象一部分的个人，这些个人已经不再是代表他们自然人的个体本身，而是成为对社会组织形象产生重大影响的"社会性个人"。日本电通公司的公共关系局近年来为客户的最高领导提供了一种新的培训项目，称为PI（President Identity总裁形象设计），帮助训练组织的最高领导人以个人的最佳状态和熟练的应对技巧出现在媒体和公众面前，这一培训项目受到了受训企业领导人的广泛欢迎，这足以说明个人形象塑造对于组织领导者的重要性。

（二）作为组织的员工

组织对内或对外的行为都需要通过员工来施行，员工的言谈举止、仪态修养，同样会引发社会公众对组织的评价，员工与社会公众的人际交往同样会传递关于组织的信息。因此，作为组织的普通员工的形象，在一定程度上也代表着组织形象。员工的形象好，可以增强组织的凝聚力和竞争力，为企业的长期稳定发展打下牢固基础。

（三）作为社会中的个体

个人形象塑造对于社会中的个体来说意义也是重大的。与人交往是一个现代人天天面对的问题，善于与人交往的人在社会上广受欢迎，所承受的社会压力比别人少，成功的机会也相对多。著名学者卡耐基曾说过："一个人的成功，约有15%取决于知识，85%取决于处理人际关系的能力。"而善于与人交往，获得良好的人际关系，往往也取决于个人形象塑造的成功与否；成功塑造个人形象的人具有强大的吸引力，容易在人际交往中被别人接受和承认，从而建立良好人际关系。

二、个人形象塑造——学会自我推销

个人形象塑造，首选有赖于良好的礼仪，礼仪规范的掌握会使一个人的外在形象（从

服饰装扮到言谈举止）更容易被人接受，这好比组织形象塑造中的视觉识别系统，而这一视觉识别系统及行为识别系统的表现都受制于理念识别系统，个人形象塑造中的理念识别在于自我心理的调节及对社交心理的把握，再由此去指导个人的外在形象的展示，把个人在人际交往中推销出去，使个人获得周围的个体或群体的认同和支持，获得良好的人际关系并塑造出良好的个人形象。

以下重点谈谈个人形象塑造中的心理调节及对社交心理的把握的问题。在人际交往中，个体或群体之间相互接纳和喜欢的现象叫“社交吸引”，在人际交往中要把“自我”推销出去，必然需要“社交吸引”的产生。推销“自我”，使“自我”在人际交往中产生吸引力，必须了解对人际交往效果的影响因素。

（一）接纳人的心理状态

这是指在社会交往中，一个人要想获得别人的接纳和喜欢甚至是理解和支持，他自身一定要先接纳别人和喜欢别人，带着宽容和接纳的心理状态去面对不同性格、不同风格的人，才容易与别人建立良好的关系，这是人际交往所必须的条件。

（二）空间距离近

人们往往把喜欢的情感投向与自己空间距离较近的对象，所以在人际交往中，应主动去接近周围的人，缩小自己与别人的空间距离，同时也缩小彼此间的心理距离，也可以说要把自己主动地“推销”出去。当然，在主动缩小与人交往的空间距离时，要把握好分寸。一般交往的空间距离分为四阶段：360 厘米以上为公众距离，这个距离一般不发生人际交往；120 厘米—360 厘米之间为社会距离，这属于一般陌生人的交往距离；45 厘米—120 厘米为个人距离，这属于一般朋友的交往距离；0—45 厘米为亲密距离，这是要好朋友到亲密伙伴的交往距离。在交往中要把握好因空间距离而产生的心理上的变化。

（三）交往次数多

交往次数的多少与个体之间心理上的距离有直接的关系。交往次数越多越有利于产生共同经验，获取彼此之间的了解和支持。一般情况下，一个人要在人际交往中塑造自己的良好形象，他必须为自己多创造一些别人了解他的机会，增加自己和别人的交往机会。

（四）特征相类似

特征相类似有助于彼此在目标追求、处世态度、行为动机、个人爱好等方面保持一致，更有利于缩短心理上的距离。因此，在交往中应注意发掘自己与交往对象的一致或相似的特性，这会使双方容易建立起思想上的相互理解、行为上的相互支持的关系。比如说人们更容易对自己的校友、同乡产生认同感，这是因为校友同乡都和自己一样，曾在某一个地方住过，哪怕双方以前从未见过面，也很容易产生心理上的理解和支持。

（五）需要互补

需要是社会交往的原动力，当交往双方的需要与满足途径成为互补关系时，有助于彼此之间形成互相依赖的友好关系。独立型性格的人与顺从型性格的人容易建立良好人际关系。

（六）熟悉

熟悉指交往双方清楚地了解对方的各方面情况。空间距离近、交往次数多是彼此熟悉的条件，熟悉引起社交吸引的事实表明，人们具有不喜欢和恐惧未知事物、喜欢熟悉事物的心理倾向。因此在社会交往中，应和自己的交往对象做深入且全面的沟通，使对方了解、熟悉自己从而产生喜欢和接纳。

（七）外貌

人们对交往对象进行知觉时，首先是通过对其外貌的观察来判断对其的好恶。外貌与社交吸引关系的研究表明，每个人都有爱美之心，而且美貌会产生晕轮效应，人对外表好看的对象容易产生接纳与亲近的心理。当然在社会交往中，不可能每个人都长得很美，但对外表的适当的修饰能增强自己的社交吸引力，获得更多的接纳与喜爱。

（八）能力

研究表明，在一般情况下人们喜欢有能力、有水平或在一些方面有一定专长的人，但在一个群体中最有能力、最能出好主意的成员往往不是最受喜爱的人。这是由于人们虽然羡慕在各方面比自己优秀的人，愿意与他们交往，但当他们过于优秀，对自己造成一定心理压力时，则往往敬而远之。有人曾经做过这样的实验：给被试者呈现四种人，即才能出众但犯有错误的人、才能出众但未犯错误的人、才能平庸且犯有错误和才能平庸而未犯错误的人，让被试者评价哪一种人最有吸引力以及他们喜欢的程度。结果表明才能出众但犯有错误的人被评为最有吸引力的人，才能出众而没有错误的人仅排第二位。这种有才能的人犯有一些小错误非但不会有损其声誉，反而增加其吸引力的现象被心理学称为犯错误效应。当然这里所指的只是一些与品质无关的小错误。

（九）品质

在人际交往中，对一个人的喜爱与接纳，最终还是取决于他的个性品质，无论交往的次数有多少，或者是外貌有多么美丽，如果一个人没有良好的个性品质，是不可能最终获得大家的接纳和喜爱并塑造出良好的个人形象的。在交往中，真诚和与真诚有关的个性品质是最受人喜爱的，而欺骗及与欺骗相关的个性品质最受人厌恶。

三、求职应聘中的个人形象塑造

在求职应聘的过程中，同样面临着个人形象塑造的问题。成功的求职应聘的过程，实际上也是成功地塑造个人形象、推销自我并被用人单位接纳的过程。

下面分析的是求职应聘中塑造个人形象、推销自我的过程：

（一）准确的自我分析和定位

要想把自己成功地向用人单位推介并被接纳，首先要分析自己，比如说自己的个性特征，自己所掌握的知识技能等，这当中哪些是自己的长处、哪些是自己的短处，短时间内是否能把其中的一部分加以提高或完善，然后根据自己的知识技能和个性特征，再结合对用人市场的现状的了解，为自己做一个较准确的定位，为自己确定能从事的行业及工种，并且估算凭自己的知识技能可以在用人单位获取什么样的报酬。对自己和市场的准确分析，有助于成功地求职应聘，避免出现高不成低不就的局面。

（二）广泛收集用人信息

关于用人单位的信息收集，可以通过多种方式进行，比如通过朋友、人才交流市场、报纸、网络等，都是常见的收集信息的渠道。在收集信息的过程中，要不断进行筛选，能够提高求职应聘的命中率，避免精力浪费及过多的失败对心理的打击。

（三）寄出求职资料

求职资料是求职过程中个人形象塑造的重要组成部分。当用人单位要求先寄求职资料进行筛选的时候，求职资料也就成为用人单位对求职者的“第一印象”，并决定求职者能否获得面试机会。求职资料包括：自荐书及简历；身份证明及各类证书的复印件；过往业绩或成果。自荐书或求职信是求职资料的第一部分，它的书写应注意以下问题：

1. 要有针对性

针对招聘单位的性质及岗位特点，发挥自己的长处，阐述自己的观点。任何人都有自己的优点和缺点，而优缺点却不是绝对的，有的特质对一种工作来说是优点，对另一种工作可能是缺点，所以要针对单位及岗位的不同，突出自己特点的同时要注意扬长避短，突出那些能引起兴趣、有助于获得赏识的项目，在这同时应揣摸用人单位所招聘职位的要求，挑选自己合适的部分加以强调，以便获得用人单位的认同。

2. 简历的书写的要求

整洁，显示求职者的认真态度；简明，能让招聘者尽快了解求职者的履历；准确，要恰如其分地反映自己的真实情况；真诚，要显示自信，但不能夸张。

（四）面试

面试是求职应聘成败与否的关键一步。获得面试机会后，最重要的是建立面试的自信心，自信心来源于对招聘单位的了解和对自己的把握。为此，应从以下几个方面进行面试前的准备：

1. 了解招聘单位情况及应聘者的条件

在正式面试前，最好能了解用人单位的性质，因为不同性质的单位，在用人制度、管理方式和福利待遇上不同，对应聘者的要求也不同。其次还要了解企业的经济状况、领导者的能力、设备条件、工作环境及企业发展前景等，了解这些条件有助于面试者做好回答某些问题的心理准备，如果对用人单位的各方面条件了解不足，去面试时要多观察、多动脑筋，根据自己的亲眼所见做一些判断。

2. 全面分析自己，克服心理障碍

前面已经对自己做过一次自我分析，但在接到面试通知后，应根据特定的单位，再次详细地分析自己的优势和不足，并考虑在面试时如何发挥自己的优势，掩盖自己的不足。不要把自己完全置于被动的地位，求职中双方都在进行选择，对方在选择你的同时，你也在选择对方，要建立自信，相信招聘方需要你这样的人才，而不是施舍给你一个职位。同时不要害怕失败，想到选择的机会不只一次，坦然、轻松地面对招聘者，这能使你具有更好的气质和风度，能更充分地表现自己。

3. 为自己设计一个适当的面试形象

良好的外在形象有助于应聘者增强信心。面对不同的单位，外在形象的展现应有所差别，应根据所应聘的职位特点及用人单位的着装习惯来为自己设计形象；面试的形象设计要整洁、大方，但没必要过于特别及出众，要和面试环境相协调。

4. 思考面试时可能遇到的问题

面试时所遇到的问题可能和以下内容有关：履历；求职意向；过去的学习或工作情况；兴趣爱好；性格、人生观；理想抱负；健康状况；特长。相同的内容招聘者会有许多种提问方式，一定要认真思考并揣摸对方的意思再做相应回答，千万不能答非所问或做太过分的回答。

5. 准备好你要问的问题

面试中，招聘者会让应聘者适当提问，以此来考察应聘者的能力。应聘者在提问时应注意：问题数量不能太多；问题要有所选择，最好只涉及目标单位及目标工作范围内，而不要问触及对方弱点及无关紧要的问题；有关具体薪酬的问题最好也不在第一次面试时询问，以免引起对方反感。

6. 进行必要的练习

为使面试时消除紧张的心理，面试前可进行一些必要的练习。如：练习从容简练的自我介绍；设想一些可能问的问题，进行自问自答；练习面试时的问候、微笑及坐姿；还可以将面试时穿的服装试穿一下，为自己找到最佳感觉。

做好了以上心理上的准备，应聘者可以从容地去参加面试了，但在面试时，应注意待人接物的礼仪，比如说：不迟到，显示你有时间观念并且是认真对待面试；讲究礼貌，做到恭敬有礼、不卑不亢，显示自己的良好素质。良好的外在形象，优雅得体的行为举止，再加上机智敏捷的应对，一定能让求职应聘者成功地推销自己，获得理想的职位。

第四节　公共关系危机处理

“天有不测风云，人有旦夕祸福”。一个社会组织在其发展过程中难免会发生突发事件或重大事故，如重大的质量问题、火灾、爆炸、食物中毒等。这些危机发生时，不仅会给组织带来直接的经济损失，而且会严重损坏组织的形象，甚至危害组织的生存，使组织陷入巨大的舆论压力和危机之中。因此，组织对危机事件的处理策划，能够集中地反映组织的公关工作的水平和质量，是关系到组织生死存亡的大事。

一、公共关系危机概述

（一）公共关系危机的含义和特点

公共关系危机是指危及组织形象和生存的突发性事件或灾难性事故。危机的发生，使组织的利益和声誉受到损害，甚至面临着生存危险。

公共关系危机的特点：

（1）突发性。一切突发事件一般都是在组织毫无准备的情况下突然爆发，往往使组织始料不及、难以抗拒。这是公共关系危机最明显的特点。

（2）危害性。危机事件的发生，不仅给组织带来了巨大的经济损失，而且还可能危害公众的利益，甚至生命安全；不仅破坏了组织的形象，而且还可能会给整个社会造成危害。

（3）偶然性。危机事件往往具有超乎常规的偶然性，如飞机失事、毒气泄漏、火灾、食物中毒等重大恶性事故。对组织来说，每次产生危机的原因、形式、范围等都不尽相同，具有偶然性。

（4）关注性。危机事件由于危害大、影响面广，最能刺激人们的好奇心理，常常成为人们谈论的话题和新闻界舆论关注的热点、焦点问题。

（二）公共关系危机的类型

1. 根据危机的性质划分

根据危机的性质划分，公共关系危机可分为灾难危机、形象危机、经营危机和信誉危机。

（1）灾难危机主要是指造成较大财产、生命损失的危机，危害性比较大，例如，自然灾害中的地震、洪水、风暴、火灾、飞机失事、大楼倒塌、火车出轨、流行病等；人为灾害中的抢劫、盗窃、破坏、爆炸等。

（2）形象危机。由于组织自身形象不佳，知名度、美誉度不高，遭到公众的谴责而造成的危机。

（3）经营危机是组织管理不善而导致的危机，如由于产品质量低劣，造成产品滞销、企业停产；由于操作失误、管理不善，造成严重工伤、污水泄漏等。

（4）信誉危机主要包括因不履行合同、产品质量低下等问题形成的商誉危机；因欺骗公众、违法乱纪而造成的信任危机。信誉是组织存在的根本，出现信誉危机直接威胁到组织的生存。

2. 根据危机产生的原因划分

根据危机产生的原因划分，公共关系危机可分为人为危机和非人为危机。

（1）人为危机是指人的行为所造成的危机事件。由于组织自身的决策不当、管理不善、工作失误等造成的危机，或有人有意、无意地搞破坏活动等所造成的危机。一般来讲，人为危机事件相对于自然危机而言具有可预见性、可控性的特点。

（2）非人为危机。这是由于自然灾害或社会环境发生突然变化而导致的危机，是组织自身无法抗拒的。如地震、火灾、洪水等自然灾害引起的危机，政治、经济、文化等社会环境的变化及国家政策的调整等引起的危机。非人为危机是不可预见的，具有不可控性。

3. 根据危机产生的程度划分

根据危机产生的程度划分，公共关系危机可分为一般危机和重大危机。

（1）一般危机主要是指日常纠纷，如组织内部的纠纷、组织与公众之间的纠纷、组织与组织之间的纠纷等。一般危机事件涉及范围小，影响面不大，但也应引起组织的重视，妥善处理，否则也会成为危及组织生存的重大危机事件。

（2）重大危机主要是指给组织带来重大经济损失和损害组织形象的危机事件。如严重自然灾害、重大工伤事故、重大的决策失误等。

二、公共关系危机处理的原则

公共关系危机处理又叫危机管理，或称危机公关，是指组织利用各种资源，采取各种方法，预防危机、消除危机，维护或完善组织的形象。

组织在危机管理中，其决策和行为应遵循以下原则：

（一）预测危机的原则

在现代社会，组织的发展既要有发展意识，也要有危机意识。危机的表现形式很多，组织应根据本行业和自身的特点，预测各种可能出现的危机，从而制定多种可供选择的避免措施。组织通过对各种可能发生的危机预测分析后，可以有针对性地制定出防范措施。

（二）及时处理的原则

任何危机都是突发性的，并且很快传播到社会，引起公众和新闻媒体的关注，甚至出现人心散乱的危险局面。危机一旦爆发，组织应本着及时处理的原则，迅速作出反应，研究对策，减轻危机造成的危害性，争取在最短的时间内重塑或挽回组织的良好形象和声誉。

（三）实事求是的原则

危机由于影响大，危害深，势必引起公众的猜测和怀疑。这时，组织要主动与公众或新闻媒体沟通，实事求是地说明危机事件的真相，取得公众和新闻媒体的信任、支持和谅解。对于一时难以查明或无法确定的事件，要如实说明，并尽快查明真相，告知公众，为解决危机创造一个有利的舆论环境。

（四）人道主义的原则

在处理危机事件时，组织要坚持人道主义原则，坚持公众利益优于组织利益，始终将受害者的利益放在第一位，争取受害者的谅解与合作，共渡难关。

三、公共关系危机处理的对策

危机事件发生后，组织应迅速查明发生危机的种类、时间、地点及其原因，针对不同的对象采取不同的对策，以减少危机所造成的损失。

（一）组织内部对策

在全面了解危机事件的基础上，组织内部应迅速采取行之有效的措施：

1. 成立专门机构

危机事件发生后，组织应立即成立处理事件的专门机构，由组织的负责人担任机构领导，公关部会同有关职能部门的人员组成有权威性、效率性的工作班子。

2. 告知内部公众

专门机构应迅速制定处理危机事件的基本原则、方针与对策，并通告全体员工，以统一口径、协同行动。

3. 告知外部公众

及时向外部公众发布事件真相，通知伤亡者家属，安抚有关人员。组织可举办记者招待会、座谈会，通过新闻媒介与公众交流意见，消除误解。

4. 通告奖罚结果

奖励处理事件的有功人员，处罚事件的责任者，并通告有关各方。

（二）对受害者的对策

1. 了解受害者情况

认真了解受害者情况后，应实事求是地承担责任，并诚恳地向他们及其家属道歉。

2. 倾听受害者意见

耐心而冷静地听取受害者的意见，了解和确认有关赔偿损失的要求，避免与受害者及其家属发生争辩，要大度、忍让受害者的过分要求，有理、有节地解释、让步，应避免出现为自己辩护的言辞。

3. 赔偿受害者损失

给受害者以同情和安慰，尽可能提供其所需的服务，公布补偿办法及标准，并尽快实施。

4. 指定专人负责处理

在处理危机事件的过程中，应由专人负责与受害者接触，保持其稳定性。如果没有特殊情况，不可随便更换负责处理工作的人员。

（三）对新闻界的对策

1. 成立接待机构

成立接待记者的临时机构，由专人负责发布消息；集中处理与危机事件有关的新闻采访，给记者提供权威性的资料。

2. 统一对新闻界的口径

如何向新闻界公布危机事件，采用什么形式，如何措辞等，应事先达成共识，形成文字，统一口径，应以最有利于组织的形式来公布。

3. 提供真实信息

主动向新闻界提供准确、真实的信息，公开表明组织的立场和态度，以减少新闻界的推测，帮助新闻界作出正确的报道。

4. 与新闻界合作

对新闻界表示合作、主动和自信的态度，不隐瞒，不对抗。对确实不便发表的消息，要说明理由，求得记者的理解；对不符合事实真相的报道，应及时采取新闻补救措施。

5. 从公众立场出发

应从公众的立场和观点来进行报道，向公众表示歉意及承担责任，并不断向公众提供他们所关心的信息，如补偿办法、善后措施等。

（四）对其他公众的对策

处理危机事件的过程中，还应根据组织的具体情况，分别对与事件有关的政府机构、消费者及其团体、社区公众、主管部门等公众，采取适当的传播对策，通报有关情况，回答咨询问题，调动各方面的力量，协助组织渡过难关，重塑组织形象。

四、公共关系危机的预防

公共关系危机的预防对组织具有很重要的意义。虽然有时危机是难以预料的，但有效的危机预防，可以及时发现产生危机的“萌芽”；即使危机真的出现，也能相对从容地采取有效的措施。公共关系危机预防主要从以下几个方面入手：

（一）建立危机预警系统

组织不仅要在日常业务中严格执行管理制度，保证产品、服务质量，遵章守法，维护公众利益，消除危机的隐患，而且要建立组织的预警系统，及时捕捉危机爆发之前出现的征兆，将危机消灭在“萌芽”之中。

建立预警系统的工作可由公关人员协同各个管理部门来进行，主要包括：一要加强公共关系信息与组织经营信息的搜集分析工作，及时掌握公众对组织活动的反应及评价；二要密切注意国家经济政策及经济、政治体制改革的方向，使组织的生产经营活动与社会经济大气候相协调；三要加强对重点客户的沟通，使重点客户成为组织的稳定的支持者，及时关注其变动趋势；四要经常分析竞争对手的生产经营策略和市场需求发展变化趋势；五要定期或不定期地进行自我诊断，分析组织生产经营和公共关系状态，客观评价组织形象，找出薄弱环节，采取必要措施；六要开展多种调研活动，并在此基础上研究及预测可能引起组织危机的突发事件，把组织危机因素消灭在萌芽之中。

（二）制定危机应变计划

应变计划要设想各种可能发生的危机和所采取的应对行动。如检查所有可能对组织有影响的问题和趋势；确定需要考虑的具体问题；估计这些问题的潜在影响；确定应对态度，拟定行动方案，实施具体解决问题的行动计划；不断监控行动结果，根据需要修正具体方案。

（三）成立危机应变小组

应变小组首先由经理（厂长）、技术专家、公关部主任和法律顾问组成一个核心，然后根据可以预见的危机，增加危机处理小组的人员。这样，发生某种危机时，可以直接由专人负责处理，而在平时，负责处理某项危机的人就应有意识地做好各种应战准备。

思考练习题

1. 什么是组织形象？组织形象包含哪些内容？
2. 如何对组织形象进行评价？
3. 什么是 CIS？CIS 的构成包括哪些要素？
4. 如何才能成功地为企业导入 CIS？
5. 谈谈公共关系危机处理的基本技巧。
6. 分析影响个人形象自我推销的主要因素。

案例分析题

[案例 7—1]　欧美 CI 典范：麦当劳

一、案例介绍

麦当劳的案例被日本人收进他们的 CI 专著《日本型 CI 战略》（台湾风堂出版社），因为麦当劳的理念、行为、视觉识别均很出色，不过从未见麦当劳从整体 CI 的角度标榜过自己，麦当劳的初衷和思路，恐怕主要是在连锁经营的概念上，麦当劳无心插柳，却成了日本人认同的 CI 典范，这说明 CI 与经营、管理在某种意义上是殊途同归。

以黄色 M 字为标志的麦当劳企业，在世界各地拥有 6500 多家连锁店，是世界上最大的饮食企业。麦当劳的企业识别有三大特点：第一，企业理念很明确；第二，企业行动和企业理念具有一贯性；第三，企业外观设计的统一化。

麦当劳企业在美国现代社会中具有强烈的存在意义，其企业理念是 Q、S、C 、V，即优质（Quality）、服务（Service）、清洁（Clean）、价值（Value）。

优质，麦当劳的品质管理十分严格，食品制作后超过一定时限，就舍弃不卖，这并非是因为食品腐烂或食品缺陷，麦当劳的经营方针是坚持不卖味道差的食品，这种重视品质管理的做法，使顾客能安心享用，从而赢得公众的信任，建立起高度的信誉。

服务，包括店铺建筑的快适感、营业时间的设定、销售人员的服务态度等。在美国，麦当劳的连锁店和住宅区邻接时，就会设置小型的游园地，让孩子们和家长在此休息。“微笑”是麦当劳的特色，所有的店员都面带微笑，活泼开朗与顾客交谈、做事，让顾客觉得亲切，忘记了一天的辛劳。

清洁，麦当劳要求员工要维护清洁，并以此作为考察各连锁店成绩的一项标准，树立麦当劳“清洁”的良好形象。

麦当劳的企业理念一度只采用Q、S、C三字，后又加了V，即价值，它表达了麦当劳“提供更有价值的高品质物品给顾客”的理念。现代社会逐渐形成商品品质化的需求标准，而且消费者的喜好也趋于多样化。如果企业只提供一种模式的商品，消费者很快就会失去新鲜感。麦当劳虽已被认为是世界级大企业，但它仍需适应社会环境和需求变化，否则也无法继续生存。麦当劳强调价值，即要附加新的价值。

麦当劳忠实地推行它的企业理念。而且渗透到整个现实组织内，推出具体的企业行动，这就是麦当劳企业识别的优点。在现代社会中，大多数企业都提出自身的企业理念，但能使之行动化的不多。所以，麦当劳的作风赢得了良好的评价。

麦当劳的视觉传达也独具特色，企业标志是弧型的M字，以黄色为标准色，稍暗的红色为辅助色，标准字设计得简明易读，宣传标语是“世界通用的语言：麦当劳。”这个标语没有设计成“美国口味，麦当劳”，实在是麦当劳成功之处。

麦当劳的视觉识别中，最优秀的是黄色标准色和M字型的企业标志。黄色让人联想到价格普及的企业，而且在任何气象状况或时间里黄色的辨认性都很高。M型的弧型图案设计非常柔和，和店铺大门的形象搭配起来，令人产生走进店里的欲望。从图型上来说，M型标志是很单纯的设计，无论大小均能再现，而且从很远的地方就能识别出来。

麦当劳企业识别的优越性就在于企业理念实施得非常彻底，为了达到这个目的，麦当劳进行员工的教育、发行编制相当完备的行动手册，同时，还完成了非常优秀的视觉识别设计。从企业识别的立场来审视麦当劳的历史，可以发现，麦当劳是综合性企业识别的范本，实行得很成功。

——摘自4A酒吧（http：//www.4a98.com）

二、案例思考

1. 该案例如何体现麦当劳的企业理念？
2. 麦当劳的CI策划给你什么启发？

[案例7—2] 富士康“跳楼门”

一、案例介绍

富士康科技集团创立于1974年，是专业从事电脑、通讯、消费电子、汽车零组件、通路等6C产业的高新科技企业。凭借扎根科技、专业制造和前瞻决策，自1974年在台湾成立，特别是1988年在深圳地区建厂以来，富士康迅速发展壮大，拥有60余万员工及全球顶尖IT客户群，为全球最大的电子产业制造商。

2008年富士康依然保持强劲发展、逆势成长，出口总额达556亿美元，占中国大陆出口总额的3.9%，连续7年雄居大陆出口200强榜首；跃居《财富》2009年全球企业500强第109位。

2010年1月23日凌晨4时许，富士康19岁员工马向前坠楼死亡，公司悬赏50万元征集线索。

2010年3月11日富士康龙华基地生活区一李姓员工从宿舍楼5楼坠地身亡。

2010年3月29日龙华厂区，23岁湖南籍男性员工从宿舍楼上坠下，当场死亡。

2010年4月6日，观澜C8栋宿舍饶姓女工坠楼，仍在医院治疗，18岁。

2010年4月7日富士康观澜厂区外宿舍，宁姓女员工坠楼身亡，18岁，云南人。

2010年4月7日观澜樟阁村，富士康男员工孙丹勇身亡，死者22岁，湖北人。

2010年4月10日，富士康集团媒体办主任刘坤、富士康集团卫生部部长芮新明以及富士康工会副主席陈宏方，一起接受《羊城晚报》的独家专访。富士康集团负责人接受采访时数度用“检讨”一词表态。

2010年5月6日凌晨4时许，随着富士康员工卢新跳楼身亡，之前深陷“跳楼门”事件的富士康，再次被推到舆论的风暴中心。据知情人透露，郭台铭因跳楼频发事件，委托富士康副总裁何友成，请来五台山高僧做法事，祈求公司能平静下来，为员工祈福。

2010年5月11日晚间，又传来一名女工跳楼的消息。这已经是自今年1月23日富士康19岁员工马向前坠楼死亡后的第八起跳楼事件。

2010年5月14日一名年仅21岁的安徽籍男工，从宿舍楼7楼楼顶坠下，当场身亡。富士康“九连跳”事件引发了媒体和社会的关注。

2010年5月19日，深圳市副市长、公安局长李铭来到深圳富士康科技集团，就富士康近期连续发生员工跳楼事件进行调查，并与该集团高层商讨防范措施。

2010年5月21日一名年仅21岁的男性员工南钢从F4栋楼跳下身亡。富士康“十连跳”事件引发公众关注。22日晚间，深圳市政府新闻办表示，该市已组成市区两级联合工作组，协助富士康科技集团改善企业内部管理。

2010年5月24日，郭台铭首度回应，富士康绝对不是血汗工厂，他也有信心在短期内把状况稳住。

2010年5月25日凌晨，富士康发生今年“第十一跳”，坠楼者不幸身亡。一名富士康员工告诉《南方都市报》记者，“十一跳”发生后，他收到了两封公开信，后一封来自老板郭台铭，慰问员工之外，称会继续努力改进厂区软件、硬件建设；前一封名为《致富士康同仁的一封信》，以富士康科技集团的名义发出，大意是今后员工再发生诸如跳楼自杀等事件，本人或家属绝不向公司提出法律、法规之外过当诉求，要求每位员工均须签字。同时，深圳市公安、劳动保障、卫生、工会等职能部门已组成专题工作组进驻富士康，针对管理模式、企业文化等方面的问题提出多项指导意见和改善建议，并派出心理医生等人员加强对企业员工的关怀工作。

2010年5月26日，富士康负责人、台湾鸿海集团总裁郭台铭从台湾飞赴深圳，揭开危机处理序幕。郭台铭首度开放工厂，全球媒体同时进入富士康大本营——深圳龙华厂采访及拍摄，上午共有200多名台湾、香港、大陆及外籍媒体记者参观富士康部分厂房，期间郭台铭陪同参观。在随后的新闻发布会上，郭台铭向全社会、富士康所有员工和死者及家属表示道歉，并再三鞠躬。同时宣布，此前富士康要求员工签订的所谓“不自杀协议”立即废止。不过他也表示，初步结论认为，跳楼事件与员工天生的个性和情绪管理有关，工厂管理并无问题，并呼吁媒体多正面报道。

2010年5月26日下午，深圳市委书记王荣率该市有关部门负责人来到富士康科技集团，调研该公司连日发生员工跳楼事件。5月26日晚间消息，针对富士康员工跳楼自杀事件，深圳市政府在市民中心举行新闻发布会。深圳市政府发言人李平在会上表示，员工连续坠楼事件涉及员工、企业和社会多个方面的因素，情况比较复杂。

2010年5月26日，国务院台办发言人杨毅在例行新闻发布会上说，大陆各级政府对接连发生的富士康员工坠楼事件高度重视，当地政府、有关部门已组成工作组进入富士康，督促、协助企业查找原因，采取切实有效的措施，做好善后和预防工作。国台办将密切配合当地政府和有关部门，认真做好相关工作。

2010年5月26日23时27分，在龙华富士康科技园C2宿舍楼有人跳楼死亡。尽管富士康科技集团总裁郭台铭25日专程邀集全球媒体，为园区发生的“第十一跳”道歉，并公布了4项实施措施等，但12小时后的“第十二跳”，将管理者和社会的期望残酷击碎。

2010年5月27日4时10分许，龙华富士康宿舍E楼有一男子割脉。

2010年5月27日，中央部委联合调查组紧急启程前往深圳，该调查组成员由人力资源和社会保障部、全国总工会、公安部组成，人保部部长尹蔚民亲自带队。调查组将至少在深圳调查1周。

2010年6月2日富士康宣布，深圳厂区一线作业员6月1日起将获得加薪，幅度超过30%，从900元提升至人民币1200元；6日，富士康宣布再度加薪，若考评合格，深圳厂区一线作业员薪水将由1200元提升到2000元，增幅超过66%。据外电报道，富士康进一步上调薪资，可能对股价造成困扰。

2010年6月4日，《经济参考报》报道说“烟台富士康拒为8万员工缴公积金”，年避交公积金资金近2亿元，引发社会关注。富士康科技（烟台）工业园随即表示，目前已向烟台开发区管委正式报告，确定按照国家法规标准和要求，为职工缴纳住房公积金。

2010年6月8日，据路透社报道，在大陆深圳厂发生数起员工连续坠楼事件，导致10人死亡后，台湾鸿海董事长郭台铭周二表示，企业无法承担太多的社会责任，将把宿舍管理交给大陆当地政府。上午11:52时，鸿海股价重挫4.26%至112.50台币，自5月以来，鸿海股价累积跌幅约26%。

6月12日，国台办发言人范丽青就“富士康坠楼”事件接受记者采访时表示，媒体报道“很多富士康员工抗争”有些言过其实，“对于个别台资企业发生的劳动纠纷，当地政府都非常重视，做了妥善处理。”

6月12日，人力资源和社会保障部副部长张小建表示，对于“富士康事件”，由多个部委组成的联合调查组正在进行调查中，调查结果将向社会公布。针对“富士康事件”，张小建表示，我国整体就业政策不会因“富士康事件”改变，但今后人力资源和社会保障部会引导企业和工会共同处理类似的问题。他说，“连续跳楼不光属于劳动关系层面的问题，其中还有企业管理、青年人心理等问题，有人还说媒体的报道导致自杀情绪传染。”

沸沸扬扬的富士康事件，最终将由人力资源和社会保障部、全国总工会、公安部等多部门组成的部委联合调查组赴深圳富士康进行调查的结果盖棺定论。在整个危机公关过程中，富士康经历了一场惊心动魄的磨难！

——摘自品牌中国网（http：//pr. brandcn. com）

二、案例思考

1. 富士康“跳楼门”为企业的发展带来怎样的启发？
2. 富士康“跳楼门”事件的解决，从哪几个方面体现了危机公关的原则？
3. 在公关危机中，企业应如何及时地与员工进行有效沟通？

第八章

公共关系广告

学习目标

通过本章学习，了解公共关系广告的含义，分清公共关系广告与一般商品广告的差别，认识公共关系广告在公共关系活动中所起的作用，掌握公共关系广告策划的一般方法。

第一节　公共关系广告概述

一、公共关系广告含义

公共关系广告是指组织为了提高自身的知名度和美誉度，树立良好的组织形象，有计划地通过传播媒介以付费的方式向公众宣传有关组织的信息，密切组织与公众的感情联系的一种活动。

公共关系广告，目的不是直接推销产品，而是希望人们接受组织的观点，以此影响公众态度，树立良好形象。所以公共关系广告也被称为形象塑造广告。

二、公共关系广告类型

商业广告一般分为推销商品广告和塑造形象的公共关系广告。公共关系广告大体上分为以下类别：

（一）组织形象广告

主要是介绍组织各方面的情况，目的在于树立组织的明确的形象，它包括以下内容：

1. 宣传组织的价值观念

即把一个组织的价值观念鲜明地表达出来，使它成为一个基本的象征和基本的信念，对内产生凝聚力，对外产生号召力，使组织的形象连同它的观念和口号深入千家万户。

2. 介绍组织的情况

包括生产和技术情况、企业的规模、服务状况、人员素质等。例如日本的日立公司，在做产品广告的同时大做企业广告，宣传日立公司拥有的一流技术、设备及各种管理人才、能为顾客提供全面的服务、在世界各地设有分支机构等。

3. 用艺术手法表现组织的感性形象

通常组织在为自己塑造形象的时候，除了有理性的口号，同时会伴随一些感性的画面，使组织的理念更容易被公众所接受。比如中国银行的一则企业形象广告《竹林篇》：镜头特写一竹节，字幕“止，而后能观”出现，一女子在竹林中冥想、漫步，“竹动”、“风动”、“心动”的字幕接着出现。最后，在一片青绿的竹林之前，我们看到“有节情义不动”的字幕总结。在这则形象广告中，以竹林形象表达中国银行所禀承的中国文化的博大精深和源远流长，给人以极强的震撼和感染。画面构图优美，配乐与音响扣人心弦，加上扼要精练的字幕，体现了中华子孙的民族自豪感。这是中国银行针对新加坡年轻华侨的系列形象广告之一，该系列广告看重于发掘中国银行的企业理念和文化内涵，深深吸引了新加坡重情重义的第一代华商及禀承父业的第二代华商。

（二）响应广告

即组织在某些方面与社区或社会各界有一定的关联性或公共性，响应社区及社会各界的倡议、号召，以求公众的理解和支持。这样做的目的，是要表明企业不仅仅是为自己打算和唯利是图的，而是愿意为社区或社会的整体繁荣作出努力。比如某组织的“热烈祝贺第九届全运会隆重举行”等广告即属此类。

（三）倡议广告

是指以组织名义，率先发起某种社会活动或提倡某种意义的新观念，并以此为主题发布广告。如某组织因响应社会关于环境保护的号召，发起“废旧物品回收”的活动，并以此为内容发布广告。

（四）活动类广告

组织通常组织各种公共关系活动，争取机会显示实力并加强与公众的沟通，为了扩大这些活动的影响，通常会以此为内容发布广告。如为展览会、讲座、会议、纪念活动、体育比赛、赞助等活动所发布的广告。

（五）记事广告

以叙述性的文字，讲述一个组织的发展历史及规模现状，有时像一篇报告文学，但事实上起到了公关广告的作用。这类广告有很强的客观性和可读性，具有较大的吸引力，能以较高的感染力发挥完美组织形象，赢得社会公众的理解和支持。

（六）解释广告

通过媒介发布广告来消除公众的误解。由于种种原因，当企业有关情况被误解时，可以发布解释性、纠正性的广告，以消除误解。比如某品牌的洗发水很畅销，随即市场上就出现假冒仿制的产品，使组织的形象大受损害，这时公司会发布解释广告，向公众介绍识别真假的方法，以消除误解。

（七）征聘广告

通过征聘的方式吸引社会的注意力，扩大组织的影响，借以提高组织知名度的广告，同时给公众造成组织具有一定规模的印象。如征求企业徽记、征求商标、招聘员工等。

（八）致意广告

用广告的形式表达对社会公众的感谢、问候、祝愿等。如春节到来之际，某企业在电视上由总经理带领一群员工“恭贺新年”，这类广告同样能提高组织知名度并增加公众对组织的好感。

三、公共关系广告与商品广告的区别

（一）目的不同

商品广告的目的主要是为了推销商品。而公共关系广告的目的则是为了树立组织形象，协调组织内部公众，促进组织外部公众对组织的了解。比如网球明星张德培给飘柔洗发水所做的广告，电视画面中张德培把头发一甩，自信地说了一句“头皮，no way”，让人感受到飘柔洗发水的去头皮屑功效，同时利用明星效应引发消费者的模仿行为。该则广告带有明显的促销意义，是典型的商品广告。而典型的公共关系广告像万宝路曾在中国制作的一则贺岁广告片如下：镜头对准了我国茫茫西部大漠和屹立千年的长城西陲——嘉峪关。突然马啼声响，无数身着中国民族服装的马队从各个城门涌入，有如昔日十九路诸侯进见天子。忽然锣鼓声震天动地，城上城下，城内城外，一排排，一行行西部汉子，个个喜气洋洋，正跳起庆祝丰收的锣鼓舞，鼓声愈来愈急，舞步越跳越快，直至高潮，嘎然而止。镜头近90°仰拍，随着一声粗亮豪迈的长啸，城头突然倒挂下无数鲜红的缎带，表达“鸿运高挂”之意。最后在一片欢天喜地的场景衬托下，传来“万宝路恭贺各位新年进步”的广告语。这是公共关系广告中一则典型的企业形象广告。这则广告没有出现任何关于产品本身的内容，传递给公众的是“万宝路”一贯的粗犷、豪迈、不羁的精神内涵，毫无洋味，充满中国本土气息，但同样给人以气度不凡的“万宝路世界”的感觉，万宝路这一国际品牌利用这种本土化的表现形式与中国消费者达成了情感上的沟通，这正是公共关系广告的目的所在。

（二）内容不同

广告的具体内容是由广告目的所决定的。商品广告的目的决定了它的内容主要是介绍商品的性能、特点、品质等方面的优势，而公共关系广告则着重宣传组织的宗旨、实力、目标、措施及表达其感性形象。正如上面所举的两个例子，飘柔洗发水广告着重于表现该洗发水能去头皮屑并带来自信，以产品的性能、品质为表现内容；万宝路的广告则利用中国人所推崇的朴实、善良的精神及对富足安定的追求，把狂放不羁的万宝路精神伴着锣鼓声融入中华民族的文化氛围，使中国人能更深刻地理解和接受万宝路的精神，把万宝路的企业形象深深地印刻进中国老百姓的脑海中，该广告是以其企业精神及感性形象作为广告的表现内容。

（三）沟通对象不同

商品广告一般以明确的目标市场作为沟通对象，而公共关系广告通常以较为广泛的相关公众为沟通对象。如上文飘柔洗发水广告以明星张德培作为广告的中心人物，对这一人物较为崇拜或欣赏的群体是少年人和青年人，这两个群体是该广告的主要沟通对象，少年和青年比较喜爱运动，热衷社交活动，干净、清爽、有活力及自信的形象是他们所需要的。该广告通过张德培来展示这一形象，并告诉这一目标市场没有头皮屑是自信心的保障，对目标市场有极强说服力，诱导他们购买该产品并获得明显的销售效果。上文中万宝路的贺岁广告运用独具我国民族特色的形式，以黄土高坡、憨厚的汉子、奔腾的鼓点作为表现的重点，还有那无数鲜红的缎带，都迎合了我们中国节日的喜庆气氛，让中国人感到亲切和自然，该广告的沟通对象不仅仅是抽烟的人，而包括了所有正在享受节日的欢乐的人。

（四）表现手法不同

商品广告往往直接表现产品，带有一定的劝说和诱导的作用；而公共关系广告表现较为含蓄，着重于感情的交流，获取公众对企业本身的好感和认同。同样是上文所述的例子，飘柔洗发水的广告除了以张德培作为表现的重点，突出产品的性能和品质之外，产品的外观及品牌名称直接呈现于画面之上，等于告诉消费者：认准这个牌子去购买吧。而万宝路贺岁广告通篇都没有表现产品，只是以宏伟的气魄及喜庆的气氛对公众心理产生震动，把企业形象印刻于公众内心，并不劝说公众采取任何行动，但公众会在适当的时候去采取行动。

（五）广告的效用不同

商品广告注重的是商品当前的市场销售效果，商品广告的有效性主要体现于产品的销售；公共关系广告则着眼于组织的形象和声誉，它的作用随着组织的生存和发展逐渐发挥出来。相对来说，商品广告的效用较为短暂，影响的是商品在某一段时间的销售情况，公共关系广告的效用则较为长远，它的发布使组织形象在公众心目中不断累积并逐渐深化，组织形象的发展是沿续的，企业可以不断推出新产品，但组织形象却不会轻易改变。上文中飘柔洗发水广告的效果体现在看了广告后，热爱运动的男性青少年对飘柔的喜欢程度提高且购买数量增加了，这是由于以前飘柔的产品广告常以女性飘逸柔顺的长发作为诉求重点，所以更多吸引的是女性，而该广告以男性运动明星为形象并以自信心作为诉求中心，很明显地吸引了男性的青少年群体的模仿行为，扩充了飘柔洗发水的消费市场，在短时间之内获取了较好的销售效果。而上文中万宝路的贺岁广告的播出对万宝路产品的销售多少会有些促进，但它更大的效用体现于该广告延续了万宝路不变的精神内涵，虽然把万宝路以往跋山涉水、勇往直前的牛仔换成敲锣打鼓、欢天喜地的中国壮汉，但丝毫没有改变豪情万丈的“万宝路世界”的感觉，反而深刻地体现出该企业对中国文化的理解和尊重，更容易获得中国人民的好感与支持，使万宝路的精神内涵更长久地根植于神州大地。

第二节　公共关系广告策划

一、公共关系广告策划的原则

虽然公共关系广告有不同的类型，但开展公共关系广告活动时遵循的原则应该是一致的。

（一）实事求是的原则

实事求是是公共关系工作中的基本原则，策划公共关系广告时同样应该遵守。只有实事求是，才能保证信息传播的客观真实。组织要通过公共关系广告宣传扩大知名度，树立组织的良好形象，就必须说实话、办实事；如果宣传的内容失真，那只能是搬起石头砸自己的脚，塑造虚假的组织形象最终会使组织形象受到更大的损害。

（二）力求创新的原则

在现代社会生活中，到处可见广告的踪影，每天都有不少的广告信息呈现到公众的面前。从公众的认知心理来看，公共关系广告只有以崭新的面目出现，才能吸引公众的视听。

如果公共关系广告没有创新，可能就会淹没在众多信息中，无法引起公众的注意，更不能让公众了解并记住它的主要内容，从而无法达到预期的目的。

（三）避免商业痕迹过重的原则

公共关系广告应作为组织的公共关系活动的一部分，必须明确公共关系工作的目的，以此指导公共关系广告的策划，不能混同于推销商品的广告，商业味道太浓会影响组织与公众的情感沟通，影响公共关系工作的效果。而一则成功的公共关系广告在宣传组织的同时，也会很含蓄地推动组织的相关商品的销售。

（四）遵守广告管理法规的原则

公共关系广告是组织对社会公众所传播的信息。一则公共关系广告不仅仅是一个组织与公众的关系，它还与社会风气相关，并且与其他组织发生联系，因此公共关系广告必须服从社会对广告的制约，即遵守广告的管理法规。1987 年，国务院发布了《广告管理条例》，1995 年又进一步颁布了《广告法》，对广告提出了规范化的要求，公共关系广告的发布是为了组织树立良好的形象。

（五）遵守社会公德的原则

公共关系广告不能违反广告管理法规，这是理所当然的，而对于社会公德及公众情感同样不能忽视，并应严加遵守和尊重。如果广告中不恰当的信息伤害了公众感情或违背社会公德，那公共关系广告不但起不到应有的作用，而且会降低组织原有的美誉度。麦当劳的公共关系及广告的运作的成功是众所周知的，但该成功的企业也曾做过失败的广告。1997 年第一季度，麦当劳再次创下销售业绩的新高，此时，麦当劳播出了一则幽默广告将业绩远落其他的对手做了无谓的比较。广告内容是一群人正在为麦当劳竞争对手的新连锁店树立形象标志，当大功告成时，所有的工作人员都欢呼雀跃，并举起手中的速食午餐挥舞，而镜头出现他们手中的汉堡、饮料都印着“M”标志。这则广告一播出马上引发公众的质疑：是否麦当劳有必要以对比式广告指名挑战远逊于自己的对手？显然，麦当劳这一举动引发了公众的不满，它对弱小者的调侃与其处于快餐业老大的地位的形象气质不符，违背了公众所认同的社会公德并伤害了公众情感，很快麦当劳停播了这则不恰当的广告，并重新策划公关活动加以弥补。

二、公共关系广告策划的程序

公共关系广告的策划和发布过程，实际上是一次公共关系活动，同时也是一次广告活动。公共关系广告的策划符合一般广告策划的规律，又兼具公共关系活动的特点。

（一）开展调查活动

一般广告调查是通过收集市场从生产到消费过程的有关资料，同时深入了解消费者的需求，经过分析研究，确立广告对象、广告的诉求重点、广告的表现手法和广告的活动策略。针对公共关系广告策划所开展的调查偏重于了解组织面对的公众的文化程度、感兴趣的问题、消费心理动态、对组织的意见或建议、相关组织或竞争对手的现状及发展趋势，具体的调查方法可参照公共关系的调查研究。

（二）确定公共关系广告目标

没有明确而又正确的广告目标，广告运动即使开始，也必然走向失败。在对市场、产品、消费者等进行调查分析后，就需要为公共关系广告确立广告目标。

1. 广告目标的作用

（1）协调宗旨的作用。广告活动是一项需要靠协调维持的工作。协调工作的目的，是确保所有涉及广告活动的单位和个人都能够相互配合地工作，所以这一协调必须有明确的宗旨。广告目标的确立，就为广告活动的协调工作提供了这样的宗旨。以广告目标为宗旨进行协调，才有可能保证涉及广告工作的所有单位和个人可以有条不紊地协同工作。

（2）决策准则的作用。广告策划是一系列决策和行动的过程。广告决策过程必须以一定的准则来限制，用此准则来判断决策是否恰当。广告目标的确立正是为广告决策提供了这一准则。每一项决策都以总体广告目标为准则，由此确保整个广告活动的顺利进行，最终实现广告目标的要求。

（3）评价依据作用。对广告效果的评价必须以其是否完成广告目标的要求为依据。如果没有明确广告目标，那热热闹闹地开展广告活动后，也无法评价它达到了什么效果。因此，广告目标不但是明确的，并且是可以测定的，而且还能化为一系列具体目标，以指导每一项具体的广告工作步骤。只有这样才能将广告活动结果同广告目标相比较，对广告活动效果做出准确评价。

2. 公共关系广告目标的分类

作为组织开展公共关系活动而策划的公共关系广告，可根据该次活动的目标来确定广告目标。公共关系广告的具体目标大致有以下四种：

（1）传播组织信息。把有关组织的信息传播给公众并加深公众对组织的了解；

（2）联络感情。通过播放公共关系广告增加公众对组织的信任和好感；

（3）改变公众态度。当公众对组织存在偏见时消除公众对组织的误解；

（4）引起公众行为。公众接触公共关系广告后可能产生购买行为。

3. 公共关系广告目标的要求

（1）符合组织的总体目标及营销要求。公共关系广告目标必须在组织理念的指导下作出，使广告能配合组织形象塑造的整体目标。

（2）清楚明确，可测量。公共关系广告目标的确立必须清楚明确，同时必须可以被测量，使组织能准确评价广告的效果。可测量不一定是严格要求广告目标定量化，而是要求广告目标具有可以比较的性质。

（3）切实可行，符合实际。公共关系广告目标虽然主要由广告主来确定，但因广告活动是集团与个人相互协调的产物，所以要求广告目标必须切实可行，保证广告活动顺利进行。

（4）能够被组织各部门所接受。公共关系广告活动是组织形象塑造的一个组成部分，为配合组织形象塑造，公共关系广告目标必须被各部门所接受，才能让公共关系广告与其他部门的活动相协调。

（5）要有一定弹性。公共关系广告目标必须明确，才能指导整个广告活动。但客观环境变化会对广告运动有所影响，为配合组织形象塑造，广告目标可能会做适当调整。

（6）能够被分化为一系列具体广告活动的目标。广告活动是由一系列具体的广告活动组成的，每一项具体的广告活动都需要一个具体的目标来指导。所以广告目标若要发挥其指导整个广告活动的作用，就必须能分解为一系列广告的具体目标。

（三）制定公共关系广告预算

一般情况下，广告投入与广告效果是成正比的，许多知名的组织形象或品牌形象是靠广告堆砌出来的。著名的P&G公司，早在1913年就是美国最大的广告主，至今仍是全球头号广告主，每年广告费用达几十亿美元，该公司形象的成功塑造与大量广告费用投入是分不开的。从世界知名企业的经验来看，做广告没有相当的广告费支撑是不可能取得多大效果的。

当然，广告的成败不是光由广告经费的多少决定的，更重要的是广告的策略、创意以及表现的策划是否成功，还要看是否正确运用媒体。

舍得花钱做广告并非是优秀的广告主，而会花钱才是广告主的成功之处。“康师傅”的“留言袋”广告活动，很好地体现了这一原则：在一段很短的时间内，北京大学、中国人民大学等几所高校的每一间学生宿舍的门口都出现了“康师傅”留言袋。这只小小的“留言袋”给了我们重要的启示。首先它进行了正确的广告定位，抓住了重点目标市场，即占方便面市场消费30%的高校学生；它的媒体选择也相当独特，容易吸引注意力，提高重复率及记忆度。该次公共关系广告以极低的成本达到了极好的效果，在学生群体中强化了组织形象及产品形象，同时与学生做了极好的情感沟通，让学生觉得“康师傅”每天都和他们在一起，并关心着他们。

1. 公共关系广告预算原则

如何编制广告预算，框算出多少广告费总额才算合理，一般没有统一的标准。广告预算多了，易造成浪费；少了则会影响必要的宣传。为使广告预算符合广告活动的需要，在制定广告预算时，可考虑以下三条原则：

（1）预测。通过调查，对广告任务和目标提出具体的需要，制订相应策略，从而较合理地确定广告预算总额；

（2）协调。把公共关系广告活动与组织形象塑造结合起来，以取得形象统一的传播效果，同时实施媒体组合，使各种广告活动紧密配合，合理分配广告费用；

（3）控制。根据公共关系广告的目标，合理、有控制地使用广告费，及时检查广告活动的进度，发现问题并及时调整广告计划。

2. 公共关系广告预算方法

公共关系广告是公共关系活动的其中一个类型，但同时又是组织开展广告活动中的一部分。广告界通常有多种方法来为组织做广告预算，公共关系广告的费用预算同样也借鉴这些方法，以下介绍其中几种。

（1）销售额百分率法。这种方法以一定期间内销售额的一定比率，计算出广告经费。销售额百分率计算比较简便，但较呆板，不能针对市场变化对广告费做调整。一般情况下，组织的知名度提高了，产品销量扩大了，可适当减少广告费，否则必须增加。但由于此法简便易行，不少企业乐于采用。

（2）销售单位法。具体公式为：

$$广告预算=\frac{上年广告费}{上年产品销售件数}\times 本年广告计划销售件数$$

这是以每单位商品摊分的广告费来计算的。每单位商品分摊的广告费，可以依据实际需要调整，或增或减。

（3）目标达成法。此法是根据企业的总体目标及某一时期的营销及公关目标，具体确立广告目标，再根据广告目标的要求而采取的广告活动策略，计算出这些广告策略所需要的费用。这种方法更适用于公共关系广告预算，因为公共关系广告所要达成的目标往往不能简单地用一段时间内的销售量来衡量。科利的 Dagmar 法中把广告目标分为：知名→了解→信服→行动等四个阶段。越走向高层次，越需要广告的支持。如果以其中某一阶段为公共关系广告目标，那就要决定达到这一目标所必需的各项广告费用，包括广告的内容、范围、媒体、频率及时限等。比如，为了增加商品的知名度，就要扩大广告的收视（听）率。假设广告目标设定要增加 10000 名妇女看到广告，经调查计算出每增加一个妇女视听广告平均要花 1 元钱，1 个月预计重复 10 次，则每月广告费为 10 万元。计算公式为：

广告费 = 目标人数 × 平均每次广告费用 × 广告次数

由于目标达成法是以广告目标来决定广告预算，而广告目标明确，因此便于检验广告的实际效果。但应注意，在决定广告预算时仍应参考运用销售百分率法，考虑企业本身效益，使预算切实可行。

（4）竞争对抗法。此法是按照竞争对手的广告费来确定本组织的广告预算。即整个行业的广告费数额越大，企业的广告费也越大，反之越小。此法是把广告作为商业竞争的武器实行针锋相对的策略。采用该方法的都是财力雄厚的大企业，当竞争对手也和自己实力相当时可能采用该方法。竞争对抗法有两种计算公式：

$$\text{广告预算} = \frac{\text{对手广告费总额}}{\text{对手市场占有率}} \times \text{本企业预计市场占有率}$$

$$\text{广告预算} = (1 \pm \text{竞争企业广告费增减率}) \times \text{上年广告费}$$

竞争对抗法不只限于设定广告费，也可用于广告活动策略上，如媒体运用和诉求方法等。当此法用于广告预算时常会造成较大浪费，争议较多，因而较少采用。

（5）支出可能额定法。这是一种适应组织财政支出状况的方法。它按照组织财政上可能支付的金额，来设定广告费的预算，并根据市场供求变化及组织的名声情况灵活加以调整。

（6）任意增减设定法。依据上年或前段时间的广告费，将其任意增加或减少，以此设定本期广告预算。此法在设定广告预算之初是任意决定的，但以后可根据市场需要和企业财政能力，逐渐加以修正，以达到一定的广告目标。这种方法虽然不是很科学，但计算简便，适用于小规模的组织或临时广告开支。

3. 公共关系广告预算分配

在框定广告预算总额之后，就要针对广告运动的各项要求，将广告总预算分摊到各个广告活动项目。

广告预算分配所考虑的项目有以下几个：

（1）媒体间分配。广告所使用的媒体不同，其广告费用、广告设计及广告表现手法也不一样，不同媒体的配合运用，其广告效果也不相同。因此，广告计划必须选择广告媒体，并制定媒体的使用策略。媒体间的广告费用分配，是根据广告的媒体使用策略来划块分配的。

（2）媒体内分配。这是指同一类型媒体内的广告费分配。比如说：在报纸媒体方面，选择哪一家或哪几家，费用多少；电视选择的是哪一台或哪几个台，费用多少，等等。

（3）时间分配。长期的广告活动计划有年度广告费的分配，而年度广告计划中又有对季度、月度的广告费分配。另外还须留部分作机动费用，以应付特殊情况下的广告支出。

（4）地域分配。如果广告活动涉及到不同地理区域的，还需根据目标市场的各种情况进行区域的摊分。

（5）广告对象分配。进行公共关系广告活动必须要区分各种公众，并按照不同的公众类型进行广告预算分配。如某生产企业在进行公共关系广告活动时，可能要考虑对经销商公众的广告预算、对消费者公众的广告预算等。

（四）公共关系广告的策略选择

“说什么”将决定广告的成功与否。制定广告策略是整个广告运动中最重要也是最关键的一个步骤。广告策略能将品质上相差无几的各种品牌区分清楚，也能将生产服务类型相似的组织区分开来。广告正是公众区分各种品牌及组织的主要途径。而定位、品牌形象（组织形象）、消费心理和文化差异通常是制定广告策略的着眼点。

1. 广告定位策略

“艾飞斯在出租车行业只是第2位，我们会更加努力。”

“肯德基是炸鸡专家。”

以上两句话都是关于企业的定位。定位的基本方法，不是去创造某种新奇或与众不同的事项，而是发掘已存在的东西并重新组合一些已存在的相互关系，目的是在公众心目中得到一定的地位，使组织能存在于公众心中。美国广告大师大卫·奥格威认为，广告活动的结果不在于怎样规划广告，而是在于把商品放在什么位置，对于着重塑造组织形象的公共关系广告而言，定位则是把组织形象放置于社会或市场中的什么位置。

广告定位策略又有市场定位策略、商品定位策略和角色定位策略等多种战术形式。

（1）市场定位——抓住目标。市场定位是市场细分策略在广告中的具体运用。根据消费者需求的差异性，按照一定的因素，将整体的消费者群体划分为一些类似的、有关联的子体消费者群，称为市场细分。公共关系广告同样也可以运用这种战术，与营销商品广告做完美的配合。例如百事可乐提出的“新一代的选择”的口号，也就是把自己的目标消费者定位为新一代的人——青少年，同时配合强有力的公关及广告措施，把喝可乐的人群进行细分，有效地获得了青少年一代对该企业的支持与认同，并在青少年群体中获得较好的市场销售效果，树立了企业的独特形象。

（2）功能定位——凭借产品特色取胜。在广告中突出商品的特别功效，使该商品在同类商品中有明显特色，以增强产品的竞争力。从组织形象塑造的角度，功能定位同样可以作为公共关系广告的广告策略，比如IBM公司所提出的“IBM就是服务”，很好地塑造出IBM公司全方位服务的形象。

（3）角色定位——认识自我。企业无论大小、强弱，都在市场上扮演着某种角色。由于角色不同，其所采取的姿态也不相同。角色定位是指一个企业正处于市场或社会中的何种位置，正扮演什么角色，该摆出何种姿态，才能得以生存和发展。比如前面所提到的艾飞斯出租公司对自我角色定位是市场中的“第2位”，而肯德基自我定位为“炸鸡专家”，这两个清晰的形象，都获得了公众的认可。

2. 品牌形象策略

品牌形象即品牌个性。当今市场商品越来越趋于同质化，因此，“品牌个性”尤为重要，正如一个有个性的人容易被人认识和记忆，品牌及企业同样如此。在历史上的众多人物中，拿破仑、卓别林、邱吉尔、毛泽东等人的特征，任何人一看都可认出，这是因为他们独特的个性与形象已深刻地印刻在历史的长河中，经久不衰。也只有那些具有独特个性的品牌与组织，才容易在市场中生存下来。

广告的“品牌形象”观念由大卫·奥格威在20世纪60年代中期率先提出，并被广泛接受。一个成功地塑造自身品牌形象的典范是美国的“万宝路”，这个品牌与企业被全世界大多数国家与地区的人所熟悉，“万宝路”以马和西部牛仔为品牌形象塑造，经久不变地表现其自由、奔放、野性和帅气的个性，使社会公众容易认定，并在感情上产生偏好。

“品牌形象”的塑造通常有两种模式：

（1）人格化品牌形象塑造。这是为品牌或组织增加一种特别的附加值，把某种类型的公众群体的气质、性格象征着某种品牌或组织的手法，使某些特定群体对该品牌或组织产生心理上、精神上的贴近感，产生自我认同，在品牌中寻找自我，使该群体长久地拥护该品牌或组织。上文中所提及的“万宝路”正采取这一策略。

（2）时事性品牌形象塑造。这是企业针对社会各个历史阶段、时期所发生的重大事件和议论焦点，及时将自己的态度、立场和观念融进去，并加以传播。这通常是一种短期广告策略的运用。时事性问题往往与整个社会、民族、人类的切身利益密切相关，容易引发公众关注，而组织的广告诉求内容如果与这些事件发生联系，并提出一定的号召和倡议，很容易获取公众对组织的关注与支持。

当然，不管是何种塑造模式、品牌形象都不一定是一个具体的实象，它可以运用其他方法来塑造，甚至可以是一种抽象的感觉形象。著名的“香奈尔五号”，使用电视广告影片中蓝天上的金光来塑造一种抽象的感觉，令人觉得“香奈尔五号”具有一种蓝天金光的奇幻形象，用过它的女人会把自我融入这种奇幻感觉中。

3. 广告心理策略

一位广告大师说过，科学的广告是依照心理学的法则。在广告策划中适当地运用心理学原理，以说服大众。

人们从接触广告到采取购买行为的一般心理过程，可以归纳为AIDMA公式，即注意（Attention）、兴趣（Interest）、欲望（Desire）、记忆（Memory）、行动（Action）。广告的作用与人的心理活动密切相关，这五个步骤某个环节中断了，广告的效果将大受影响。广告中常用的心理学原理有需要、注意、联想、记忆等。

公共关系广告不仅在于引起注意和记忆，而是希望把握公众心理，运用各种诉求来说服公众购买产品或服务，并对企业产生信赖感，接受并支持企业。因此，广告如何能有效地解除公众的心理戒备，为公众所接受，甚至让公众感动、引起共鸣，已成为广告心理策略的核心问题。

由此看来，公共关系广告应重视公众的精神需求，利用现代人的生存压力、紧张的生活所导致的“心理荒漠”和“情感失落”，和公众多做情感上的沟通，使人们产生强烈的心理共鸣，从而认同并接受企业及相关产品和服务。

1996年“爱立信”推出三部企业形象广告片——《父子篇》、《矿工篇》、《代沟篇》，这三部广告片没有使用复杂的技巧，只是通过对人们生活实态的描述，表达了以下的意念：“电信沟通，心意互通”、“沟通就是关怀”、“沟通就是爱”、“沟通就是理解”。这三则不像广告的广告一下子缩短了“爱立信”与公众的距离，同时公众可以从中看到自己的真实生活，并作出深刻的反思，具有良好的社会效益。

4. 广告文化策略

百事可乐曾借用过雨果《巴黎圣母院》中一段几乎尽人皆知的情节：爱丝美娜达给被

拷打的卡西摩多送水。场景一如我们在影片中所见：一位美丽而富有同情心的姑娘拿起一把木勺给绑在石台上的驼背人送了一瓢水。可广告中的驼背人居然用头一下把水拱翻并摇晃着脑袋表示坚决不受，此时爱丝美娜达不知从哪里摸出一瓶百事可乐递了过去，驼背人马上接过豪饮。镜头打向人群，身着15世纪服装的群众、士兵人手一瓶百事可乐，一起高歌、畅饮。巴黎圣母院的大钟开始敲响。这时公众会觉得是百事可乐给人类带来了平等、博爱和善良，而并非爱丝美娜达的人道精神。

这则广告对观众具有强烈的震撼力及感染力，这种广告策略是通过对经典文化的深刻领悟，将之融合到消费文化中，这种广告策略就是广告文化策略。

市场竞争越来越激烈，公众对广告的说服也表现得越来越理智，隐蔽的“文化竞争”的强大作用使广告文化策略在广告创作中显得越来越重要。国际广告界流行这样一句话：“国际主题，本土创作”，意即国际广告的主题应当深入本土文化中，寻找具有本土特点的表现形式。“爱立信”的三部形象广告所获得的成功正是基于对中华民族传统伦理文化的深刻理解与领悟，从而轻易拨动中国公众的心弦，获得情感上的共鸣。

广告文化策略可以弘扬民族文化，但并非拘泥于传统，定格于“古董”式的生活，而是追求一种民族文化气质。深刻的文化内涵的发掘是广告文化策略运用的侧重点。

（五）公共关系广告表现技巧的选择

当广告主题“说什么”确定后，接下来就是“怎么说”的问题，即如何表现主题。

一般常用广告表现技巧有以下几种：

1. 直陈式表现

即直接在广告中说明产品的特点、用途、功能等，或者直接介绍企业的规模、生产技术力量等。

2. 故事式表现

通过一个吸引人的故事来表达与产品或企业相关的信息。

3. 比较式表现

将自己的产品或企业与同类产品或企业相比较，或与自身以前情况做比较，得出结论，表明本产品或本企业的优势、特点。

4. 实证式表现

通过实际验证产品的性能、质量或产品的获奖情况及公众对产品或企业的赞誉，从实际效果上证明产品的品质及企业的信誉。

5. 示范式表现

通过向公众展示商品使用过程及使用商品后给消费者带来的便利来表现商品的作用、功能、用途和效果。

6. 幽默式表现

通过幽默的人物或情节来宣传产品或企业，使公众轻松愉快而又深刻地接受广告信息。

7. 悬念式表现

根据产品或服务性质制造一定悬念，让公众在好奇状态下探究广告信息，使公众能主动去寻求广告信息，获得较深刻的印象。

（六）选择媒介投放广告

一则广告信息要发布出去，就得依靠媒介，在选定广告策略的同时就已开始做媒介投放的计划。

选择广告媒介一般考虑以下因素：

1. 根据公共关系广告的对象进行选择

此时应考虑公众的文化程度和经济状况、生活习惯等因素。

2. 根据传播的信息内容来选择

如果只需用文字表达且内容较复杂，适宜选择印刷类媒体；如果需形象生动地展示，电视则是较好的选择。

3. 根据传播媒介本身特点来选择

媒介本身的特点会影响公众对信息的接受。

4. 根据组织经济能力来选择

不同媒介开支的经费差异很大，因此要量体裁衣。

只有把设计制作好的广告按合理的媒体计划投放，才能获得更好的效果。

第三节　公共关系广告测评

对公共关系广告的效果测评，就是去测量广告的沟通效果、经济效果和社会效果。沟通效果就是对广告的认知及态度变化方面的可能效果；经济效果是指广告促进商品销售、服务销售和利润增加的程度；社会效果则是广告的社会教育作用。

通常对广告的社会效果较难测评，本节着重阐述广告沟通效果和销售效果的测评。

一、公共关系广告沟通效果的测评

沟通效果是公共关系广告效果的重点体现，对沟通效果的测评，可以从三个方面进行：知觉、了解、反应。

（一）对知觉效果的测评

对公共关系广告所产生的知觉效果的测评即测定人们是否知晓广告所传达的信息，广告信息是否被公众所知晓，往往决定广告的成败。

测定“知觉”的主要方法有4种：

1. 是或否的封闭式问题

例如：你听过太阳神公司吗？是——，否——；这种方法能得到最基本的知晓材料。

2. 开放式问题

例如：你知道太阳神公司的主要产品是什么？

3. 核对表问题

例如：下列哪一个标志是太阳神公司的商标。

4. 评分量尺

例如：为以下例举的所有企业评分。

知觉测评通常可以用信函、电话访问或现场快速作答，较容易获取结果。

（二）对了解效果的测评

该项测评主要了解公共关系广告投放后，公众对广告中的信息是否能看懂，公众从广告上所得到的信息是否与广告主希望得到的信息相同。

对“了解”的测定，通常以播放或描述广告传达的信息去询问公众，把公众的答案与广告所陈述的目标相对比。

（三）对反应效果的测评

该项测评是对公众对广告的反应程度所做的测评。即公众如果已知觉并了解广告，他对广告的反应会如何？最常见的测定是确定受访者在看过广告之后，是否会被说明而改变他们对某品牌或企业的态度或行为。公众反应程度一般分为4个阶段：记忆、喜欢与态度改变、偏好、购买行为。

1. 记忆

测定广告的“记忆”效果，有再认测定及回忆测定两种。

（1）回忆测定法：直接询问受访者，是否记得最近看到或听过有关某类产品的广告，而不给他们线索、提示。

（2）再认测定法：给受访者某些线索以帮助其回忆。

2. 喜欢与态度改变测定

喜欢表示公众对某产品或企业存在肯定的感觉和印象。测定“喜欢”的一种方法，是请公众在某系列品牌中选出几个可接受品牌。

3. 偏好

偏好表示，如果一切条件相同，消费者可能会购买某品牌。在创造产品偏好中，如果广告占主要因素，那无论有无实际销售成果，广告也被认为是成功的。

4. 购买行为

这是一个难以测定的概念。一般将购买意图作为广告成功的重要指标，即测定广告是否使公众转换了品牌选择。

如果要清晰地知道该次广告的沟通效果如何，最好在广告前后分别对知觉、了解、反应做调查，把前、后两次调查的数据做对比，就可清晰了解该次广告的沟通效果。

二、公共关系广告销售效果的测评

公共关系广告的直接目的不是推销商品，但在树立企业形象的同时，对销售效果必然产生影响。对其影响如何测评，可以用销售费用率、费用利润率和市场占有率提高率等方法进行分析。

（一）销售费用率

为了测定每百元销售额支出的广告费用，可以采用销售费用率这一相对经济指标，表明广告前与广告后销售额之间的对比关系。为了测定广告后增加的销售额，可以进一步计算单位费用销售增加额，表明每元广告费与广告后销售增加额之间的关系，更为实际地反映广告经济效果。公式如下：

$$\text{单位费用销售增加额}=\frac{\text{本期广告后销售额}-\text{未作广告前平均销售额}}{\text{本期广告费总额}}$$

（二）费用利润率

与销售费用率相对应，可采用费用利润率、单位费用利润率和单位费用利润增加额3个相对经济指标，测定广告费支出后产生的经济效益。公式如下：

$$费用利润率 = \frac{本期广告费总额}{本期广告后实现利润总额} \times 100\%$$

$$单位费用利润率 = \frac{本期广告后实现利润总额}{本期广告费总额} \times 100\%$$

$$单位费用利润增加额 = \frac{本期广告后实现利润总额 - 本期广告前实现利润总额}{本期广告费总额} \times 100\%$$

（三）市场占有率提高率

市场占有率，是企业生产的某种产品在一定时期内的销售量占市场同类产品销售总量的比率。公式如下：

$$市场占有率 = \frac{本企业产品销售量（额）}{同行同类产品销售总量（额）} \times 100\%$$

$$市场占有率提高率 = \frac{单位广告费销售增加量（额）}{同行同类产品销售总量（额）} \times 100\%$$

除以上方法外，组织还可以将单纯做商品广告时的情况与增加了公共关系广告后的情况做比较，以检测公共关系广告的效果。

思考练习题

1. 什么是公共关系广告？
2. 简述公共关系广告的分类。
3. 公共关系广告与商品广告的区别是什么？
4. 构思公共关系广告应考虑哪些因素？

案例分析题

［案例 8—1］　商场竣工敬告“上帝”

一、案例介绍

某商场在《长江日报》上刊登了这样一则广告：为庆贺本商场竣工，特开展有奖征集顾客意见活动。凡在本商场购物受冷遇的顾客，可到总服务台投诉，经核实将立即向受冷遇的顾客赔礼道歉，并当场向顾客颁发一定价值奖品。如顾客能够就商场的经营管理、服务方式、服务态度等方面提出有价值建议，商场将给予奖励。

——摘自黄荣生《企业公共关系》，中国商业出版社

二、案例思考

1. 这则广告属哪一类广告？
2. 这则广告的目的是什么？你认为能达到吗？
3. 这则广告符合什么原则？

[案例8—2]　可口可乐“广告门”

一、案例介绍

在西藏“打、砸、抢”事件后不久，有网民在互联网上贴出图片表明，可口可乐公司新的广告海报在德国一个火车站上出现，3名僧侣乘坐一辆过山车，配以“梦想成真”（Make It Real）的标语。这名网友形容广告中的3名僧侣便是代表西藏喇嘛，而过山车代表自由，“Make It Real”则代表“实现西藏自由”。大批网民支持该网友的说法，誓言从此不碰可口可乐。

可口可乐发布的声明称，该广告是2003年德国推出的一组主题为“Make It Real”（中文为“勇于尝试”）的系列营销广告之一，旨在鼓励人们勇于尝试新鲜事物，感受生活的快乐，没有任何干涉政治与宗教事务的含意，目前该广告已经撤下。但网友认为，即使可口可乐的广告是“被误解”的，不良反应却已经形成。企业为了迎合某一地区的消费者，而伤害另一个地区的消费者，这是营销策略的失败。同时有网友质疑，按照可口可乐营销主题的节奏，2003年的广告活动不可能一直延续到2008年。

——摘自红网（http：//hn. rednet. cn）

二、案例分析

1. 如何看待可口可乐的“广告门”？
2. 可口可乐的“广告门”的案例给你什么启发？

第九章 公共关系的社交语言艺术

学习目标

公共关系语言是指在公共关系活动中用以传递公共关系信息的符号系统，是公共关系活动最重要、最基本的工具之一。社会组织为了达到自身更好的发展，需要经常不断地与公众进行信息沟通活动，在这一过程中，语言的参与起着重要的作用。在公共关系传播中，公共关系人员只有掌握了良好的语言艺术，才能引起公众的注意，形成互相理解、互相协调、互相支持的良好氛围，产生最佳的社会效应。

第一节 公共关系辩论的语言艺术

辩论是甲乙双方对同一事物的是非之争。也就是说，辩论是彼此为了证明自己观点的正确，为了说服对方而在语言上的直接对抗。积极的辩论是为了寻求真理或共同的目标而进行的思想正面交锋和语言上的直接对抗。辩论不仅可以锻炼思维，还会增强认识事物的客观性，避免认识偏颇。

公共关系人员为了各自组织的利益，争辩是难以避免的。辩论能力是公共关系工作人员必须具备的能力之一。成功的辩论绝不是一般意义上的唇枪舌剑，而是集品德素养、文化底蕴、知识结构、思辩能力、心理情愫、语言功力、仪表仪态为一体的全方位的检验和较量。

一、辩论的类型

（一）日常辩论

是指人们在生活中随时随地、即兴发生的争辩。人们在日常生活中很多情况下想要说服别人和辩清问题，通过辩论，可以达到真正的思想交流。

在进行日常辩论时，要注意以下几点：

1. 平和自然

日常辩论不能过分突出辩论的特色，辩论的态度要尽可能平和自然，语气要与交谈的气氛融为一体，与交谈的形势密切配合。

2. 委婉有度

在进行论证和反驳时，不要简单直接地辩说问题，要讲究委婉。此外言辞要讲究分寸，既使对方感受到其中的分量，又避免刺痛对方，造成尴尬的局面。

3. 轻松幽默

人们通过日常辩论说服对方，进一步交流思想和感情。因此应该轻松愉快，幽默随和，尽量化解辩论可能带来的对抗性气氛。

4. 避免进行论战

在辩论过程中，应避免感情用事，激烈的论战是有违交谈的初衷的。

5. 以礼待人

辩论虽然要求语言具有力度，但不能只顾自己说话痛快而不管对方能否接受。因此，辩论中一定要注意礼貌和礼节，做到言语温和，通过摆事实、讲道理，取得共同认识，引起感情共鸣。

6. 点到为止

日常辩论是一种非正式的社会交往，言语的应用比较随意。但值得注意的是以将问题辨析明白为目的，不可言词过多，节外生枝，避免产生不愉快的情况。应该做到说话适度，点到为止。

（二）专题辩论

是指在专门的场合下进行的有特定议题的辩论，如各种谈判中所发生的辩论，还有很多国家总统竞选中的“电视辩论”节目等。专题辩论时，要运用客观材料，通过摆事实、讲道理，论证己方观点，反驳对方观点，争取到有利于己方的结果。

（三）交往中的辩论

涉外交往是指不同国家的人之间的交往，由于不同的国家在传统文化、意识形态、观点立场等方面的不同，往往存在着分歧与冲突。因此，辩论是涉外交往中必不可少的一环。涉外辩论中的观点必须与国家政策一致，并且在辩论过程中注意讲究策略。应注意以下要求：

1. 维护国家尊严

在辩论中，时时刻刻注意自己的言行，坚决维护国家尊严。

2. 熟悉习俗

充分了解、熟悉和尊重不同国家、地区和民族的风俗习惯，避免触犯禁忌。

3. 机智灵活

机智的语言能为辩论创造一个轻松愉快的氛围，也有利于在关键时刻摆脱尴尬的局面。

二、辩论的语言技巧

辩论是一种应变性极强的语言表达艺术。辩论的语言应该根据事态的发展和情况的变化，不失时机地灵活应对，以达到据理力争，稳操胜券的目的。

（一）论点鲜明、论证严谨、论据真实可靠

1. 立论是辩论的灵魂

立论不当，或论点模糊，势必会影响辩论的效果；而立论科学合理，考虑周详，论述者自然理直气壮。

2. 论证要结构严密，逻辑性要强

辩论中论证一般采取如下方法：归纳复述对方结论的大致思路与理由，指出其错误与偏颇之所在；找出对方言谈中的漏洞与失误，并予以分析批判；揭露对方判断、推理中的逻辑失误，否定其结论；用对照式说明，使对方的错误与己方的正确形成鲜明的对比；用众所周知的事实，证明对方之错误，己方之正确。

3. 要以事实材料为基础

为了更清晰地论证自己的观点和立场的正确性，在辩论时要做到任何一个观点都建立在事实材料的基础之上，尤其是引用的客观材料必须真实充分，既不能夸大，也不能缩小，更不能无中生有，断章取义，应该能够充分说明论题。论据与论题之间必须存在着合乎逻辑的必然联系，而不能违反逻辑规则。

（二）把握分寸、注意尺度，不可伤害对方的自尊心

辩论语言的应用要特别讲究攻守的分寸性。攻，要恰倒好处，不能一击致命；守，要优雅得体，不能一躲了之。辩论时，应掌握好进攻的尺度，一旦已经达到目的，就应适可而止，不应穷追不舍，得理不饶人。争辩中以理服人固然重要，但在激烈的辩论中容易给对方造成一种错觉，似乎辩论并非指向他的观点，而是威胁他的人格和自尊。因此，不论辩论双方如何针锋相对，争论多么激烈，双方都必须以客观公正的态度，准确的措辞进行辩论，切忌用侮辱诽谤、尖酸刻薄的语言对对方进行人身攻击。应在以理服人的基础上，做到以情动人，尊重对方的人格和自尊心，才能说服对方而又不伤感情。

（三）限制辩题，分清主次，切中要害

辩论中的语言交锋瞬息万变，因此限定在某一范围之内来讨论问题，防止对方随意延伸、扩展，这样就能争取主动。否则，将会极大地增加辩论的难度，使辩论流于漫无边际的纯粹的论战。

在辩论过程中，要有战略眼光，掌握大的方向、前提及原则。不要在枝节问题上与对方纠缠不休，但在主要问题上，一定要集中精力，把握主动。在反驳对方的错误观点时，能够切中突破口，做到有的放矢。

（四）语言运用得当，表达上机动灵活

辩论的基本功能是阐明事理，因为任何道理都有一定的抽象性，所以辩论的语言生动形象，抽象的道理就会变得通俗易懂。因此在辩论中应当尽量采用明白的语言和形象生动的表现手法，便于人们理解和接受。

在双方进行辩说的过程中，气势也是促成成功的一个重要因素。理直气壮的态度，铿锵有力的语言，能从气势上压倒对方，而使自己辩驳的信心倍增。有自信才能克服怯场，发挥主动性，从而征服对方，击败强手。辩论的过程往往需要根据具体的场合和对象，采取灵活多变的表达方式，否则便难以达到预期的目的，也无法取得理想的结果。

（五）要善于处理辩论中的优劣势

辩论中的优势和劣势可能会相互转化。当我们处于优势状态时，要注意保持优势，借助语调、手势的配合，渲染己方的观点，维护己方的立场。切忌当己方处于优势时，表现出轻狂、放纵和得意忘形。要时刻牢记：优势和劣势是相对而言的，是可以转化的。相反，当处于劣势时，要记住这是短暂的，应沉着冷静、从容不迫，既不可怄气、强词夺理，也不可沮丧泄气、慌乱不堪。在劣势状态下，只有沉着冷静地思考对策，保持己方阵脚不乱，才会对对方的优势构成潜在的威胁，从而使对方不敢贸然进犯。

（六）辩论中注意风度

在辩论中，一定要注意自己的举止和气度。有些行为，比如语调高亢、唾沫四溅、指手画脚，等等，都是没有气质的表现，更无气度可言。辩论中良好的举止和气度，不仅会给人留下良好的印象，而且在一定程度上，可以左右辩论气氛，使之健康发展。

总之，公共关系人员要在辩论中取胜，除了注意一些方法和技巧外，最根本的还是要提高自己的知识水平。知识渊博的人，说理材料丰富，左右逢源，头头是道，更由于其认识水平高，观察、分析问题的角度和深度也都要高出一筹，会比一般人更加准确深刻。因此，公共关系人员要注意提高自身素质和修养，从而提高自己的辩论能力。

第二节　公共关系演讲的语言艺术

一、公关演讲的含义与类型

演讲是指演讲者在特定的时间和场合，面对听众，采用有声语言和态势语言相结合的艺术方法，发表自己对某个问题的意见，抒发自己的情感，以求感召听众的一种交流思想和观点的社会活动。

公关演讲是指公共关系人员为了提高组织的知名度和美誉度，塑造良好的组织形象，争取内外部公众的支持，在特定的时间和特定环境条件下，运用语言艺术，向社会公众发表声明、宣传主张、抒发情感，以感召听众的一种社会实践活动。

公关演讲是一种有演有讲、演讲结合的公关传播活动，以“讲”为主，以“演”为辅。在公关活动中，演讲是较为常用的一种口头人际传播方式。它与以个人身份发表的演讲在性质、目的和内容上有所不同，但在演讲结构艺术和语言技巧等方面没有大的不同。公关演讲按其内容、风格等不同，可以划分出多种类型。

（一）按演讲中准备的情况，可分为有准备演讲和无准备演讲

有准备演讲，是事先做好准备的演讲。无准备演讲就是即兴演讲。

（二）按演讲内容分为政治演讲、学术演讲和礼仪演讲

1. 政治演讲

是代表一定政治思想、政治立场、政治策略和某政治团体利益的一种演讲。政治演讲与其他演讲相比，更带有宣传的成分。它要以自己鲜明而坚定的立场，充实而雄辩的说理来说服、征服或慑服听众，促使听众接受自己所宣传的观点和主张。例如竞选演讲、就职演讲就属于这种演讲形式。

2. 学术演讲

就是运用演讲的方式把专门的、有系统的学问表达出来。学术演讲由于内容比较乏味，特别需要演讲者具有一定的演讲技巧，如语言风趣幽默、穿插与主题有关的名人故事等。论文答辩、学术讲座都属于这种演讲形式。

3. 礼仪演讲

是指在各种社交仪式上当众发表的情感性演讲。其突出特点是诉诸于情感，是一种以抒

情为主，寓理于情的演讲。

（三）按演讲风格划分，可以分为激昂型演讲、深沉型演讲、活泼型演讲和严谨型演讲

1. 慷慨激昂型演讲

这种类型一般适用于政治宣传一类的演讲。特点是语言节奏快，讲话音量的轻重对比强，重要词语反复强调比较多。要求演讲者感情强烈奔放，动作干脆有力，语言明快精练，具有强烈的感染力和说服力，很容易引起听众的共鸣。如闻一多的《最后一次演讲》。

2. 深沉型演讲

这种类型演讲的特点是语言节奏较慢、语调低沉、用词委婉，一般用于凭吊演讲。

3. 活泼型演讲

特点是生动活泼、轻松愉快，一般用于喜庆性演讲。其适中的语言节奏使人感觉轻松，赞扬性的语句令人愉悦，活泼的语言能够激发起听众的兴趣。

4. 严谨性演讲

特点是语言节奏比较平稳，语言精练，逻辑性较强，层次分明，条理清晰。既可以夹叙夹议、层层深入，也可以平铺直叙、单刀直入。一般用于学术性演讲。

二、公关演讲的语言技巧

公关演讲的语言技巧包括口语表达技巧和体态语言表达技巧两个方面。

（一）公关演讲的口语表达技巧

1. 公关演讲的语音艺术

（1）发音和吐字。发音，既指掌握普通话的声、韵、调，又指适当控制音高和音量。声音要随着演讲内容和感情的变化而变化，一味地叫喊会给人虚张声势之感，而一味压低嗓音又给人低沉压抑之感。吐字，指咬字清晰真切、不模糊，这是演讲的一个基本功。

（2）重读。指在说话时，根据需要，用较大的音量和力度强调其中某个词语的发音。重读既可以充分表达语法、逻辑意义，同时又可以表达特殊的修辞作用，如强调、肯定、比喻、对比、特指等修辞风格特征。重读要根据需要选择好重读词语，才能得到好的表达效果。

（3）停顿。停顿是在说话过程中的间歇。停顿是一种表达手段，一个善于演讲的人应会巧妙地使用停顿。停顿可以表示语言的结构关系和层次关系，在句子之间、段落之间使用停顿，可以使语言的结构清晰、层次分明。停顿还可以用来加强语言的表达效果：在比较复杂的问题之后使用停顿，可以使听众借此整理思路；停顿可以表示强调、抒发强烈的感情；有意的停顿还可以引起听众的注意，给听众留下思考的时间。

（4）节奏。节奏不仅指说话速度的快慢，也指抑扬顿挫、轻重缓急、明暗强弱等。处理节奏应着眼于演讲的全过程，根据内容和感情合理地进行配置。另外，还要避免因演讲的时间分配不当造成节奏失调。

（5）语调语气。在演讲中，应根据演讲的基调，充分运用语调的变化表达演讲的主题思想，把听众带进一种相应的情景之中，从而增强演讲的感染力和渗透力。

2. 公关演讲的语言要求

（1）通俗易懂。这是演讲语言的基本要求。演讲的内容对听众来说是过耳即逝、不容细想的，如果语言过分专门化、书面化，甚至晦涩难懂，会直接影响到演讲的效果。因此，

用词要质朴简要，要选用规范化的口语或通用词语；句式要以短句为主，做到结构单纯，易于理解。

（2）准确严谨。演讲由于受口头表达方式的制约，主要是根据一定的逻辑，合理组织安排句子以及选用恰当的词语来形成语言的准确与严谨的。具体应做到：一是音准，不但要慎用同音词语，而且事物的名称运用要准确，不含糊其词，要让听众听清、听懂。二是意准，即准确地表达自己的意思，不含糊，不似是而非，也不能模棱两可，而不使听众产生异议或歧义。演讲要想吸引听众、折服听众，就要有准确的语言和严密的逻辑性。

（3）生动形象。这是进一步增强演讲效果所必须的。它有助于化抽象为具体，使听众更感兴趣。生动形象的演讲能够激发听众的热情，吸引听众的注意力，给听众留下深刻的印象。演讲者要做到形象生动，就要注意运用听众所喜闻乐见的时代语言、群众语言和形象比喻、幽默诙谐的表达等修辞手段。

（4）精练简洁。演讲一般都有时间限制，如果语言复杂、罗嗦，在规定时间内就无法完成既定的任务。如果语言繁复又空洞无物，信息的传递量就更少甚至等于零。所以演讲者必须消除重复及口头习惯语成分，切忌乏味冗长，应做到精练简洁，言简意赅。

3. 演讲的开场白技巧

万事开头难。怎样在演讲的开始，三言两语就能紧紧抓住听众的注意力，给听众留下良好的第一印象，这是一个需要认真考虑、精心策划的首要问题。演讲的开头起着设置气氛、导入主题的作用，应做到主旨鲜明、意境深远、新颖别致。精彩的开场白，是演讲成功的重要因素之一。演讲的开头方法多种多样，下面是较常用的一些开头方法：

（1）开门见山式。不做任何铺垫，开头即简明扼要地讲清演讲的主要论点。这种开头方式可使公众直接明了演讲的主要内容，其特点是明快简洁，能够尽快抓住听众的注意力。这种开头常用于正式会议或严肃庄重的场合发表的演讲。

（2）提问式。以提问开头，是一种最常见的方法。这种“提出问题—揭示答案”的方式，能够紧紧抓住听众的思路，使听众随着问题进行紧张的思考活动，从而促使台上演讲者与台下听众的思想感情交流。

（3）引用式。即引用名言警句或有趣的故事作为开头。引用名言警句衬托主题，可以强化演讲的分量，能给听众留下深刻的印象；引用亲身经历或动人的故事开头，可以迎合大多数听众喜欢听故事的心理，使听众倍感亲切，有效地缩短与听众之间的距离。这种开头方式可以使演讲一开始就具有很强的吸引力。

（4）非语言方式。即演讲者在没有任何预示及听众没有任何思想准备的情况下，突然采用默语或笑声的方式，使听众惊诧和好奇，从而促使听众思想集中地来听演讲。这样的开头往往是为了调整演讲气氛。例如我国著名的革命家恽代英，在一次演讲时，前面已经有几位做过演讲，听众感觉有些疲倦。在这种情况下，他没有直接开始演讲，而是出人意料地“哈哈哈”大笑三声，听众被弄得莫名其妙，先是吃了一惊，随后也跟着哄堂大笑起来。看到听众的精神为之一振，于是恽代英开始了演讲。此外，还有用默语开端的方式，即在演讲之前两眼环顾会场，沉默不语，可以使听众不自觉地安静下来，使听众的注意力高度集中。这时，演讲者可抓住时机，开始演讲。

除此之外，演讲者还可以采用倒述式、比照式、幽默式、悬念式等方式进行开头。演讲者应根据不同的公关目的、不同的场合和听众灵活运用。

4. 演讲主体部分的技巧

(1) 主体结构要得当。记叙式的演讲，其主体结构的方式主要有以下几种：以时间为序；以问题为序；以因果关系为序。议论式的演讲主题结构的方式主要有：并列式、总分式和分总式几种。在运用时应根据具体的演讲目的、场合语境等因素加以灵活调配，使之相得益彰。

(2) 中心要突出。一次演讲，必须突出一个中心思想。要清晰地阐述主要观点，得出强有力的结论。试图在一次演讲中传播许多不同的信息是错误的。

(3) 层次要清晰。如果演讲时结构混乱，层次不清，公众就很难弄清演讲的思路，就会产生厌烦情绪，不愿意听下去。

5. 演讲结尾部分的技巧

演讲的结尾，是演讲成功的最后一步，也是极为重要的一步。结尾的优劣直接关系到演讲的成败。成功的演讲总能在结尾处将听众的情绪推向高潮，给听众留下深刻的印象。

(1) 鼓动感召式。是以情感激昂、富有感召力和鼓动性的语言向听众发出呼吁和号召，促使听众行动起来的一种结尾方式。这种结尾方式可以进一步强化公众的情绪和信念，号召听众按演讲者所倡导的内容去思考和行动。

(2) 对比结尾式。是指演讲者运用对比的方式来结束演讲。对比式的结束语，可以使听众从比较中得到鉴别，更能明辨真伪，具有一种征服听众的力量。

(3) 引用名言式。是演讲者引用名言警句来结束演讲。这种结尾方式可以借助名人效应，给演讲者的思想提供最有力的证明，从而把演讲推向高潮。

(4) 画龙点睛式。指演讲结束时采用精练的语言，将演讲的主题思想进行概括和强化的一种结尾方式。这种方式可深化听众对演讲主题的印象，起到画龙点睛的效果。

当然，演讲的结尾方式还有很多，但要切忌结束时草率收兵或离题千里，也不要画蛇添足，节外生枝，要紧扣主题，达到言已尽而意无穷的效果。

(二) 体语表达艺术

体语是形体语言的简称，是演讲中“演”的部分。体语是演讲中不可缺少的直观性要素，不仅可以积极补充或强化口语表达的理性内容和感情色彩，还可以显示视觉形象的生动、鲜明和具体，起到口语表达所不能起到的直观作用。有一位心理学家提出这样一个表达式：一个信息的表达 = 7% 的语言 + 38% 的声音 + 55% 的表情。可见演讲时动作语言的重要性。

1. 演讲中的主要体态语言

(1) 举止。举止能显示演讲者的风度。走向讲台时，要步履稳健，神态安详，不要东张西望。演讲中，演讲者的身体要挺胸立腰、端正庄重，不要弯腰驼背、左右摇晃。演讲者在台上，应该有一个基本的立足点，并且根据演讲内容的需要，可以在小范围内活动；但不能动得过多过频，否则会给听众以不稳重的感觉。

(2) 眼神。“眼睛是心灵的窗户”，演讲者的目光，在表情达意中具有重要作用。许多成功的演讲家，都把与听众的目光沟通作为重要的手段。如果演讲者目光恍惚游移，呆滞暗淡，听众的注意力必然分散。演讲者的目光应统观全场，炯炯有神，并有节奏有周期地环视听众，与听众的目光接触，这样可以加强与听众的感情联络，引发听众的高度注意和相应情感，并且也可以减轻演讲者的怯场心理。

（3）手势。演讲中的手势不仅能强调、解释演讲的信息内容，而且还能生动地表达有声语言所无法表达的内容，可以说没有手势的演讲，不是真正的演讲。演讲中的手势多种多样，一是情意手势，用来表达情感，使之形象化、具体化；二是指示手势，用来指示具体对象，使听众得到明确的印象；三是象形手势，用来模拟形状物，给听众以具体的感觉。在哪种情况下用哪类手势，应视演讲内容而定。在运用手势时，应注意得当、自然、简练、协调，要富于变化，不要无节制地频繁使用。

2. 运用体态语言时的注意事项

无论采用何种体态语言，都要做到有用、适度和自然。有用是指演讲中无论眼神、手势、姿势都要为演讲整体服务，演讲中的各种动作都应对演讲有辅助和促进作用，无用的动作必须避免。适度是指演讲中的动作必须用得恰到好处，动作的大小、多少都应因人、因时、因地而适度，切不可过分地故弄玄虚，喧宾夺主。自然是指演讲中的动作表现应自然得体，恰如其分，潇洒自如，放收得体，而不是生搬硬套，矫揉造作。

（三）演讲的临场技巧

1. 怯场情绪的调控

调节和控制怯场情绪可以采用以下几种方法：

（1）演讲者要自信，坚信自己能成功，表现出勇敢的性格和顽强的意志。

（2）要做好演讲前的各种准备，要知道象邱吉尔那样伟大的演讲家也得花上数小时去准备和练习重要的演讲和广播讲话。演讲准备包括：准备演讲稿，熟记演讲的内容，事先设计好态势语言并做必要的练习。

（3）在演讲现场可以运用想象法，把听众想象成自己的朋友，镇定自己的情绪。在紧张遗忘时也可以通过笔记提示自己。

2. 演讲场面的调控

由于多种因素的影响，有时会出现一些不利于演讲的场面。演讲者要理智地控制情绪，做到从容镇定，根据具体情况变换演讲方式。或者增加幽默感、趣味性，或者加大声音力度、加快语言速度，或者采用提问、短时间停顿等方式，以活跃场上气氛，融洽台上台下的感情。

三、社交场合的语言艺术

语言是人际交往最基本的手段。作为一名公共关系人员，一定要注意运用社交语言艺术。

（一）语言要文明礼貌

用词要文雅，不用粗俗的词语，以免引起对方反感或厌恶。注意语言艺术，比如把瘦说成苗条，把胖说成富态，不仅可以赢得对方的好感，也体现出说话者个人的修养。尤其当得到别人的帮助时或打扰别人时，要以真诚的语气表现自己的谢意或歉意。

（二）要选择好的话题

只有话题选择适当，谈话才能进行下去。可以选择热点问题如体育比赛、电视节目、畅销书、新闻、国际局势、天气变化等，并根据对方情况和反应，及时调整话题。也可以用询问方式导入谈话。

（三）注意批评的方式

任何人本能上都不喜欢听批评，因为“良药苦口，忠言逆耳”，不管陌生人还是自己的好朋友，都不能不分场合进行批评。进行批评要选择合适的方式和特殊的方法。

（四）适时赞美别人

适当的赞美和恭维可以给人更多的自信和自尊。实践一再证明这确实是感化人、打动人的有效方法。只要有这种意识，总会找出对方的可夸赞之处。真心而符合情况的赞美会神奇地拉近双方的距离，瞬时亲近起来。赞美别人要注意研究、观察对方的情况，如对方的职业、身份、实际情况等，最好有实际依据。恭维也要适当，切忌谄媚式的恭维。不恰当的恭维会让人反感、疑心甚至厌恶，一定要避免假、空。

四、即兴演讲

（一）即兴演讲的概念

即兴演讲指演讲者为眼前的事物、场面、情景所感染，从而激发兴致而发表的即兴演讲。在公共关系交际活动中，演讲者有时需要根据现场情况要求，迅速反应，思维敏捷，抓住现场的人、事、物、某人的发言等作为媒介，联系当时的具体情况，临场发表演讲。

在丰富的公关活动中，即兴演讲是经常会遇到的事。即兴演讲是无准备的演讲，它和有准备的演讲相比较，具有临时性、广泛性和不确定性的特点。它要求演讲者有高度的反应能力、敏锐的思维能力，有宽广的知识和生活素养，有可供选择的典型事例等。应该说，即兴演讲真正是一种培养和锻炼口才的最有效的形式。成功的即兴演讲，是真正地即时即兴，它应表达出演讲者对听众和当时所有情景发自内心的所感所想，使之与场景气氛、人物心理协调融洽。

（二）即兴演讲的要求

1. 要自然亲切

即兴演讲往往是现场触景生情，有感而发，没有准备和雕琢的痕迹，来得极其自然和亲切，它最能本色地、直接地体现一个人的知识背景、思维能力和口语表达能力。

2. 要灵活精悍

即兴演讲最显著的特征是灵活精悍。演讲者一定要注意掌握话题的范围与深浅，即兴演讲在主题的确定、材料的取舍、结构的构成、语言的运用等方面都有很大的灵活性。演讲者可以通过听众的特征、演讲者自身的特点、人名、地名、交际场合的氛围、实物道具、他人的演讲内容等，巧妙而又自然地进入演讲。即兴演讲的灵活性，给演讲者实施演讲提供了自由拓展的空间。即兴演讲是应景之作，所以，立场观点、情感态度的表达，主要靠紧扣当场的语境合理使用联想，用以借题发挥，展开演讲，从而使演讲内容丰富、充实而有分量。即兴演讲时间切忌过长，演讲者要在较短时间内构思、实施演讲，这就决定了不能长篇大论，而应取材简约，短小精悍。

3. 要把握要领

即兴演讲的基本要领是一想二看三设计，打好腹稿。一想就是想讲话要达到的目的。二看就是看讲话的场合、对象。三设计就是设计开头、结尾和正文结构。即兴演讲虽然短小精悍，但麻雀虽小五脏俱全。从结构组成来说，也包含开头、主体、结尾三大部分。

（1）开头部分：万事开头难，对长篇大论演讲是这样，对篇幅短小的即兴演讲尤为重要。即兴演讲的时间短，听众没有充足的时间来思考、回味演讲的内容、主题，而把注意力放到演讲的开头几句话上。即兴演讲开头应该破空而出，迅速抓住听众的注意力；应避免空洞、泛泛而谈的不必要的开场白，而应用具体的事例、详尽的细节直接导入主题。这样就能立刻抓住听众的注意力。

（2）主体部分：它是阐述观点、说明事理的主要载体。要在短时间使听众知晓、明了，运用典型事例、典型细节是最有效的手段。事实胜于雄辩，它既能使听众迅速把握演讲者的立场、情感态度，又能给听众留下深刻的印象。

（3）结尾部分：结尾是否精彩，直接关系到整个演讲成败，效果的优劣。好的结尾应言简意赅，寓意深远，能启迪听众思考回味。即兴演讲应在听众兴趣未尽、情绪高昂时，画龙点睛般地点明主旨，顺势结束。应避免松散拖沓、分散听众的注意力、淡化主题，使演讲失之于平淡乏味，影响演讲效果的获得。

综上所述，即兴演讲是一种特殊的演讲，它不同于一般形式的演讲，有其自身的特点和要求。做即兴演讲时，应构思巧妙、主旨鲜明、选材精当、语言简洁。即兴演讲作为一种机动灵活、丰富多彩的交际形式，在公关实务中发挥着日益重要的作用。

第三节　公共关系谈判的语言艺术

谈判就是具有利害关系的两方或多方，为谋求一致所进行的协商洽谈的沟通活动。公共关系谈判是社会组织与社会公众之间，为寻求一致的观点和利益，通过洽谈和协商，最终达成一致协议的活动过程。

沟通和协调是公共关系的重要职能，而谈判则是沟通和协调的一种基本手段。谈判是公关人员经常运用的重要交际方式，谈判活动是公共关系实践工作的一项重要内容。正确认识和掌握谈判的有关知识，对于公共关系活动来说是十分重要的。

一、公关谈判的程序

公共关系谈判的程序依次为：准备阶段、导入阶段、概说阶段、明示阶段、交锋阶段、妥协阶段、协议阶段。

（一）谈判准备阶段

细致而科学的谈判准备工作是谈判取胜的基础和关键。准备阶段具体要做以下工作：

1. 组建谈判小组

谈判人员要应付谈判中可能出现的各种情况，要运用各种知识和技巧来争取谈判的胜利，因此参与谈判的人要具有较高的素质和能力，不但要熟知对方的情况，而且要懂业务。

2. 收集信息，了解谈判对手

正式谈判前不仅要收集对方的背景资料，还要了解对方参加谈判的代表人的情况。收集的资料越丰富，越能避免在谈判中受对手的误导，而对自己所要求的条件或对自己所提供的条件越有信心。只有摸清对方的实际情况，才能知己知彼，百战不殆。这是进行谈判的必要条件和重要步骤。

3. 根据已知信息，拟定谈判策略

在收集信息的基础上，对自己和对方的情况进行充分的估计和认真的分析，确定谈判的具体目标，拟定谈判过程中所要采取的策略，以确保自己在谈判中处于有利位置。

（二）导入阶段

这个阶段是参与谈判的双方通过介绍与被介绍而相互认识、留下第一印象的过程。导入阶段是为了创造一个积极融洽、轻松愉快的谈判气氛，气氛创造得合适，对整个谈判过程至关重要。此阶段时间不要过长，寒暄要恰到好处，避免过于嘈杂和冷场，可先说些诙谐、幽默或轻松的话题导入。还要注意服装仪表，动作自然大方。

（三）概说阶段

概说阶段是双方在导入的基础上正式进入谈判议题。为了顺利地展开谈判，各方代表要概说己方的谈判目的和要求，使对方了解自己的目标和想法。在陈述自己的想法时，内容要简短，重点要明确突出；讲完自己的想法后，要留出充分的时间让对方表达意见与要求，还要注意从对方陈述中找出对方的目的与动机和自己有何异同，以获得更多的与谈判有关的信息。概说阶段的时间要短，概说时所运用的语言和态度要友好和善，尽量不要引起对方的焦虑和反感。

（四）明示阶段

明示是指双方公开提出自己的不同意见、观点和要求，并努力求得解决。一般而言，此阶段会出现四种主要问题，即自己所求、对方所求、双方共同所求以及外表不易觉察的各自的内蕴要求。为了达成协议，双方应该心平气和地讨论下去，而且要以坦诚的态度来对待以上的问题。追求自己的需求是谈判的目的，但同时还应满足对方的适当需求，这是谈判得以成功的关键。

（五）交锋阶段

这是谈判双方真正对立的展示，是谈判的真正展开，标志着实质性谈判的开始。由于双方都想占有谈判的主动权，都想获得利益和占有优势，争论自然激烈，气氛会出现紧张甚至对立的局面。在交锋阶段，谈判双方都想千方百计地说服对方最大限度地接受自己的观点，双方都旁征博引，列举种种根据以支持自己提出的要求，同时反驳他方的要求。因此这是一个最困难的阶段，谈判者应表现出勇气、耐心和毅力。

（六）妥协阶段

是指交锋之后，各方权衡利害关系，互相让步的阶段。谈判在经过各方一段时间针锋相对的对抗后，就进入妥协阶段。因为总是针锋相对下去，是不可能真正解决问题的。妥协是谈判活动不可缺少的重要组成部分，是使双方的激烈争论得以化解，并形成一致行为的基础。只要谈判的双方有诚意，有一定的共同利益，就必须达成妥协，必要的妥协正是为了满足各自的需要。

（七）协议阶段

经过反复深入的讨论和磋商，双方认为已基本达到自己的理想和目标，这时就进入了拍板签字的阶段，即协议阶段。由双方代表在协议书上签字，握手祝贺，谈判即告结束。契约和合同的行文应注意条款的完备和语言的精练。

二、公共关系谈判的原则

在公共关系谈判的过程中，为确保谈判双方的权益，一般应该遵循真诚求实、平等互利、求同存异和依法办事的原则。

（一）平等互利的原则

谈判的双方主体在地位上具有平等性。无论组织大小、实力强弱，不管谈判者的地位高低、身份贵贱、人数多寡，都应一律平等，尤其是谈判的双方在法律地位上，享有的权利、义务应一律平等。决不能把最大程度地满足自我利益看成谈判成功的标志，或把谈判看成是一场“输赢”的竞赛，总是抱着强硬的立场去等待对方让步。对于谈判中出现的不同观点和意见，也只能以协商的方法妥善解决，以适当的让步寻求一致。在谈判中，谈判各方在竭力为自己谋取合理利益的同时，又必须使对方获得相应的利益，决不能以压、逼方式把自己的意志强加于对方，应自愿地让渡，实现互惠互利。

（二）求同存异的原则

公共关系谈判本身就是协调沟通的过程，谈判双方存在利益的矛盾是必然的。要使谈判各方都有收获，就必须坚持求同存异的原则。求同，是指谈判的各方在总体上、原则上应该一致，谈判双方谋求实现共同的总体利益，使参与谈判的各方都成为胜利者，这是谈判的基础。存异，是指谈判各方适当作出一定让步，能够容忍并允许与自己利益要求并不完全相符的“小异”存在于协议之中。在谈判中要善于看到各个方面的共同利益和发现对方利益要求中的合理部分，并以对方的合理要求作为自己让步的依据，这样才能保证双方的基本权利和要求的实现，从而实现双方谈判的目标。

（三）求实守信的原则

在谈判过程中，双方都应抱着实事求是和诚实守信的原则。求实，就是指自己提出的要求应客观、符合实际，而不是强人所难，对对方的要求也应实事求是地分析，把自己放在对方的角度去思考问题。守信是指在谈判中，双方都要有信用和忠实可靠，这是奠定双方谈判成功的基础。公共关系的一切活动都是为了树立组织的良好形象，所以讲信誉是谈判的基本准则。如果双方缺乏信用，互相猜疑，最后将导致谈判的失败。在谈判中，应以维护本组织的形象为出发点，不能为了眼前利益而损伤组织的形象。协议一旦达成，就要遵守诺言，实践诺言，这叫做“言必信，行必果”。

（四）依法办事的原则

法律是保障公民合法权益的社会机制。在谈判中，我们强调每一个谈判者都应遵守法律。所谓依法办事的原则就是谈判者在谈判的自始至终，一切行为不可以违背国家法律和政策，尤其是最后的谈判协议中不可以有与国家的政策和法律相抵触的地方。法律对于谈判者来说并不完全是一种消极的限制，同时它也是保护谈判者应得利益的社会机制，谈判者应该积极利用法律手段来促进谈判的顺利进行，保证谈判协议能够得到充分的实现。

三、公共关系谈判的策略与语言技巧

公共关系谈判既是一场心理的攻坚战，也是一场知识、信息、修养、口才和风度的较量。对于公共关系人员来说，掌握一些谈判的相关策略及语言运用技巧，提高自己的语言艺术，以使己方在公共关系谈判中处于有利位置，这是很必要的。

（一）公共关系谈判的策略

1. 忍耐等待

成熟的谈判者都知道忍耐的必要性和重要性。谈判中忍耐就是等待时机。要做到适可而

止，懂得什么时机获取，什么时候放弃，避免发生冲突。谈判人员必须具备忍耐的能力，不能操之过急。

2. 出其不意

这种策略是指谈判手段、观点或方法的突然改变，引起对方的重视和重新认识，有时对方会因无思想准备而惊慌失措，陷入被动。这种策略的运用往往是急剧的，诸如语调升降之类的并无实际意义的信号，可以作为这种变化的前奏。例如，在谈判过程中，声调一直冷静平稳的谈判人员突然放大嗓门，就会取得震惊四座，以声夺人的效果。

3. 主动出击

在谈判形势有利于己的情况下，先发制人主动出击往往可取得出人意料的成果。反之，在有利形势下，犹豫不决，当断不断，则先机尽失，会使本可到手的成果付诸东流。当然，主动出击不是盲目出击，要打有准备之仗。主动出击应具备两个条件：一是掌握信息，摸清底牌。在谈判桌上谁掌握的信息多，了解的情况准确，谁就有了主动权。二是时机成熟。时机不成熟时出击，往往会无功而返，甚至会遭到重大损失。谈判中时机不成熟时主动出击会过早暴露真实意图或把底牌亮给对方。一旦上述两条件具备，就要毫不迟疑，兵贵神速。

4. 后发制人

参加谈判者在谈判中一开始就要注意观察分析，留心倾听对方的陈述，从中捕捉对方语言中透露出的信息，掌握对方的谈话内容，领会其真正意图，并从对方的谈话中寻求向对方发问的线索，以明确掌握对方的话中之话和言外之音，并据此提出自己的观点，摆出相应的问题。这样沉着应战，可以寻求有利的机会向对方发起攻势，掌握谈判的主动权。

5. 欲擒故纵

如果对手有备而来又来势汹汹，精明的谈判者一般都不与对手发生正面冲突，而是想方设法避开对手的气势。有时，为了战胜对手则使用借劲使劲、诱敌深入的方法麻痹对方，使对方在丧失警惕的情况下中了圈套。

6. 声东击西

在谈判过程中，有的时候需要双方坦诚相见，共同努力使谈判向着一个预定的方向发展，但更多的情况下是双方都要维护自身的利益，于是谈判的各方就不得不在谈判中隐藏自己的某些真正意图，而以某种假定的目标作为迷惑对方的诱饵，这就叫做声东击西。

7. 投其所好

投其所好是指在谈判过程中，当对方对某个问题感兴趣时，应极力接近对方，尽可能赢得对方的好感。这种谈判术，并非是欺骗对方，而是让对方能够信任你、记住你、帮助你、喜欢你（或你的产品）。这种策略，通常运用于推销谈判。

8. 投石问路

投石问路是指在谈判中运用各种巧妙的“问”的方法，去发现和掌握对方的底细和秘密。恰当的投石问路，能使你获得所期待的信息和得到一般情况下得不到的信息，驾驭谈判的进度。投石问路，又往往是谈判、对话、辩论的方向，它不但关系到谈判者能否在提问中明确的表达自己所要表达的意思，以及对方能够清晰的理解你的问题，而且还影响到对方对你所提的问题的反应。

9. 打破僵局

由于谈判双方各自的利益和目的有差异，并且都想尽可能在谈判中取得尽可能大的利益和成果，加之谈判背景、条件、气氛等影响，所以谈判中出现僵局是常见的情况。它对谈判双方都是不利的，如果处理不当，僵局会成为“死局”，最后导致整个谈判破裂。因此，如果能够运用一定的策略，去打破僵局，不但有利于谈判的顺利进行，而且还可能取得谈判的主动权。一般认为在谈判中，出现僵局时，可采取以下策略：

（1）头脑要冷静，切不可言语冲动，刺激对方。言辞尖刻，会形成感情对立，对打破僵局甚为不利。

（2）对双方已谈成的议题进行回顾总结，清除僵局所导致的沮丧情绪。或者先谈双方较易达成一致的议题，待双方都有一定满足感后，再谈僵局中的问题。

（3）采取暂时休会的方式，使双方冷静头脑，整理思路，寻求解决策略。对己方来说，在休会前最好对自己的方案再做一次详尽的解释，提请对方在休会时进一步考虑。

10. 移花接木

是指在谈判过程中双方出现僵局，无法取得进展，于是巧妙地变换议题，转移对方视线，从而实现自己的目标。这种方法的特点是富于变化，灵活机动，既不正面进攻，又不放弃目标，而是在对方不知不觉中迂回前进，从而达到自己的目的。

除了以上提到的10种策略，还有简繁相宜、旁敲侧击、真诚赞美、时间限制策略，等等，谈判者可根据具体情况进行选用，从而提高自己谈判的艺术性。

（二）公共关系谈判的语言技巧

1. 礼貌得体，有理有节

谈判双方无论在力量上相差多远，其关系在谈判中都应平等。任何一方都不可趾高气扬或恶语伤人，而应当互尊互重，彬彬有礼，这是谈判得以顺利进行的必要条件。

2. 投石问路，巧探虚实

知己知彼，方能百战不殆。要深入了解对方，可以采用投石问路的方法，摸清虚实。

（1）漫谈法。触及正题前，先谈些题外话，如形势、经济、文化、爱好，等等，以此了解对方的观点、兴趣、能力、习惯，这些在谈判中会给你某些启示和帮助。

（2）吊胃口法。可利用一些对对方具有吸引力或敏感的话题去进行交谈，借此捉摸对方种种心理活动的蛛丝马迹，比如在商业谈判中，常常用抬高价的方法试探对方的反映和接受程度，然后决定下一步如何进行。

3. 循循诱导，启发暗示

谈判成功的重要因素就是谈判者能否在谈判中掌握主动，引导谈判方向，左右谈判进展。因此，可采用以问为主的语言表达方式，紧紧吸引对方与自己同一方向去思考问题，诱导对方接受自已的观点，让对方在不知不觉间作出己方希望的结论。

4. 据理力争，辩驳结合

为了谈判最终成功，适当让步是可以的，也是必要的，但在原则问题上，在大的利益方面，一定要摆事实、讲道理，据理力争，不可一味谦让。

5. 留有余地，把握分寸

谈判过程往往复杂多变，节外生枝，因此谈判中说话一定要注意分寸，留有余地。比如出价高些，适当运用一些模糊语，等等。

谈判是一种综合艺术，语言仅是其中的一个重要组成部分，成功的谈判还需要谈判者本人渊博的知识、灵活清醒的头脑、惊人的洞察力等许多素质和能力。

（三）公共关系谈判中的语言禁忌

1. 不应提带有敌意的问题

不要抱着敌对心理进行谈判，应尽量避免那些可能会引起刺激对方敌意的问题。因为一旦问题含有敌意，就会损害双方的关系，最终会影响交易的成功。

2. 不要提出关于对方个人生活、工作方面的问题

对于大多数国家和地区的人来讲，回避询问个人生活或工作方面的问题已经成为一种习惯。比如，对方的收入、家庭情况，女士的年龄等问题，都是不应涉及的。另外，也不要涉及对方国家或地区的政党、宗教等方面的问题。

3. 不要直接指责对方品质和信誉方面的问题

这样做不仅会使对方感到不快，而且还会影响彼此之间的真诚合作。有时这样做不但无法使对方变得更诚实，反而还会引起其不满甚至是怨恨。事实上，谈判双方的真真假假、虚虚实实，是很难用是否诚实这一标准来评价的。如果我们发现对方在某些方面不够诚实时，我们可以把已经了解到或掌握的真实情况陈述给对方，对方自然会明白我们的用意了。

4. 不要为了表现自己而故意提问

为了表现自己而故意提问，会引起对方的反感，特别是不能提出与谈判无关的问题，以显示自己的好问。要知道，故做卖弄的结果，往往是弄巧成拙、被人蔑视。

第四节 公共关系的文书写作艺术

一、文书基本知识

作为公共关系工作人员，要有基本的写作常识和熟练的文字技巧来处理经常或临时发生的问题。公共关系文书，就是组织用于开展公共关系工作和社会交往而使用的文字信息载体的总称。公共关系文书，是传播信息的一种重要手段，也是公共关系人员必备的一种职业技能。

日常生活中的公共关系文书具有很多种类，根据各种文书用途的不同，可以分为七种类型。

（一）专用书信

是应用在特定范围的有专门用途的书信。它的内容单一、格式固定，而每一种书信又有其特点。主要形式有请柬、聘书、贺词、欢迎词、表扬信、感谢信和慰问信等。

（二）计划和总结

计划是为了在一定时期内完成某项任务所作的安排和打算的书面材料。具体地说，一个人或一个单位为了较好地完成某一时期的学习、工作或生产任务，需要拟订计划，从而确定奋斗目标，采取具体措施，提出完成的期限，把这些事项写成书面材料，就是计划。计划具有科学性、预期性和指导性三大特点。

总结是单位或个人对一定时期内的工作、学习进行全面系统的回顾、分析和研究，从中

找出经验教训，引出规律性的认识，用以指导今后的工作和学习的书面材料。总结是应用面广、使用频率较高的一种应用文。总结是做好各项工作的重要环节，是由感性认识上升到理性认识的重要方法。总结具有理论性、辩证性、回顾性和及时性的特点。

（三）公文

公文即公务文书，是国家行政机关、群众团体、企事业单位在处理各种公务中所使用的具有一定格式的书面材料。公文的种类很多，有命令、决定、决议、指示、公告、通告、通知、通报、报告、请示、批复、函、会议纪要等。这些公文，有的是下级机关向上级机关传递的行文，称为上行公文；有的是上级机关向下级机关下达的公文，称为下行公文；平级之间互通情况的公文，称为平行公文。

公文具有针对性强、程式性强、实用性强的特点。

公文的作用是：传达指导、宣传教育、洽商知照、依据凭证。

（四）广告、海报、简报

1. 广告

广告是一种公开而广泛的宣传方式，是直接为生产和生活提供市场服务和传递信息的重要手段。广告是在特定的时间，用特定的媒介，向特定的对象，传播特定的信息，达到特定的目的的一种传播形态。从广告的“五特”定义中可以知道，广告是适应市场经济的需要而发展起来的，是企业开拓市场、占领市场的有效手段。我们通常所说的广告主要指商品广告，是指某些社会组织为了推销商品，利用报刊、广播、电视、电影或公共场所进行的公开宣传形式。

2. 海报

海报是向广大群众报道有关活动的招贴，是广告的一种形式。海报具有醒目、快速和制作简单的特点，也是实用性很强的一种文体。

3. 简报

简报是反映情况、交流经验、汇报工作的书面报告。简报一般有固定的刊名，常见的有“××简讯”、“××动态”、“内部参考”、“情况交流”、“动态”等表现形式。简报具有简短明了、迅速及时的特点。

（五）调查报告

这是公共关系活动中经常使用的文体。它是对某一事件或问题的具体情况经过调查研究后所写的书面报告。它要求围绕一个主题，全面系统地搜集有关的资料，然后在分析第一手资料的基础上作出科学结论。写调查报告是公共关系工作人员的基本功。

（六）经济合同

简单地说，经济合同是为了实现一定的经济目的而订立的协议。它是为取得一定的物质利益，为满足经济上的需要，当事人相互之间所进行的协作联系。订立经济合同，必须遵守法律和行政法规。任何单位和个人不得利用合同进行违法活动，扰乱社会经济秩序，损害国家利益和社会公共利益，牟取非法收入。如果具有上述行为，该合同无效，即从订立之日起，就不具备法律效力。

（七）公关新闻稿件

新闻传播媒介是开展公共关系工作的重要工具之一。公共关系人员在利用新闻媒介的业务中，最基本的工作是向新闻媒介提供有新闻价值的新闻稿。公共关系人员必须有敏锐的新闻眼光和灵敏的新闻嗅觉，善于从本单位的各项工作中发现、挖掘具有新闻价值的信息，并且善于制造可成为新闻的公关事件。

二、文书写作方法

从上面我们可以看出，公共关系文书的种类繁多，每种文书都有其独特的用途，在写作上也各有独特的格式和要求。由于每种文书在重要性和使用的频率上存在着差异，在此只介绍几种常用文书的写作方法，主要有柬帖、书信、函、简报和新闻稿等。

（一）柬帖

公关柬帖是一种礼仪性的请客信函，是各种不同社交场合中经常使用的传播媒介。机关、企业或个人往往通过柬帖的形式表达情感、意向或某方面事务。

1. 柬帖的种类与制作格式

柬帖的种类很多，通常有请柬、贺帖、吊柬、通知书等。

请柬：请柬又称请帖，是邀请宾客或单位团体参加某项活动的专用礼仪性文书。多用于纪念日、喜庆日、联谊活动和友好交往，或特别性的集会、聚会等。国家机关、社会团体、企事业单位可以发请柬，家庭和个人也可以发请柬。

请柬的写作要求如下：一是请柬的封面要以大写的美术体、手写体或烫金字写明“请柬”二字，再配以图案装饰；二是开头顶格写被邀请者姓名（或单位名称）；三是正文，交代活动内容、活动时间和地点，如开联谊会、座谈会、庆典、节日、寿庆等；四是要用问候的礼貌用语结尾，如“此致、敬礼”、“敬请光临”、“敬请出席”等；五是要写明邀请者姓名（或单位名称）、要注明发出请柬的时间。

请　　柬

××先生（女士）：

为庆祝××协会成立10周年，特定于×月×日上午×时，在光明剧场举行大型舞会，敬请______届时参加。

××协会公关部

×年×月×日

恭　　贺

××同志：

荣任振华实业公司总经理

×××敬贺

×年×月×日

2. 柬帖的写作要求

柬帖的突出特点是谦恭庄重，文字简明扼要。被邀请者即使近在咫尺，也须送请柬，这主要是表示对客人的尊敬，也表示邀请者的诚意。在设计上要美观大方、精致，要讲究艺术性，使它不仅是一种实用书信，而且也是一种漂亮的艺术品。柬帖的写作要求是：

（1）明显的感情色彩。一般“庆”或“贺”柬帖要印刷气氛热烈的图案，用红色、黄色、烫金等；“吊”一类柬帖须用黑色正楷写上“悼念”、“哀”、“奠”等，显得庄重、肃穆。正文的颜色也应一致。

（2）文字简练、严肃、得体。柬帖的正文语言严肃，措辞得体典雅。所写的内容必须准确、清晰，而且宜用书面语言。如请柬中不能把“赴宴”写成“吃饭”、“喝酒”；把“敬备茶点”写成“有茶点招待”；把“恭请光临”写成“准时光临”。

（3）纸面讲究，书写美观。柬帖的用纸要讲究，无论手写或印刷，版面都必须美观、悦目，字迹清楚秀丽。

（二）书信

公共关系书信与一般书信不同，它是组织为了树立形象、维系友谊、传递感情和信息而广泛采用的交际方式，具有注重实用、内容单一、格式固定、用途广泛、篇幅短小的特点。

1. 书信的种类

书信的种类很多，主要有慰问信、感谢信、祝贺信、介绍信、证明信等。

（1）慰问信

慰问信是组织对特定人员（同事、下属、领导或亲朋好友）表示关怀慰问的专用书信。慰问信要表示同情、安慰，但语气不能低沉，言辞不应有悲观、失望之感，而要给收信人带去安慰和勇气。慰问信的语气要亲切诚挚，文字要朴实简练，篇幅要长短相宜。

（2）感谢信

感谢信是对对方给予的支持、帮助、关照或赠送礼物后，向对方写信表示感谢的专用书信。感谢信要写得及时、真诚、有礼。要简明叙述事情的过程，表现出事迹的感人之处和自己的感激之情。要把对方的好处和帮助给以足够的表扬和恰当的评价。

（3）祝贺信

祝贺信指的是对人对事表示祝贺而写的书信。它可以用于祝贺国家与国家之间、政党与政党、组织与组织、组织与个人、个人与个人之间所取得的卓越成就和巨大贡献，或是用于祝贺重大会议、庆典的举行，或是对个人的晋级、寿诞表示祝贺。贺信的主要作用是沟通感情、增进友谊，在发展人际、厂际、国际关系方面也具有重要作用。

（4）介绍信

是指具有介绍、证明作用的书信。介绍信一般是写信者对被介绍者比较了解然后才做介绍。介绍信要写明被介绍者的姓名、介绍的原因和目的，以及被介绍者的有关情况。文字要简洁明了，语气应含有谢意。介绍信的种类很多，从内容上可分为普通介绍信、公用介绍信和商用介绍信等。介绍信的格式是在第一行正中有介绍信三字，字体略大，正文另起一行，空两格起写被介绍者的姓名、职务、政治面貌、年龄、性别，然后写向对方联系的内容、所提的希望和要办的事宜。结尾部分写致敬的话。最后另起一行署名，其下为年、月、日。

（5）证明信

证明信是用来证明有关人员身份、经历或有关事件原委、真相的一种专用书信。证明信对于了解有关人员的历史情况、考察有关事件的真实性等，有着重要的证明、参考价值。

2. 书信的格式

一般说来，上述书信均可采用下述的统一格式：

（1）标题：信件名称放在第一行中间用醒目的字体书写；

（2）称谓：用尊称，全称顶格书写；

（3）正文：另起一行，空两格根据内容书写，结尾写上敬语；

（4）落款：在正文右下方署上发信单位、个人姓名和日期。

（三）函件

1. 函件及种类

在社交活动中，函件是不可缺少的传播媒介。函件是信件的别称，可分为公函和便函两种。

（1）公函是国家机关、企事业单位、社会团体彼此之间洽谈工作、询问或答复某种问题而使用的行政公文。公函是与平行或不相隶属单位之间联系业务、交流情况的信件，属正式公文。

公函就其内容分为四种：一是函请，希望对方办理某事的要求；二是函知，通知对方知晓的事情；三是函送，写出要报送对方的物件；四是函复，答复对方某一个事项。

（2）便函是各单位之间商洽事情、联系工作的一种简便函件，是公共关系工作的常用文件，在行文上没有公函那样严格，无须标题、发文字号等，使用起来更为简单方便。

2. 写函时应注意的问题

（1）突出目的性。每一信函，都有其目的，或报告事件，或阐述观点，或商定事宜。所以起草时一定要突出目的性，写得直截了当，开门见山。

（2）为对方设想。要使收函者感到你在关心他，为他着想。

（3）文笔轻松自如，谈吐要活泼，文风要朴实明快，力避矫揉造作。说话态度要诚恳，礼貌的用词使人喜欢读下去，缩短相互之间的心理距离。

（四）简报

1. 简报及特点

简报是汇报工作、传递信息、介绍沟通情况和反映问题的一种载体。简报的名称有多种，如情况汇报、动态、简讯、内部参考等都是常见的简报的名称。它具有如下特点：

（1）简明扼要。简报要篇幅短小，内容便捷，简明扼要地反映客观实际，少发议论。

（2）快速及时。简报要快速及时地反映单位内部或某一特定活动的情况。

（3）真实准确。简报的内容要真实反映各方面情况，才能给决策者提供借鉴参考。

2. 简报的作用

迅速向上级反映日常工作和业务活动情况，反映公众的意图和要求，便于上级了解下情，以便能及时作出指示和反应，指导工作；与平级、下级之间可以沟通情况，交流经验，扩大影响，利于开展与推动工作。

3. 简报的种类

从其内容上看，主要分为三类：

（1）会议简报。这是通报会议情况的简报，它可以报道普通会议的议题、发言要点、会议决议、会议花絮等。

（2）工作简报。这是向组织内部员工反映工作问题和情况、交流工作经验的一种简报。

（3）综合简报。这种简报比较全面反映组织内部情况和问题，内容范围比较广泛，如生产进度、员工生活、合理建议、党团活动、工会事务等。

4. 简报的写作方法

简报一般由三部分构成：

（1）报头。占简报首页1/4—1/3左右。包括：简报名称，字体较大；期号，在简报名称下面；印发单位在期号左下，印发日期在期号右下，与印发单位同行。

（2）正文。正文与报头之间用一条较粗的横线隔开。正文的标题与新闻标题相似，应力求简明、准确、扼要地概括出正文的内容，正文的内容要抓住关键问题。

（3）报尾。报尾在简报末页。报尾与正文之间也用一条横线隔开，写明简报的发送单位和印发份数。

（五）新闻稿

在公共关系工作中，新闻稿的撰写是一项经常性的、大量的基本工作。新闻稿在公关实务中的作用是：可以借助新闻媒介扩大宣传范围，提高公共关系主体的知名度，加速组织与公众之间的信息沟通，争取公众的理解、信任和支持，在公众心目中树立起良好的形象。因此，作为公共关系人员，一方面要与新闻媒介经常联系，向他们提供自己所代表的组织的有关信息；另一方面，要能熟练地编写新闻稿。

新闻稿的特点：一是篇幅短小，用最简洁的语言记叙事件；二是讲究时效，能及时报道瞬息万变的新鲜事实；三是内容真实，要实事求是地反映客观事实。概括地说，要快、要短、要实。

1. 消息

消息是以简要的文字迅速报道新闻事实的一种体裁，在新闻稿中消息是主体。消息的结构多用倒金字塔式，也叫“倒三角”式结构。这种结构的特点是头重脚轻，越是重要的材料，重要的信息越放首篇，越不重要的材料越靠后，这种结构便于读者阅读。其他结构还有自由式、回答式、提要式等。消息的种类通常可分为动态消息、经验消息、综合消息和述评消息四类。消息的写作格式如下：

（1）标题：标题是新闻的眼睛，是对消息内涵的高度概括和浓缩。标题的形式有两种：单行标题和多行标题。单行标题只用一句话提示消息的内容；多行标题是除正题之外，另有引题或副题。

（2）导语：导语就是消息的第一个自然段或第一句话。它以极简要的文字介绍消息内容，揭示新闻主题。导语有四种常见类型：第一种是叙述式导语，就是用叙述的语言把消息的主要内容表达出来。第二种是提问式导语，这种导语是先提出某个尖锐的公众所关心的问题，引起公众的思考和兴趣，然后再加以回答。第三种是描写式导语，它以描写开头，对新闻所处的特定环境，或从现场情景、气氛写起，或者选取报道中某一个有意义的侧面，进行富有特色的描写。第四种是结论式导语，就是把事情的结论写在开头，然后再做具体阐述。

（3）正文：正文是消息的主体，是所要报道内容的详细叙述。正文部分常用三种方法来安排材料。一是按新闻事件发生、发展的顺序表述。二是按并列顺序。有的事件比较复杂，头绪较多，需要分别叙述。三是按逻辑顺序。按事物的内在联系以及逻辑层次安排正文。

（4）结尾：结尾通常是消息的最后一段，是整篇消息的收笔之处。可以采用小结式、启发式、评论式、展望式等多种形式。

2. 通讯

通讯又称通讯报道，它是以叙述、描写为主要表达手段，迅速、生动、形象地反映现实生活，报道典型人物、事件或问题的一种新闻体裁。通讯的特点是：从内容上看，它报道客观事实，描写人物性格、情感、思想，分析事件的性质和意义；从表现手法上看，可以运用记叙、描写、说明、抒情和议论等多种手法；从结构上看，通讯比较自由灵活，可长可短。通讯的写作要注意提炼主题、精选材料、合理布局。常用的通讯有：

（1）人物通讯。报道的对象是各条战线的典型人物。人物通讯要反映的是典型人物的精神境界和时代风貌，要求具体、生动、形象。

（2）事件通讯。报道现实生活中发生的振奋人心的新思想、新风貌、具有教育意义的重大典型事件，要求揭示事件的深刻意义。

（3）工作通讯。指报道实际工作中的经验和问题，要求从中提出某些带有规律性的东西，借以指导实际工作。

（4）概貌通讯。指报道一个地区、一条战线或一个单位发展变化面貌的通讯。概貌通讯也称风貌通讯，如见闻录、纪行、纪实、巡礼、散记、侧记等。

思考练习题

1. 什么是演讲？如何对演讲进行分类？
2. 简述辩论、公共关系谈判的语言技巧。
3. 公共关系文书主要包括哪些基本知识？
4. 简述公共关系文书写作的方法。

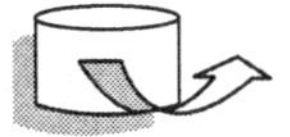

案例分析题

[案例 9—1]　十分钟演讲挽救一家银行

一、案例介绍

因贷款给破产的跨国公司，美国第一商业银行将蒙受巨大损失。在泰勒斯维尔，由于当地分行储户十分担心银行可能倒闭，遂纷纷前往兑现存款。为了应急，总行决定将2000万美元的钞票送往泰勒斯维尔。数辆满载美钞的卡车驰往泰勒斯维尔……

总行副行长阿历克斯迅速赶到现场，做了一场漂亮的公共关系演讲。

“女士们，先生们”，他的声音铿锵有力，清晰洪亮，“我知道，你们有人担心我们今天晚上停止营业，这没有必要。我现在郑重声明：为便于本行及时办理兑款，我们将延长营业时间，直到把你们大家的事办完为止。”

人群传来了表示满意的嗡嗡声和自发的鼓掌声。他的这一着显然赢得了储户的好感。

“然而，我想告诉你们的是，在周末你们不可能将大笔钱放在身上或置于家中，那是不安全的。因此，我建议你们将从本行取出的存款存入你们选择的一家银行。为了帮助大家，我的同僚 D. 奥塞女士正在打电话与其他银行联系，请他们延长营业时间，以便为大家提供存款服务。”

人群中又传来表示赞许的嗡嗡声。人们从心里感谢这位为他人着想的副行长。一会儿，阿历克斯宣布：“我被告知，已有两家银行同意了我们的请求。其他的正在联系。”

这时人群中传来了一个男子的声音：“您能推荐一家好的银行吗？”

“可以。”阿历克斯回答说。“我本人的选择将是美国第一商业银行。它是我最了解的一家，也是我觉得最有把握的一家。它开办时间长，且享有良好声誉。我希望你们大家都有同样的感觉。”他的声音中带有一点激动的感情色彩。

阿历克斯后面站着一对刚兑现款的老夫妻。那男的接过阿历克斯的话头说：“过去我也这样认为。我妻子和我在第一商业银行的存款时间达30多年。现在我觉得贵行有点糟糕，所以把钱取出来了。”

“那又为什么？”

“传言很多。无风不起浪，总是事出有因啊。”

“这里向大家说说真相。”阿历克斯说，“因为原先贷款给跨国公司，我们将蒙受损失。但本行完全可以承受得了，也将承受住。”

老人摇摇头。“如果我还年轻，又在供职，也许我会如你所说的去冒险一次。但在那里面的”，他指着妻子的购物袋，“是我们至死所能剩下的所有的钱。这笔钱不多，甚至还不及我们当年挣钱时一半顶用。”

“通货膨胀打击了像你们一样最辛勤工作的善良的人们，”阿历克斯说，“但不幸的是，你们存款的银行将于事无补。”

“小伙子，那我问你一个问题：你若是我的话，这笔钱是你的，你难道不会和我现在一样这样做吗？”

“会”，他坦率地承认，“我想我会的。”

老人感到惊讶，“不管怎么说，你还算诚实。刚才我听你建议我们到另一家银行去，我表示赞同，我们该到另一家银行去。”

“等一下，”阿历克斯说，“您有车吗？不可以这样带着钱走。这样你们可能遭到抢劫。我让一个人开车将你们送到另一家银行去。”阿历克斯说着就招呼罗兰·文莱特过来。“这是我们的安全部长。”他告诉那对老夫妻。

“你会那样做吗？正当我们刚刚将钱从贵行取出的时候——正如你所说的，我们有利益但又不信任你们的时候？”老人问道。

“这也是我们的服务范畴，”阿历克斯说，“除此之外，你与我们在一起30年了，我们也应该像朋友一样分手才对呀。”

阿历克斯将老人当做老朋友，老人自然高兴了。

老人停下步子。“也许我们不必分手了。让我再问你一个问题。你已经把真相告诉我了。可你也应该知道我们年纪大，这些钱对我们意味着什么。我们将钱存在贵行安全吗？绝对安全？”

经过短暂的数秒钟的思考，阿历克斯干脆而又自信地回答：“我保证：本行绝对安全。”

“嗨，真见鬼，弗雷达！”老人对妻子说：“看来我们是虚惊一场了。我们把这些该死的钱再存回去。”老人重新将钱存入银行后，取款的人群很快散走了。银行仅比平时晚了10分钟关门。

由于阿历克斯妥善机灵地处理了泰勒斯维尔分行发生的事情，其他分行没有跟着出现挤兑现款的现象。

阿历克斯这次成功的宣传，终于挽救了美国第一商业银行。

——摘自刘强、彭洪峰《公关经理MBA强化教程》，中国经济出版社

二、案例思考

1. 从阿历克斯这场生动的演讲中认识演讲的重要性，并举例说明如何利用演讲艺术化解组织的危机？

2. 阿历克斯的精彩演讲体现了怎样的演讲艺术与技巧？

[案例9—2] 中国民航索赔案：毅力与意志的较量

一、案例介绍

20世纪80年代中期，中国民航从英国购进的三叉戟飞机用的发动机——斯贝发动机故障频繁，航班被迫取消，发动机被送进维修厂，甚至送到生产基地英国去检修。中国民航北京维修基地的女工程师薛其珠在监修斯贝发动机时，敏锐地意识到，大批斯贝发动机故障是由于设计缺陷造成的。1984年9月18日，薛其珠代表中国民航正式同英国航空发动机制造公司提出了索赔要求。迫使英方召开了第一次高级技术会议，会议由基地产品支援经理奈特主持。

对于为什么没有给中国做2848改装的问题，英方的答复是“2848改装是失败的，由于增加叶片厚度影响了进气量和输出功率，所以那种叶片已不再生产。目前的改装可以代替2848，而且效果更好。”

“搪塞!”薛其珠想，“那么，为什么中国民航的履历本上都注明2848改装已做?”

英方说，公司仅生产过80台改装叶片，已全部装在英航发动机上。公司从未打算为中国民航做此改装。至于履历表上的记载，是由于打字员工作疏忽造成的。

打字员的工作疏忽？薛其珠惊呆了。她料想他们会提出各种技术原因来推诿责任，却独独没有想到他们会推出一个小小打字员做替罪羊。那些高高大大的“谈判对手”在她眼里顿时矮了一截。

她说话了，愤怒使她的声音有些颤抖。“我认为贵公司欺骗了中国民航。你们向中国民航收取了改装费却把大批有设计缺陷的库存废叶片装入发动机，卖给了除英航以外的各国客户。用这种手法，你们把这笔经济损失不光彩地转移到客户身上，是这样吗?”薛其珠脸上明显地流露着鄙视。奈特完全没有料到薛其珠一矢中的，他不知道薛其珠还有什么杀手锏，他有些慌张起来。同时，薛其珠的话和她脸上的鄙视也使他有些儿自惭，他用一双大手捂住眼睛，以避开薛其珠冷峻的目光。

“根本的问题是，贵公司为什么把有设计缺陷的未做改装的发动机卖给客户？为什么还要按改装后的价格向客户收费?”

没有人能回答她的问题。第一次会议只得草草收场。

几天之后，第二次会议又在中方代表的强烈要求下召开。

英国人这次改变了战术。他们企图先声夺人，掌握主动权，所以他们一个接一个地发言，几乎不容薛其珠和廖家慧有插嘴的余地。

“薛女士，事实上2848改装不可取。加厚四级叶片对发动机气动特性影响很大，

我可以用计算来证明。”

薛其珠立即接过笔来，摆出一串串数据，证明了2848改装是成功的。

另一个英国技术人员抢过话头。他认为，中国的检验手段差，飞行员的操作也有问题，这才是发动机损坏的真正原因。

薛其珠毫不客气地截断他的话：“不错，这些原因当然存在，但英方能否讲清楚，为什么出故障的大量斯贝发动机都有相同部位的叶片损坏？而这种现象为什么从未在其他型号的发动机上发生？这难道不是设计缺陷？把这种发动机卖给客户，公司是否还有一点人道主义和职业道德？”

“如果你们用转嫁经济损失的欺骗手段坑害客户，中国民航决不答应！”

气氛紧张起来，不得不宣布散会。

之后，又是第三次、第五次直至第八次会议。中方代表寸步不让，想方设法用英国公司自己发的技术资料来驳倒他们。

又一次会议，英国人请来了一位经济律师。讲了一堆法律知识之后，洋律师问她们是否听懂了，他想他已成功地“镇”住她们。

“不太懂”，薛其珠老老实实地回答：“可是有一点我们懂，那就是法律决不应当偏袒害人的一方。中国的法律是不保护欺骗行为的，也许英国的法律不同？”

笑容在律师脸上凝固了，中途休息时他悄悄地离去了。

谈判极其艰苦地进行着。英国人在慢慢地退却。他们先答应免费为中国民航送修的两台发动机做现有改装，继而同意免费更换中国民航全部发动机的第5级叶片。但在赔偿十几年的损失这一关键问题上他们仍不肯让步。他们当然知道，同意赔偿就是承认卖给中国的发动机有缺陷，而这可能给公司造成不堪设想的后果。

中方代表决不为英国人的退却动容，他们已铁了心要干到底。

会上，英方一位商务负责人冷冷地发问：“你们是搞技术的，何必要插手商务？对不起，我们希望以后和中国民航商务部门探讨这个问题。”

第三天，英方技术负责人奈特悄悄溜出会场，一些技术人员也不辞而别。会场最后只剩下公司驻苏格兰总代表泰勒及其几个头头。

双方不再说话，会场上骤然寂静无声。

泰勒做了一个要发言的手势。他将要说什么？还要提出什么理由？还要谈多久？中方代表齐唰唰地看着他，使他觉得全身不自在。

“我向各位道歉”，他开口了，“并向中国民航道歉。由于本公司给中国民航在经济上造成重大损失，我们同意用赔偿方法来解决。”

1985年3月5日，这家英国公司和中国民航在北京签订了赔偿合同。

——摘自刘强、彭洪峰《公关经理MBA强化教程》，中国经济出版社

二、案例思考

1. 中国民航索赔谈判成功之处在哪里？从公共关系谈判程序的几个阶段来分析与理解此次谈判过程。

2. 薛其珠等人在此次谈判过程中成功地运用了怎样的公共关系谈判技巧与策略？

第十章

公共关系中的交往和礼仪

学习目标

公共关系中的人际交往，是公共关系工作中的重要内容，是社会组织维系生存和开拓发展的重要手段。一个社会组织，要协调沟通、融洽各方面的关系，减少社会摩擦，化解各种冲突，为其发展创造“人和”的社会环境，必须要了解公共关系中人际交往的规律，把握人际交往的技巧。

第一节 公共关系中的人际交往

一、人际交往及特点

（一）什么是人际关系和人际交往

人际关系是个既古老而又年轻的概念。说它古老，是因为它是伴随着人类的产生而产生的；说它年轻，因为它是近代文明的产物。所谓人际关系，就是指人与人之间的交往关系。一般说来，人际关系实质上是一种社会关系，它包括在社会关系之中；而社会关系有着更为广阔的内容，只能通过各种复杂的人际关系表现出来。

人际交往，是人们交流信息、沟通感情的过程。公共关系中的人际交往，是作为某一社会组织或者群体代表之间的交往。人际交往不仅是人们物质生活的需要，而且是精神生活的需要。尤其在生产力高度发达的现代社会，人际交往无论对于个人的发展还是社会组织的发展都具有不可估量的作用。

1. 塑造形象

组织和个人的发展都需要塑造良好的形象，而这一切是离不开人际交往的。就个人而言，良好的个人形象，会受到别人的尊重和喜爱；就组织而言，良好的组织形象，会得到公众的支持和肯定。良好的人际交往是塑造形象的直接手段。

2. 沟通信息

当今世界，是一个“知识爆炸”的信息时代。知识和信息是个人之间、组织之间竞争成败的关键性因素。而信息的获得，就需要通过人际交往这个渠道，或者是直接的，或者是间接的。

3. 协调行为

良好的人际交往，能够规范每个人的自身行为，使得组织上级与下级、内部与外部以及个人之间保持和谐的人际关系，为组织的发展创造一个最佳的人际环境。缺乏人际交往的调节，就会产生误会、矛盾、隔阂、纠纷，不利于员工的精诚合作，也就难以实现组织的目标。

4. 促进发展

良好的人际交往，是促进个人或组织事业发展的基本要素之一。人际关系好，大家感情融洽，行动协调，有利于提高工作效率，实现员工的个人价值和组织的团体价值；人际关系不好，感情别扭，行为冲突，就会降低工作效率，阻碍个人和组织的发展。

（二）人际交往的特点

1. 人际交往的特点

人际交往是伴随着人类社会的产生而产生的，同样伴随着人类社会的发展而发展。在其发展过程中形成了以下的特点：

（1）社会性。人际交往是处在一定的社会形态下的人们之间的交往，即社会交往，要受到社会各种因素的影响。如人际交往的范围和深度都受到社会生产力和社会生产关系的制约，在原始社会，人们之间的交往只限于部落内部，一个部落就是一个社会，人际交往的范围较小，社会性不强，这是由落后的生产力水平所决定的；在现代社会，随着科学技术的发展，人们之间的空间距离越来越小，人际交往的范围和深度都有很大程度的提高，人际交往的社会性进一步增强了。

（2）历史性。主要是指人际交往的继承性与变革性。既要继承以往人际交往中合理的内容和形式，吸取其精华，又要适应新环境，变革那些不适应社会发展需要的人际交往的内容和形式，剔除其糟粕。

（3）发展性。人际交往从古代一直发展到今天，内容和形式都有了极大的丰富和发展。一方面，随着社会自身的发展而不断发展更新，不同的时代、地域，人际交往行为也就不同；另一方面，随着对外交流范围的扩大，东西方各国政治、经济、思想、文化各种因素的渗透，使我国的人际交往的内容和形式又被赋予了新的内容。

（4）多样性。这是指人际交往具有多内容、多形式、多层次这一特点，造成了社会的复杂性和人的复杂性。不同的社会或者在同一社会的不同条件下，不同的人受各种不同主观、客观因素的影响，其交往形式和内容也是多样的。

2. 现代人际交往与传统人际交往的不同之处

社会的现代化要求人们以与社会需要相适应的思维方式、新的价值观念、新的行为准则去指导人与人之间的交往活动，因此，现代人际交往具有一些与传统交往不同的特点。

（1）互惠性。注重实际、讲究互惠是现代人际交往的重要特点。人与人、组织与组织之间的交往状态是否良好，取决于双方在交往过程中精神上或物质上是否有收益，以及双方的收益是否公平。

（2）广泛性。这是指现代人际交往的视野开阔、人员广泛、范围宽广。现代社会的发展，离不开广泛的知识与信息。这就需要人们广交朋友，与社会上各种职业、各个层次的人打交道，博采信息，从而形成广泛而深刻的人际交往。

(3) 技巧性。在现代人际交往中，个人或者组织十分重视人际交往的技巧性，不断地学习和研究人际交往的方法，分析对方的心理状态及行为特征，采取灵活多变的交往方式，以便更有效地塑造良好的形象。

(4) 效益性。“时间就是金钱，效率就是生命”成为现代人际交往的信条之一。人们在交往过程中，非常注重交际的效率，以最简捷、最省时、最省力的方法实现最佳的交往目标，提高人际交往的效益。

总而言之，注重实际、接触广泛、重视技巧、讲究效益是现代人际交往的主要特征。这是由现代社会生产力和生产关系的特征所决定的，是现代社会的需要在人际交往中的反映，具有鲜明的时代特征。

二、人际交往的类型

社会的人是复杂多变的，人际交往也是多种多样的。根据不同的划分标准，可以把人际交往划分为多种类型。

(一) 根据人数的多少来划分

根据交往人数的多少，可把人际交往分为：个人与个人之间的交往，如同事、朋友之间的交往；个人与组织之间的交往，如员工与企业、教师与学校之间的交往；组织与组织之间的交往，如两个不同的企业之间、两个不同的商店之间的交往。

(二) 根据需求的倾向来划分

美国心理学家舒兹认为，在人际交往中，每个人都有自己需求的基本倾向。不同的需求导致了不同的人际交往：

1. 包容的需求

具有这种需求的人，在人际交往中，能够宽容别人，凡事能够从别人的角度思考，乐于听取别人的意见，善于与别人共事，希望与别人建立并维持良好的人际关系。与此相反，另一种人包容性比较差，总是挑剔别人，一般很难接受别人的意见，难以与别人共事。

2. 感情的需求

感情需求强烈的人，喜欢与别人交往，富有同情心，待人热情；感情需求弱的人，不善交际，待人冷漠，有时甚至厌恶、憎恨别人。

3. 控制的需求

这是基于权力、地位与权威基础之上的交往。具有这种需求的人，善于利用权力来影响、控制别人；与此相反，则愿意追随他人，乐于接受他人的控制。

(三) 根据时间的长短来划分

根据人际交往时间的长短，可把人际交往分为：长期的人际交往，交往频率高、接触时间长、关系密切。如长期在同一企业任职的员工之间、领导之间的交往；短期的人际交往，交往频率低、接触时间短、关系疏远。如同一列火车上的乘客之间、同一家电影院的观众之间的交往。

(四) 根据角色的变换来划分

在人际交往中，每个人都以不同的身份出现，承担不同的社会角色。身份不同、角色不同，所产生的交往关系也就有所不同。根据交往者角色的变换，可把人际交往分为：社会交往，交往者作为社会公民的交往；家庭交往，交往者作为家庭成员的交往；邻里交往，交往者作为居住社区角色的交往；同事交往，交往者作为职业群体角色的交往；涉外交往，交往者以中华人民共和国公民的角色与其他国家或地区的人员交往。

（五）根据方向的不同来划分

根据交往方向的不同，可把人际交往划分为：横向交往，如组织内部的员工之间、领导之间、各科室之间的交往；纵向交往，如组织内部员工与领导之间、上下级之间、具有隶属关系的组织之间的交往。

总之，从不同角度可以对人际交往划分出许多的类型，如还有一些学者从交往的途径、交往的功能、交往的信息流向等多方面进行分类，就不再一一叙述了。但在这里值得注意的是，实际交往中往往是多种类型交叉、融合、共同发生作用的，而不是简单割裂的。

三、人际交往的原则

在人际交往中，要想树立良好的形象，以不变应万变，就必须掌握人际交往的原则。

（一）平等原则

人际交往必须平等，这是人际交往的第一原则。

平等是建立良好的人际关系的基础。虽然人们的年龄、性别、职业和社会地位有所不同，但人与人之间没有人身依附关系，是独立和平等的。在人际交往中，只有坚持平等原则，才会在希望得到别人尊重的同时学会尊重别人，站在对方的立场上，多考虑别人的想法与感受，同样也会得到别人的回报，建立良好的人际关系环境。如果没有平等待人的观念，一味地炫耀自己，总是以自我为中心，而忽视别人的感情，就会使对方产生抵触的情绪，无法达到交往的目的。

（二）互利的原则

互利是指交往双方互相需求、互相给予，在满足各自的物质和精神需要的同时，让利于对方。最终实现各得所需，各得所利。

互利是建立良好的人际关系的基本前提。从心理学的角度来看，交往应该是互利的，不仅要满足物质需求，而且要满足精神需求。社会心理学研究表明，希望得到别人的关心和注意，是一个人不可缺少的需要。因此，在同他人交往时，要想得到别人的关心与注意，也必须想到他人同样也有这种需要。如果在人际交往中，只顾及自己的利益，无视别人的得失，只求索取，不求付出，双方的关系就可能淡化、疏远甚至终止。

（三）信用的原则

信用是指在人际交往中诚实待人，讲真话，做到言必信，行必果。

古往今来，人们把信用看得非常重要。孔子曰："民无信不立"，"人而无信，不知其可也"；"与朋友交，言而有信"。信用是取信于别人的基础。讲究信用，才能赢得别人的肯定和好感，建立长期稳固的人际关系。人际交往离开了信用，虚情假意，出尔反尔，就会失去朋友，遭人侧目；组织交往失去信用，欺骗公众，就会遭到公众的谴责，无法生存。

（四）相容的原则

相容是指在人际交往中，要宽容大度，具有忍耐性和宽容性。这是为人处事的较高境界。

相容是社会的良好的交往美德，是人们进行正常交往的"润滑剂"。金无足赤，人无完人，每个人都有这样或那样的缺点。在人际交往中，难免会出现一些摩擦和矛盾，这就要求人们心胸坦荡、宽广，严于律己，宽以待人；将心比心，设身处地替别人着想，不要把自己的意志强加于别人，“己所不欲，勿施于人”；小事不计较，宽容大度，树立“有理也要让三分”的观念。只有宽容才能争取人心，消除隔阂，化解矛盾，获得别人的支持和尊重。

（五）发展的原则

发展是指人际交往是社会交往，随着社会的发展而发展，并不是一成不变的。用过去的那种简单交换方式和道德规范来进行现代交际，显然是不合适。交往者要用发展的眼光来看待周围的一切人和事，了解自己所处的社会环境，提高应变能力，掌握现代人际交往的技巧，适应现代社会发展的需要。

四、人际交往的技巧

人际交往的技巧是人们在实践中的经验总结，是步入社交之门的前提，是取得社交成功的基础。

（一）良好的第一印象

交际是否成功，最重要的是要留给人一个良好的第一印象。

1. 交谈要礼貌

与人初次见面，一定要礼貌地寒暄一番，表现出谦恭有礼的态度。在交谈中，应注意选择话题、善于发问、语气亲切。要学会聆听，做个忠实的听众，真诚地倾听对方的谈话，这是对对方最好的尊重和赞美，还可以使你显得稳重、踏实、可信赖。

2. 穿着要得体

穿着可以体现一个人的个性，也反映着对别人的态度。穿着要整洁、大方、适体、适时，给人以美感，使人第一眼就留下美好的印象。

3. 举止要文雅

表情要自然，面带微笑，缩短人际交往的距离。举止要文雅，避免一些不文明的举止，如抖动腿脚、挠头摸脑、揉鼻挖耳等，以免引起别人的反感。

4. 记住别人的名字

每个人都看重自己的名字。善于记住别人的名字，并在适当时机重复对方的名字，会给人以亲切感。反复询问对方的名字是很不礼貌的，对方会认为你对他（她）根本不在意。

（二）与不同的对象交往的技巧

1. 与朋友交往

真正的朋友之间，应该是彼此关心、贴心、知心，是心心相印的。与朋友长期共处的秘诀是，让朋友走一条真正属于自己的路，不要去试图改变朋友，否则朋友会离你而去的。

（1）相互信任。信任是友谊的桥梁，也是友谊发展的基础。朋友之间，必须相互信任。“人信者，人恒信之”。只要我们能以诚待人，交出一颗赤诚的心，别人也可能以同样的态度来对待我们，对人如对己。即孟子所云：“人之相识，贵在相知；人之相知，贵在知心。”以诚相待，这是交朋友的第一要点。

（2）宽容大度。“金无足赤，人无完人”，每个人都有这样或那样的缺点和不足。要学会宽宏大量，容忍别人的过失。朋友之间难免会有些矛盾、分歧和误会，不要斤斤计较，应该表现出大度的胸怀，求大同，存小异。只有心胸开阔、气度大方的人，才善于发现朋友，拥有真正的知心朋友。

（3）患难与共。俗话说“天有不测风云，人有旦夕祸福”，在朋友患难之际，一句简单的问候，一个切实的支持，都能使朋友领略到你的情深意切。同样，当自己不得意的时候，让朋友知道你的苦楚和困难，可以得到朋友的帮助，或得到安慰。而成功的欢乐、胜利的喜悦更需要朋友来分享。无人分享的快乐是寡淡无味的。能给人以快乐，本身便是最大的幸福。

（4）忌反目成仇。朋友反目，断绝来往，是人际交往中经常遇到的事情。不论什么原因使你与朋友分手，都要注意方式方法，好聚好散，不要恶意相向，撕破脸皮，不留后路。

2. 与同事交往

同事之间相处得好，就会促进工作，有利事业；同事之间相处得不好，就会妨碍工作，有损事业。

（1）亲切招呼。人际关系从口开始，亲切有礼的打招呼是开拓人际关系的第一步。面带微笑地主动与同事、上司打招呼，不仅使对方感到亲切，有效地缩短相互之间的心理距离，创造良好的工作环境，而且可以增强自己的自信心，有效地发挥工作能力。

（2）相互关心。同事相处，要时时不忘体谅别人的立场，关心别人的行动。如果同处一个办公室的同事之间，对别人的行为熟视无睹，漠不关心，各行其是，就无法营造一个和谐的工作环境。

（3）求同存异。当与同事产生分歧的时候，不要只考虑自己的立场，争执不下，而应该着力找出共同的基础，消除分歧，释去前嫌，共同发展。

3. 与上司交往

（1）尊重上司。尊重上司的意见，维护上司的威信。在工作中，如果上司的意见没有失误，即使与自己的想法不符，也要尊重上司的意见，按照上司的安排行事。如果上司的意见的确不妥，也要维护上司的威信，不必唱对台戏、当众指出，以免让上司下不来台。

（2）讲究礼貌。与上司相处要注意礼貌。遇到上司，要主动打招呼；有事找上司，应先敲门，得到允许后方可进去；倾听上司意见时，眼神要专注，勤做笔记，并作出接受的反应；当上司找上门来，要立即起立，等上司落座后再坐下；当上司离开时，要主动开门相送，等等。

（3）不要看脸色行事。不要一味地讨好上司，看脸色行事，也不要经常在上司面前夸夸其谈，过分地显示自己的才能。一味总在上司面前点头哈腰，看上司的脸色，来决定自己的态度，并非是对上司的尊重。不要在上司面前吹嘘自己的才能，应该用实际行动、工作成绩来显示自己的精明能干，否则上司会认为你是个自大狂，恃才傲慢，从心理上不会接受的。

第二节　公共关系中的礼仪

社会交往不仅是人类基本需要（生理需要、社交需要、尊重需要、自我实现需要）之一，而且是现代社会迅速发展过程中个人或者社会组织维系生存和发展的重要手段。无论是组织还是个人，要想得到别人的认同与肯定，建立良好的人际关系，就要了解、掌握和运用各种礼仪知识。

一、礼仪概述

（一）礼仪的起源与发展

中国是世界四大文明古国之一，有着五千年的文化传统。中华民族自古以来素有“礼仪之邦”的美称，是人类礼仪文化的主要发源地。礼仪在传统文化中占有突出的地位，对中华民族的腾飞发展，起着积极的推动作用。

礼，是原始社会宗教信仰的产物。在远古时代，人们认为是无形的神主宰着一切，为了表示对神的敬畏，乞求神的保佑，开始了对神的祭祀活动，称之为“礼”。汉人许慎说道“礼，履也，所以事神致福也”，认为礼是原始人致福的种种礼节。另外，从“礼”的繁体字来看，“禮”：左边是神，右边是祭物，是表示对神的一种虔诚的畏惧。可见，“礼”的本意就是敬神，含有敬意的意思。

西周时代，是我国古代历史上的礼治时代，周公时代的周礼，已比较完善。这一时期，统治阶级认识到“礼”对于稳定社会的重要意义，视“礼”为“国之大柄也”，礼仪风俗已逐渐成为法定的制度，成为传统文化的核心，将“礼”广泛地运用于社会生活的方方面面，从辞让、饮食、完婚到丧祭、射御、朝聘，无论政治大事，还是生活小事，都用“礼”来加以规范约束人们的行为。

在我国众多的论述“礼”的古籍中，其中《周礼》、《仪礼》、《礼记》合称为“三礼”，是我国最早、最重要的礼仪论著，奠定了中国古代礼仪文化的基础，开创了古代中国的礼治时代。其中有些礼仪思想，至今还在沿用。如《礼记》中的“言语之美，穆穆皇皇”，即语言之美在于谦恭和气、文雅；规定人与人交往时应“不失足于人，不失色于人，不失口于人”，即不要在行动上出格，不要在态度上失态，不要在语言上失礼。等等。

孔子是我国历史上第一位礼仪学专家。他主张“为国以礼”，把“礼”作为治国安邦的基础，并积极倡导人们“约之以礼”，做“文质彬彬”的君子。正如孔子所说“君使臣以礼，臣事君以忠”。孟子也重视“礼”，把仁、义、礼、信作为基本道德规范，强调“人和”的作用，他说“天时不如地利，地利不如人和”。荀子则比孟子更重视“礼”的作用，“人无礼则不生，事无礼则不成，国无礼则不宁”，认为“礼”是社会用来维护政治秩序和规范人伦的客观需要，指出对“礼”的认识和运用程度如何，是衡量贤愚和高低贵贱的尺度。总之，以孔子为始祖的儒家学派不断继承和发展礼仪文化，使其内涵和形式日益丰富，最终形成了以“礼”为核心的中华文化体系。

在西方，人们把礼仪、道德、法律并称为三大守护神，礼仪位居首位。英语中的“礼仪”一词是从法语“Etiquette”演变而来的，其意为“人际交往的通行证”。在古希腊的文献典籍中，如苏格拉底、柏拉图、亚里士多德等先哲的著作中，都有很多关于礼仪的论述。如亚里士多德在《修辞学》一书中，就怎样运用语言来影响别人的思想和行为进行了精心的阐述，按其观点，一个人的修辞能力是进行人际交往的一个重要的条件。中世纪更是礼仪发展的鼎盛时期。文艺复兴以后，欧美的礼仪有了新的发展，对一切公众场合中的人们的行为都制定了相应的准则。历史发展到今天，传统的礼仪文化不断地丰富和发展，礼仪规则由繁而简，逐渐得到大家的认同，成为人们都自愿遵守的行为准则。

（二）礼仪的内容

所谓礼仪是人们在交往过程中所形成的共同遵循的行为规范与准则，是调节人际关系的重要的手段。在人际交往中，自如得体地运用礼仪，能够给人留下美好的个人印象，有助于个人的交际和事业的成功。

礼仪从其内涵来看，主要包括三方面的内容：

1. 礼仪是美化自身，提高个人修养的行为方式

礼仪能帮助每个人修身养性，完善自我，塑造受人欢迎的良好的形象。

2. 礼仪是人们共同遵守的行为规范与准则，是社会道德外在的表现形式

礼仪能帮助每个人约束自我，敬重他人，创造良好的人际关系环境。礼仪的核心应体现对他人的关心、重视和尊敬。日本学者多湖辉先生认为："如果没有对他人的关心，一切的礼仪就会成为毫无意义的东西。"

3. 礼仪是社会交往的润滑剂

礼仪可以使人们通过沟通思想、交流感情，帮助人们艺术而巧妙地处理各种复杂的关系，减少摩擦，化解矛盾，维持社会的稳定秩序，促进经济的发展。

（三）礼仪的形式

礼仪从其形式来看，具体表现为礼貌、礼节、仪表、仪式等，是礼节和仪式的总称。

1. 礼貌

礼貌是人们在交往过程中表示敬重和友好的行为规范。东汉经学家赵岐对礼貌解释道："礼者，接之以礼也；貌者，颜色和顺，有乐贤之容。"司马光进一步解释为："凡待人无贵贱贤愚，礼貌当如一。"也就是说，在人际交往中，无论是贵贱还是贫富，都要一视同仁，讲究礼貌。礼貌是一个人在待人接物时的外在表现，是争取别人好感、和谐相处的意念和行为，这一切是通过每个人的仪表、言谈、举止表现出来的。

2. 礼节

礼节是指待人接物的行为规则。其具体表现方式，包括交往中人们相互之间表示致意、问候、祝愿、尊敬等惯用形式。礼节是行为文明的组成部分，据此，每个人都知道应该怎样对待别人，也知道别人会怎样对待自己。

3. 仪表

仪表是指人的外表，包括人的容貌、姿态、举止、风度、衣着、修饰，等等，是个人礼仪的重要组成部分。

4. 仪式

仪式是礼的秩序形式，指在一定的场合举行的、具有专门程序、规范化的活动。

礼仪就其分类来看，主要包括个人礼仪、社交礼仪、商务礼仪、宗教礼仪、涉外礼仪等。

（四）礼仪的特征

学习运用礼仪，有必要了解礼仪的一些主要特征，有助于深化对礼仪的认识，掌握礼仪技巧。礼仪具有以下基本特征：

1. 共同性

礼仪是在人类共同生活的基础上产生和形成的，是同一社会中全体成员调节相互关系的行为规范，所以它就逐渐成为社会中各民族、各阶级、各党派、各社会团体以及各社会阶层

人士都应共同遵守的准则。

2. 差异性

一方面，礼仪的地区差异性。“十里不同风，百里不同俗”。由于各地区、各民族文化与习俗存在的差异，各地区、各民族的礼仪都具有自身的历史传统和民族特色，体现了本民族的民风习性、特定文化和习惯方式，形成不同民族的不同的礼仪风尚。另一方面，礼仪的个体差异性。不同年龄、不同性别、不同性格要求有不同的礼节，同样一句话或一个礼节动作，对不同年龄、不同性格、不同性别的人就会产生不同的效果。

3. 继承性

礼仪作为一种行为规范，将人们交往中的习惯、准则的形式固定并且沿袭下来，就形成了礼仪的继承性。对于古代礼仪不能全盘否定，扬弃不适合现代社会交往的行为准则，继承优秀的历史遗产。对于那些反映劳动人民文明水平、道德风貌和气质修养的合理成分要继承下来，使其成为现代交往礼仪中的一部分重要内容。

4. 发展性

随着人类社会的发展，礼仪的内容和形式不断地完善和更新。一方面是社会自身的进步而使礼仪不断发展，礼仪习俗因时代、地域、环境的不同而不同；另一方面，随着对外交流范围的扩大，东西方各国政治、经济、思想、文化各种因素的渗透，使我国的礼仪赋予了新的内容。任何时代的礼仪，都体现着时代的要求与时代的精神，具有时代发展性。

二、个人礼仪

个人礼仪是人际交往活动中不可缺少的一项内容，是调节人际关系的重要手段，是一个人道德与文化修养的外在表现形式。一个讲究礼仪的人，在人际交往中就会受到人们的尊敬和喜爱。个人礼仪，是每个人立足社会、成就事业、塑造良好个人形象的必修课程。

个人礼仪主要包括言谈礼仪、仪表礼仪、仪态礼仪。一个人在交际场合第一次“亮相”，借用一种说法叫做“三出”，即出面、出口、出手。出面，就是亮出自己的相貌、服饰等，即仪表礼仪；出口，就是开口说话，即言谈礼仪；出手，就是亮出自己的动作、姿态和表情，即仪态礼仪。

（一）仪表礼仪

人际交往从第一印象开始，30 秒内即可形成第一印象，其中视觉效果占 83%。在视觉中，服饰效果首先形成印象。

在现代人际交往中，一个人的服饰是文明礼节的重要表现形式，它不仅反映社会的风尚、民族的传统习俗，而且体现了每个人的情感世界、文化审美素养。因此，服饰是一门艺术，要充分体现它的作用，必须符合其基本要求。

1. 服饰的基本要求

（1）穿着要和年龄相协调。不同的年龄，有不同的着装要求。在穿着上要注意自己的年龄，与年龄相协调。一般来说，年轻人应穿得鲜艳、活泼、随意一些，展示青春之美；而中老年人要庄重、雅致、整齐一些，体现成熟、稳重，给人以成熟美的感受。

（2）穿着要和体形相协调。人的身材有高有矮、体形有胖有瘦、肤色有深有浅，穿着要因人而异，扬长避短，隐丑显美。一般说来，身材较高者，穿宽松、深色、花色的衣服，能给人以“矮”的感觉；身材较矮者，穿紧身、浅色、单色的衣服，能给人以“高”的感觉；体形较胖者，穿直条、简洁、冷色的衣服，能给人以“瘦”的感觉；体形较瘦者，穿横条、多样、亮色的衣服，能给人以“丰满”的感觉；肤色较深者，穿浅色衣服，能给人以“健美”的感觉；肤色较浅者，穿深色衣服，能给人“净雅”的感觉。

(3) 穿着要和环境相协调。在西方，特别重视服装与环境的协调，他们把穿着与时间（Time）、地点（Place）、场合（Occasion）相适应，称为着装的“TPO”原则。首先，穿着要和时间相协调，一天的早上、中午、晚上，一年的春、夏、秋、冬，都有不同的着装要求，不同的时代又有不同的时尚潮流，过分落后和过分新奇都不合时宜。其次，穿着要和地点相协调，充分考虑不同地区、民族的自然条件、人文习俗、具体环境等因素，要做到“入乡随俗”。最后，穿着要和场合相协调，上班时要穿得庄重、整齐；郊游时要穿得宽松、舒适；出席晚会时要穿得典雅、高贵，等等。

(4) 穿着要和职业相协调。不同的职业有不同的着装要求。教师从事知识传授，公务员从事公务活动，医生治病救人，穿着要庄重些，给人以信任、稳重的感觉；艺术家可以根据其职业特点，穿得时尚些，给人以有个性、独创性的感觉；学生以学习为主，穿着要朴实、大方，给人以积极向上的感觉。

(5) 穿着要注意色彩协调。首先，人们对于不同的色彩有着不同的感受。根据这些感受，色彩被分为不同的色调：暖色调、冷色调和中和色调。而且色彩在不同的地区和国家、不同的时代有着不同的象征意义：

红色——热情、奔放、喜庆、欢乐、吉祥、勇敢；

橙色——活泼、兴奋、温情、疑惑、危险；

黄色——光明、愉快、和平、稳重、权威；

绿色——和平、安全、温柔、文静、平安；

蓝色——秀丽、开朗、健康、朴素、寒冷；

紫色——高贵、神秘、优雅、委婉、不安；

灰色——温和、沉静、雅致、平凡、失意；

白色——纯洁、素雅、高贵、善良、冷酷；

黑色——庄重、严肃、神秘、黑暗、阴森；

金色——华丽、高贵；

银色——精美、高雅、柔和。

其次，不同的色彩搭配能够产生不同的视觉效果，给人的感受也有所不同。色彩搭配得当就会给人以美观、协调之感，否则，就会给人以不悦之感。服装色彩搭配比较常见的有两种：统一色搭配，即相同色调或近似色调相配，如白色与白色、黑色与黑色、浅蓝与深蓝等，给人以成熟、稳重之感。对比色搭配，即用色谱差异较大的不同色彩相互衬托形成鲜明的对比，如白色与黑色、红色与灰色等，给人以年轻、活泼之感。

2. 男士服饰

(1) 正式服装。男士的正式服装可分为：礼服、西装、中山装等。

- 礼服。礼服分为常礼服和晚礼服。常礼服为日间之常用礼服，使用广泛，包括典礼、礼拜、正式宴会、午餐会、茶会、婚礼等场合。晚礼服为晚宴、舞会、音乐会、婚礼使用。

- 西装。西装是一种国际流行的男士社交服装。男士在所有的社交场合都可以身着西装。西装面料一般选择柔软、挺拔的毛、呢料，颜色多为深色，主要是黑、灰、深蓝，上下全套一色，系领带，着黑色皮鞋，给人以庄严、整洁、大方的美感。西装既正统又简练，且不失气派风度，成为当今国际最标准通用的礼服。

• 中山装。中山装是中国男子的传统服装。它不拘形式，任何场合都可以穿。颜色以深色为主，全身一色，显得整齐、庄重。

(2) 西装的穿着礼仪。西装是在社交场合最常见、最受欢迎的服装，它的穿着有相当统一的模式和要求，具体包括：

• 衬衫的选配。穿西装一定要穿挺括、整洁、无皱折的衬衫，尤其是领口和袖口。一般来说，深色西装配浅色衬衫，条纹或带格西装配单色衬衫。不系领带，衬衫领口可以敞开；如系领带，衬衫的第一粒扣子必须要扣上。衬衫袖子的长度应比西装袖长出 1—2 厘米，以显出服装的层次感。

• 领带的选配。“领带是西装的灵魂”，它不仅是西装的重要装饰品，也是西装的有机组成部分。领带的颜色、款式要与所穿的西装相协调。一般来说，杂色西装应配单色领带，而单色西装可以配花纹领带，在正式、庄严场合宜戴深色、单色领带，以示郑重。领带的打法有很多，应根据衣领、身材、脸型的特点加以选择。穿西装背心或毛衣时，一定要把领带塞进背心或毛衣里。

• 鞋袜的选配。穿西装一定要穿皮鞋，而不能穿布鞋或旅游鞋。皮鞋的颜色要与西装相配套，通常深色西装配深色皮鞋，而袜子的颜色应比西装的颜色稍微深一些，使它在西装与皮鞋之间显现出一种过渡。

• 手帕的选配。有些社交场合要用西装手帕。西装手帕能起到画龙点睛、锦上添花的作用。手帕的颜色应随西装而变化，深色西装宜配浅色手帕，浅色西装宜配深色手帕。手帕可以根据场合的需要折叠成各种图形，如三色形、三尖形、双尖形等，分别插于西装的上衣袋。

• 纽扣的扣法。西装有单排纽扣和双排纽扣之分。单排纽扣又有单粒扣、双粒扣、三粒扣之别。如是双粒扣的西装，在扣西装扣子时，应记住“扣子只系上面的是正规，都不扣是潇洒；都系上是土气，只系下面的是流气。”如是三粒扣的西装，则第一粒和第三粒扣子是样扣，只扣中间一粒或者都不扣。双排纽扣则有四粒和六粒之别，上面的两粒或四粒是样扣，不必扣上。

3. 女士服饰

(1) 正式服装。女士的正式服装可分为：中式女礼服、西式女礼服。

• 中式女礼服。最常用的中式女礼服为旗袍。旗袍是中国传统女装，其曲线造型十分贴切自然地勾勒出东方女性躯体的婉柔美，体现出含蓄凝重的东方神韵。旗袍有各种不同的款式、质料和颜色，适合任何社交场合。穿旗袍时，旗袍的叉子不要开得太高，一般在膝盖以上 1—2 厘米左右就可以了。旗袍下摆可以长及脚面，配以高跟鞋，最能表现东方女性特有的体态和风韵。

• 西式女礼服主要包括以下三种：

常礼服。也称晨礼服，主要在白天穿着，通常由质料、颜色相同的上衣和裙子搭配而成，也可以是单件的连衣裙。一般以长袖为多，避免领口开得过大或肩膀过于裸露，可配带手套和帽子。常礼服适用于游园会、会见、引见、拜谒、结婚典礼、正式访问、午宴及欢迎外宾所举行的仪式等场合。

小礼服。也称小晚礼服，为长至脚面而不拖地的露背式单色连衣裙，其衣袖有长有短，着装者可以根据衣袖的长短选配长短适当的手套，通常不戴帽子或面纱。小礼服适合于晚上举行的宴会、音乐会或观看歌舞剧时的穿着。

大礼服。也称大晚礼服，为袒胸露背的、单色拖地或不拖地、无袖连衣裙，并配戴相同颜色的帽子和长纱手套以及各种饰物。大礼服是一种最正式的礼服，主要适用于在晚间举行的最正式的各种活动。

（2）首饰。首饰包括耳环、胸针、项链、戒指、手镯之类，其颜色、式样、质量均须与服装相协调。首饰的不同佩戴方法传播着不同的信息，是一种沉默的语言。既向他人暗示了某种含义，又显示了佩戴者的品位与修养。

- 戒指。戒指不仅是一种重要的饰品，还是特定信息的传递物。戴在不同的手指上，有不同的含义：戴在食指上，表示无偶求婚；戴在中指上，表示正在恋爱；戴在无名指上，表示已订婚或完婚；戴在小指上，表示独身。西方人习惯男戴右手，女戴左手。
- 项链。项链是女性最常用的饰品之一。选配项链要考虑与戴者的脸型、气质、肤色以及服装的质料、颜色、款式及场合相协调。脖子细长的，宜戴短粗的项链，尤以大珠项链最为适宜；脖子粗短的，宜戴细长的项链，给人以增加身高之感。
- 耳环。耳环的色彩、款式的选择与项链相仿，应首先考虑与衣服的色彩相协调，白色的耳环和金银耳环可以配任何衣服，鲜艳色彩的耳环则需与衣服相一致或相近。其次还应考虑与脸型相协调，宽脸、胖脸应选用小型、长形状耳环，长脸选用宽大的耳环；戴眼镜的女士不宜戴耳环。

4. 仪容修饰

追求仪容美是人类永恒的天性。原始社会的山顶洞人就知道用红矿石抹在脸上，以增加美感。在现代社会，恰到好处的仪容修饰、化妆打扮不仅给人带来美感，而且体现着自尊、自信和对别人的尊重。

仪容修饰要表现青春美，力求自然，扬长避短，形成自己独特的魅力和风格。

（1）发型的选择。发型是一个人仪容中最具有美容效果的部位，根据脸型来选择发型，可以弥补脸型的不足，美化面容，增强人的整体美。

- 女子发型式样多、变化大，选择什么样的发型要结合各自脸型的特点。椭圆形脸是东方女子的标准脸型，适合各种各样的发型，但发式尽量简洁，不要过于复杂；圆形脸，轮廓丰满、圆润，发型宜长不宜宽，额前不要梳刘海，顶部头发要松散高耸，两侧头发贴近两颊，强化脸部的长度感；长脸型，适宜选择短而宽的发型，顶部尽量压低，适当遮额，两侧松而圆，线条柔和，使脸型开阔；三角脸型，适宜选择双花式等长发，顶部的头发宜具有蓬松感，两侧的头发要紧贴脸部，线条柔和，能改变三角形的感觉；四方脸，宜选择中长发型，顶部头发要蓬松，两侧要梳向面颊，用烫发曲线来掩饰腭腮，冲淡方形视觉；菱形脸，两头小，中间大，宜选择能增加前额的宽度和饱满度的发型，使整体造型呈椭圆形。
- 男子的发型比较单一，一般是平头、分头。长脸形，适宜选择三七分的分头，不宜中分；圆脸形，适宜选择平头或板寸，不宜留长发。

（2）化妆。化妆要注意协调，不仅要与自己的年龄、职业、身份、服饰相适应，而且也要与季节、所处的环境相一致。化妆可分浓妆、淡妆两种。淡妆自然清雅，端庄明朗，适合任何场合。

化妆的步骤：

- 净面。用软手巾沾温水擦洗面部，除去污垢，再用冷水轻轻拍打。
- 润肤。轻抹一层收缩水，然后施以营养霜，既保湿，又可起到隔离作用，不使皮肤受伤害。
- 施粉。根据皮肤的颜色打底色，可以改善皮肤的色泽和质地，掩盖皮肤的瑕疵。底色要均匀、全面，避免“局部下霜”的现象。
- 眉毛。比较理想的眉毛结构是眉头在内眼角上方偏里侧一些；眉峰的位置在眉梢至眉头的1/3处；眉梢的位置在眼角至鼻翼外侧的斜线上。
- 眼线。应从眼睛的2/3处画起，由浅至深，衬托出眼球的立体感，使眼睛水灵、忽闪。不要把眼线画得又粗又黑，否则给人以“大熊猫”的感觉。
- 眼影。根据眼睛的形状、大小来选择眼影的颜色，浅色起放的作用，深色起收的作用。
- 腮红。胭脂的色彩要自然、柔和。上胭脂的最佳基点是人发笑时脸部肌肉隆起的地方，沿这个基点均匀地涂开，注意与周围皮肤的自然衔接，不宜太浓。
- 唇红。要根据年龄、肤色、场合来选择口红的颜色，年轻者宜艳，年老者宜沉；肤色深宜浓，肤色浅宜淡；白天宜浅，晚上宜深。无论选择什么颜色，都应使唇色与整体面妆风格一致。要先画出唇线，然后涂口红，以显立体感。
- 定妆。打干粉，定妆。

（二）言谈礼仪

语言是一种极其重要的人际交往的手段和主要途径，在大多数情况下能够调节人们的行为，协调人们的感情。语言是风度的窗户，从一个人的言谈中可以明显地了解其性格、职业、修养、素质等。

古语说：“良言一句三冬暖，恶语伤人六月寒”，这十分精确地概括了言谈礼仪的重要性。同时，言谈是要讲究艺术性的。每个人都会张嘴说话，但同样一句话，同样一个意思，出自不同人的口，表达方式不同，产生的效果就有所不同。例如，中世纪东方有一位国王，他梦见自己的牙齿全部掉光了，请来两个解梦的人。第一个解梦的人说：“国王啊，将来你会非常孤独，因为你的亲属都会在你之前去世的，一个也不剩。”第二个解梦的人说：“国王啊，我祝贺您，您将比所有的亲属都长寿。”两个解梦人表达的意思是相同的，但表达的方式不同，所获得的效果也就不同了。第一个人得到了一百棍子，第二个人却得到了一百金币。那么，怎样体现语言的艺术性，做到言之有据，言之有理，言之有情，言之有文呢？需要掌握三方面的艺术：说话的艺术、声音的艺术、交谈的艺术。

1. 说话的艺术

要想在人际交往中获得良好的效果，首先要掌握说话的艺术，使你的谈吐文雅、幽默，富有感染力。

（1）准确地说。所谓准确地说，就是口头表达要合乎语言规范，即说普通话。在我国，99%以上的人以现代汉语为交际工具，而汉语标准语是以北方方言为基础方言、以北京语音为标准音、以典范的现代白话文著作为语法规范的。

要想使你的普通话合乎标准，一是应当避免读音上的错误。由于汉字当中的形声字比较多，有人常常想当然地读偏旁，结果读错了音。如，把“水獭（tǎ）”读成“水赖（lài）”，把“瞠（chēng）目结舌”读成“堂（táng）目结舌”。还有的人不注意多音及异音字词的使用，把姓氏中的“仇（qiú）”读成“仇（chóu）”，把“山大（dài）王”读成“山大（dà）王”，等等。二是注意同音异义词的使用。在口头表达时，应尽量避免使用模棱两可的语词，以免使听者不明其义。例如，“全部（不）及格”、“治（致）癌药物”、“老王同志是作（做）协（鞋）的”，等等。三是遣词造句也应力求准确。选择恰当的语言，把自己的思想准确无误地表达出来，否则会使自己陷于尴尬的境地。如古代笑话“愚人请客”。

只有把话说得对，说得准确，在语音、词汇、语法等方面遵循统一的标准，人们才能更好地传递信息，交流思想，联络感情。因此，说得准确是进行成功的言谈的前提条件。

（2）清晰地说。所谓清晰地说，就是要把话说得清楚，说得明白。说的清楚是进行有效传播的重要前提，能够消除人际交往中语言障碍。

要想说得清楚，说得明白，一是要思路清晰、反应敏捷。如果遇事抓不住头绪，“以其昏昏，使人昭昭”，语言必然含糊不清。二是在言谈中尽量使用明确精练、通俗易懂的语言，避免使用模棱两可、似是而非、晦涩难懂的语言。三是说话要力求简单明了。生活中常有这样的人，说起话来口若悬河，滔滔不绝；有的人车轱辘话来回说，生怕别人不明其意，节外生枝，不着边际。结果，主要信息被大量次要信息淹没了，使听者如堕入五里雾中，不知所云。四是“听话听音”，言谈时要注意语气变化，以做到说得明白。如“你真是个大好人”，单从字面来看，是一种赞美。事实上，如用不同的语气来说，表达的意思是很不一样的。若是冷冰冰的语气，则具有讽刺意味；若是硬梆梆的语气，则具有埋怨的意味；若是把重音放在“你”字上，那就表示疑问；若是把重音放在“好”字上，那就可能正好是相反的意思了。

（3）礼貌地说。所谓礼貌地说，就是要把话说得礼貌得体、委婉含蓄。礼貌地说的基本原则是尊重对方和自我谦让，具体要注意以下几点：

- 态度诚恳，谦逊文雅。谈话时，表情要真诚热情，态度要和蔼亲切。盛气凌人、口不择言的人是不会受到别人的欢迎的。措词谦逊文雅，学会使用敬语和谦语，即对人表示尊敬和自谦的礼貌用语。

常用的敬语。如“请!”“谢谢!”、“您”、“阁下”，初次见面称“久仰”，好久不见称“久违”，请人批评称“指教”，求人谅解称“包涵”，托人办事称“拜托”，等候客人称“恭候”，未及时欢迎称“失迎”，中途先走称“失陪”，不劳远送称“留步”，等等。

常用的谦语。对自己的谦称，如“愚”、“鄙人”、“学生”、“晚辈”，等等。对家人的谦称，谦称比自己辈分高或者年龄大的亲属为“家父、家母、家兄”等，谦称比自己辈分低或者年龄小的亲属为“舍弟、舍妹、舍侄”等，谦称自己的子女为“小儿、小女、小婿”等。

敬语、谦语一般适用于正规的社交场合。适当地使用敬语、谦语，是谦逊有礼的表现。那些出言不逊，开口自称“老子”、“老娘”，称他人为“老不死的”、“小兔崽子”的人，是不会被敬重的。

- 尊重对方，注重倾听。被别人尊重的前提是尊重别人。注重倾听，是尊重对方的具体表现。

倾听时，身体要微微向对方倾斜，温和地看着对方，全神贯注，表现出对他人谈话内容的兴趣，表情要随着交谈内容的变化流露出情感的变化，并伴以适时的赞许的点头、微笑，还不时以“噢…唔…是吗…原来如此…你说得对…”等应之，鼓励对方继续讲下去。切不可东张西望、抓耳挠腮，显出不耐烦的神情。同时，对方在讲话时不要轻易打断或插话。如果自己没听清或要插话，应在对方讲话的间隙，适当地提问、评论，如“请等一等，我没有听清，请再说一遍，好吗?”、“请允许我打断一下”、“请让我提个问题，好吗?”经对方同意后，再把你想插的话简练地说出来。这样不仅可以消除对方认为你轻视他的误解，还有利于交谈的深入，营造一个良好的交谈气氛。

- 曲径通幽，委婉含蓄。委婉是一种既温和婉转又能清晰明确地表达思想的说话艺术。

生活中常有这样的情形：你想说服别人接受自己的观点，又怕引起反感；你不同意别人的意见，既不愿说违心话，又不想发生争执；别人向你提出请求，你难以做到，又怕因拒绝而伤害对方的自尊心，等等。从心理学的角度来看，委婉含蓄的话，不论提出自己的看法还是向对方劝说，都能比较适应对方心理上的自尊感，使对方容易赞同、接受。

说服别人，应当尽量用商量的口吻。当把自己的意见向对方说出时，最好用商量的口吻，如“您认为怎么样?”、“您看这个方法行不行?”、“您有什么高见?”等等。这样，对方在接受你的意见时就不会感到被动、勉强和有压力了。

拒绝别人，应当尽量用委婉的方式。对于别人的要求，有时能够给予满足，有时却需要拒绝，但拒绝要讲究技巧。比如，别人邀请你一道出游，你不想去或因故不能去，可以回答“我很想去，但事先已有其他安排，去不了，很遗憾”。如果直言“没空，去不了”或“不想去”，会使对方感到难堪的。

纠正别人，应当尽量用同情的语气。最好不要说“你的看法是错误的”，而应当说“你的看法不够全面”。尤其当别人已经承认错了，就不要再乘胜追击了，应该尽量想办法挽回其面子，一方面，帮助对方分析造成错误的原因；另一方面，讲讲自己类似的错误，使对方在心理上求得平衡。总之，要给人以退路，不要逼人走进死胡同。

（4）幽默地说。幽默是人际关系的润滑剂，它能够协调气氛，化解疑虑，消除隔阂，使人感到轻松愉快。

在社交场合中，那些谈吐风趣、令人捧腹的人总是受欢迎的；而那些迟钝呆板，不苟言笑的人就会黯然失色了。因此，要取得交谈的成功，不但要把话说得清楚明白，礼貌得体，还要把话说得有趣，增加语言的感染力。美国前任总统里根有一个由六位专家组成的“幽默库”，专门为他的各种讲话提供幽默材料，就是为了使他的讲话富有感染力。

要想把话说得风趣、幽默，一是要乐观地对待生活，对待生活中的一切挑战，努力发掘事物之中有趣的地方。二是要敢于自嘲，不讳言自己的缺点、过失。每个人都有缺点和不足，而且别人比你自己看得还要清楚，越掩饰越令人注目，倒不如痛痛快快、干干脆脆地自动“曝光”，嘲笑自己和被别人嘲笑效果完全不同。自嘲能够很好地体现一个人的豁达的心胸、开朗的性格、幽默的素质，从而使你在人际交往中占据主动，以弱制胜。三是要加强自身的文化修养，广泛地吸取生活的养料，掌握驾驭语言的本领。

幽默不等于轻浮。有些人不顾场合地插科打诨，“笑料”低级庸俗，使人倒胃；还有的人拿别人的生理缺陷开玩笑，伤害别人的自尊心，都是不可取的。

2. 声音的艺术

说话与发音是门艺术，其基本要求是：抑扬顿挫、速度适中、高低和谐、感情丰富、转折自然。

在交谈中，声量要适当，语气要平和。声音是付诸于听觉的，要根据听者距离的远近，适当地控制自己的音量。在社交场合中，毫无顾忌地高谈阔论、大声说话，是缺乏修养的表现。与人交谈，声音不必太高，让对方听清即可。有的人故意装腔作势，拉着嗓子，拖着长音说话，自以为很美，其实很不自然，这是一种病态的声音，令人感到厌恶。讲话要用自己本来的嗓子，真实、亲切、柔和、顺耳，使人在感官上觉得自然、舒服、愉快、可信。

3. 交谈的艺术

（1）交谈的话题。交谈是双方或者多方的信息情感交流行为，所以，就要寻求一个大家都感兴趣的话题，每个人都可以发表自己的意见和建议，才会使交谈的内容丰富起来，气氛活跃起来，不会因空洞乏味而出现冷场。

在民间有这样一句俏皮话："见了丈母娘叫大嫂——没话找话"，这是形容有的人不会说话，又不甘寂寞，说了不当的话，闹出了笑话。但是，从现代人际交往的角度来讲，要学会没话找话的本领，尤其是与陌生人交往时，更是如此。找话题的方法很多，简单介绍几种：

- 中心开花法。面对众多的陌生人，话题最好选择大家都感兴趣、都了解、都关心的中心问题。例如，在奥运会期间，与陌生人交谈，选择与体育项目有关的话题，如中国参赛运动员的水平与发挥、赛事等。

- 即兴引入法。巧妙地借用彼时、彼地、彼人的某些材料为题，也可以引起对方的谈兴。有人特别善于借对方的姓名、籍贯、年龄、口音、服饰、居住陈设等材料，即兴引入话题。这种方法灵活自如，就地取材，其关键是要求人们思路清晰，反应敏捷，富于联想。

- 投石问路法。在与陌生人交谈时，先选一些小话题，作"投石式"的问话，使自己对对方了解以后，再进行更深入的有目的的交谈。如果在宴会上遇到陌生的邻座，便可问："您和主人是老同学，还是同事呢?"无论前一半对，还是后一半对，都可以循着对的一面谈下去。

- 循趣入题法。一个人对于自己感兴趣的事情总是乐于谈的，如果能够迅速地捕捉到对方的兴趣，是最有话可谈的。这种方法对于有一技之长的人最为适用。比如：对方喜爱摄影，便可以此为题，谈摄影的取景、胶卷的选择、相机的优劣……

几乎任何的话题都可能成为良好的谈资。只要在平时处处留心，就可以发现许多引人入胜的话题。

（2）交谈的禁忌。要使自己的谈吐礼貌得体，不仅要掌握说话的艺术和声音的艺术，选择合适的话题，还应该注意在谈话中一些约定俗成的禁忌。

在谈话内容上，尽量不要涉及疾病、死亡等不愉快的事情，以免引起别人的反感；不要随随便便说人家的短处，或者揭别人的隐私，要尊重对方；不要随便议论他人的宗教信仰和政治信仰，以免犯忌等。

在谈话方式上，尽量不去或者减少和别人的争论，不要挑起争论的话题，如遇有争论，应以礼相待；不要用质问式的语气谈话，那是最伤感情的；不要目中无人，只谈自己感兴趣的事情，应该考虑到别人的感受；不要逆式反应，在交谈时总是跟别人扭着劲，否则会很快冲淡交谈的兴致。

（三）仪态礼仪

在现代社会交往中，不仅要注意仪表美、言谈美，还要注意仪态美。不同的仪态显示人们不同的精神面貌，用优美的仪态表达礼仪，比用语言更让人感到真实、美好和生动。良好的仪态是一种风度，是一种深层次的美，富有永久的魅力。

1. 姿态

“站如松、坐如钟、行如风、卧如弓”，这是我国古人对人体姿势的要求。从现代礼仪角度来考虑，也必须刻意训练自己的站姿、坐姿和走姿，做到站有站相，坐有坐相，走有走相，使姿势符合礼仪，举止优雅得体。

（1）站姿。良好的站姿是一种静态的美，能衬托出优雅的气质和风度。基本要求是：身躯正直，头、颈、身躯和双腿与地面垂直；双目正视前方，双肩自然放松，收腹挺胸；双臂自然下垂，掌心向内轻触裤缝，或在体前交叉，将右手搭在左手上，贴放在腹前。男子的站姿应该给人以刚毅洒脱、舒展大方之感，女子的站姿应该给人以挺立端庄、秀丽俊美之感。无论男女，站姿切忌缩颈、含胸、驼背、腆肚、撅臀，站立时不要将手插入裤袋或腰间，歪脖弯腰，挺腹曲腿，身靠门柱、墙、桌子，更不要下意识地做小动作，如摆弄打火机、香烟盒，玩弄衣带、发辫，咬指甲等，这样不仅给人留下缺乏自信和经验的感觉，而且也有失仪表的庄重。

（2）坐姿。良好的坐姿应该端庄、大方、自然，给人以优雅、稳重的感觉。基本要求是：应从椅子的左面入座，从椅子的左边站起；落座后上身挺直，两肩自然放松，双手放在扶手或腿上，两脚自然着地。男子的坐姿讲究潇洒大方，双脚可以微微分开，收放在腿中前部，也可两腿重叠，应小腿向里收，脚尖向下。女子的坐姿要讲究温文尔雅，穿裙子入座时，应将裙子的后片向前拨一下，显得娴静，双膝并拢，脚后跟要紧靠，侧坐比正坐姿态优美。在社交场合，无论男女都不应跷“二郎腿”，忌讳弓腰曲背，两腿摇抖，或者两腿分得很开，伸得太远，这都是非常不礼貌的。

（3）走姿。走姿是一种动态的美，不同的走姿给人的感觉就不同。基本要求是：走路时，上身应当保持正直，不要过分摇摆；两眼应平视前方，不要左顾右盼；两臂自然放松、摆动，两肩不摇。男子走路要稳定、矫健，步幅应约为 25 厘米，步伐频率每分钟约 100 步，以显示阳刚之美；女子走路要轻盈、文雅，步幅应约为 20 厘米，步伐频率每分钟约 90 步，穿裙子、旗袍时应尽量走成一条直线，以显示文静、婀娜之美。还要避免一些不正确的走姿，如行走时身体前倾或后仰，向里侧或外侧呈八字形，摇头晃脑、扭臀等，这样的走姿实在有伤大雅。

2. 表情

人的表情丰富多彩，千变万化，能够反映出人的内心世界，向外界传递着不同的思想情感，是人际交往的重要辅助手段之一。

（1）眼神。眼睛是心灵的窗户，在用来传递信息的人体的各部位器官中，它是最能揭示一个人的内心世界的洞察点，能够传达出最细微、最精妙的差异。一个人的内心情绪，往往会通过眼神自然地流露出来，即使是瞬间的一瞥，也能传递出最确切的信息。汉语中有不少眉眼表情的成语，如眉目传情、挤眉弄眼、暗送秋波、眉开眼笑等。在社交场合，如想使某个信息给对方产生影响，并使之会意，就应与之增加目光的接触。

在日常生活中，人们常常对感兴趣的东西多看几眼，心中喜悦、兴奋时，瞳孔就会扩张到平常的4倍大；而看到令人生厌的东西，瞳孔则会缩小；而对不能正视对方目光的人，往往不能得到信任，别人会认为他们“心中有鬼”、“于心有愧”等。

在一般的文化背景中，人们相互之间频频的眼光对视是一种亲密的交往，异性朋友如敢于长时间地对视，表示彼此懂得感情和关系在升级。但在人际关系中，正常注视对方的时间是在1—2秒钟内，长时间的凝视、直视或上下打量对方，都是失礼的行为。

（2）微笑。微笑是社交场合最具有吸引力的面部表情。它传达着人们之间友好、愉快的情感，是人际交往的“润滑剂”。微笑的魅力是无限的。

微笑是自信的表示，它传达的感情是美好的。当一个人第一次进入陌生的社交场合，不免感到羞怯，只有微笑才可能缩短人们之间交往的距离，使之摆脱窘境，充满自信地与他人进行交往。会心的微笑，对于事业的成功和日常工作的顺利，都有重大的作用。

微笑要发自内心，要亲切自然、真诚，而造作、呆板的微笑只能令人生厌，如假笑、皮笑肉不笑、讥笑、冷笑、苦笑等，不仅无法使人产生好感，反而给人以虚伪的感觉。

3. 手势

手势是人际交往中不可缺少的工具，能够传达十分丰富的信息。手势得体、适度会在交往中起到直接的沟通作用。对方向你伸出手，你迎上去握住，表示愿意交往，如不伸手，或只轻轻地碰一下就缩回来，就意味着你不想交这个朋友；鼓掌表示赞许、敬意或有礼貌。对某人的行为表示夸奖，多向对方伸出大拇指，伸出小拇指是贬低对方。掌心向上是虚心诚恳的表示。谈话时需要手势配合，不宜幅度过大，或频率过多，否则会有画蛇添足之感，影响友好的沟通。

三、社交礼仪

社交礼仪是在社交活动中人们共同遵守的行为规范与准则。简言之，就是要人们互相尊重，互相关心，使言行举止合乎人情事理，合乎标准的礼节与仪式要求。社交礼仪可以帮助人们顺利地进行社会交往，促进事业成功。就其内容来讲，它涉及社会活动的各个方面，人们最常遇到的有：见面礼仪、宴会礼仪、舞会礼仪等。

（一）见面礼仪

见面是交往的开始。见面礼是人与人交往的第一个步骤，不同国家、不同地区、不同民族由于长期以来形成了不同的习惯，其见面礼也是各种各样的。但无论哪种见面礼都能向他人表达友好和欢迎之意，缩短人们之间的距离，加快彼此之间的了解。

1. 介绍

介绍是社交场合中陌生人相识的一种社交礼节，是人们互相认识、建立联系不可缺少的手段。通过介绍，人们可以缩短彼此间的距离，以便更好地了解与沟通。

（1）介绍的方式。在社交场合，根据不同的介绍环境和介绍条件来划分，可以将介绍分为不同的方式：

- 自我介绍。在社交场合，由于人际沟通或业务的需要，时常要作自我介绍。自我介绍的基本程序是：先向对方点头致意，得到回应后再向对方介绍自己的姓名、身份和单位等，同时递上事先准备好的名片。自我介绍时，表情要坦然、亲切，注视着对方，举止庄重、大方，态度谦虚而充满自信。如果语无伦次，不知所云，流露出紧张、畏怯心理，会使人感到你不能把握自己；如果过分自傲、自负，不顾对方的反应，夸夸其谈，会给人留下骄狂、傲慢的感觉。

自我介绍的方式多种多样，要根据场合的不同灵活运用。若应邀参加宴会、聚会、舞会等，但因迟到而未被介绍时，你就可以在各位来宾面前一边表示歉意，一边作自我介绍："各位晚上好！很抱歉来迟了，我叫某某，在某某单位工作。"同时向大家点头致意，自行就座。这样可以免除尴尬的局面，自然地与别人交谈。

在交际场合，如果想结识某人，可以先用眼神示意，友好地看着对方点头、微笑："您好！我叫某某，见到您很高兴。"以引起对方的呼应，发展谈话。

- 他人介绍。是指在社交场合，由他人将你介绍给别人。一般身份地位高者、长者、贵宾等出入社交场合与某些人相识时，经常由他人来做介绍。听他人介绍后，应立即与对方互致问候，表示热情，根据对方的反应做出相应的应答，如对方主动伸手，应及时伸手相握，以礼待人。

被介绍时，除女士和年长者外，一般应起立，但在宴会桌上、谈判桌上可不必起立，被介绍者只要点头微笑，相距较近可以握手，远者可举起右手致意。

- 为他人介绍。即为他人介绍相识。介绍人事先必须要了解被介绍双方有无结识的愿望，以及各自的身份、地位等。为他人介绍，应坚持受到特别尊重的一方有优先了解对方的优先权，有先后之分，其顺序是：先把男士介绍给女士；先把晚辈介绍给长辈；先把地位低者介绍给地位高者；先把未婚者介绍给已婚者；先把客人介绍给主人；先把后到者介绍给先在场者；先把个人介绍给集体。

介绍人做介绍时，在口头表达上，应采用敬语，先称呼女士、长辈、地位高者、已婚者、主人、先在场者，再将对方介绍出来。如："王经理，请允许我为您介绍一下，这是某某公司的李秘书。"

介绍人作介绍时，手势要文雅。无论介绍哪一方，要面带微笑，用右手示意，手心朝上，四指并拢，拇指张开，胳膊略向外伸，指向被介绍者。切不可用手指指点。

- 商业性介绍。商业性介绍，又称实业性介绍。它不同于一般社交性介绍，其目的是为了建立某种贸易性的往来关系，以发展自身的事业。在介绍中，不分男女老少，只把社会地位的高低作为衡量的标准，在任何场合都是先把地位低者介绍给地位高者，如介绍时可说："毛总经理，请允许我把我的秘书于小姐介绍给您"，然后再说："于小姐，这是某公司的毛总经理。"在实业界，当男士被介绍给比自己地位低的女士时，无须起立。只有当两个人的社会地位相同时，才遵循先介绍男士这一规则。

（2）名片的使用。名片分为社交性名片和商用性名片。商用性名片除了姓名、职务外，还印有办公室地址、邮编、电话、电传，有的还在背后印上业务范围。不管是社交性名片和商用性名片，一般都不提供本人的家庭住址和电话。如确有必要，可在交换名片时当场提供。

交换名片是建立人际关系的第一步。递送名片的先后没有严格的讲究，一般是地位低的人先向地位高的人递名片，男士应先向女士递名片。但有时也因事、因人而有所不同。递送名片时，应面带微笑，正视对方，将名片的正面朝着对方，如果是一方送一方接，应用双手递、双手接；如是双方互送，应右手递，左手接。如果是坐着，应起身或欠身递、接，递时，可说"我叫某某，这是我的名片，请多关照。"接时，可说"谢谢！"接过名片后，应仔细看一遍，最好能将对方的姓氏、主要职称或身份轻声读出来，以示尊重。然后，将名片放在桌子上，正面向上，名片上不能压任何东西，也不要用手随便摆弄。收起名片时，态度要认真、恭敬，不要漫不经心地塞入衣袋，否则会给人一种不恭的感觉。

2. 握手

握手是现代社交场合中最习以为常的见面礼，大多用于见面致意或问候，也用于告别时的致谢与祝愿。这是各国通行的礼节。

握手礼起源于“刀耕火种”的原始时代，当时人们经常用棍棒和石块猎取动物和进行自我防卫。陌生人相见，如果双方均无恶意，就放下手中的武器，伸开手掌，相互抚摸手心，表示手中没有武器，以示友好相处。发展到后来，就演变成为表示友好、祝贺、感谢、告别的见面礼了。

握手虽然简单，但从握手中可以传递出许多信息，握手的姿势、力量的大小、时间的长短、握手的顺序等，往往表现着不同的礼遇和态度。因而，我们不能等闲视之。

（1）握手的要求。握手礼虽已通行，但也有许多规矩，要善于应用。如果不懂得其中的细节，还有可能失礼。有礼貌的握手应注意以下几个问题：

- 握手必须用右手。握手是表示友好的，必须用右手。如果右手一时抽不出来或不清洁，可以一面点头致意，一面说明情况，表示歉意。然后立即洗手，热情相握。如果戴了手套，应将手套脱下放好或拿在左手，再与对方握手。
- 握手姿态要正确。握手时要热情，面露微笑，双方眼睛要亲切友好地对视。切不可面色淡漠、漫不经心、东张西望，会给人留下冷淡、傲慢之感。握手是表示对对方的敬意和尊重，上身应略为前倾，伸出右手，四指并拢，拇指与手掌分开，用手掌心和五指与对方相握。伸手的动作要稳重、大方，态度要亲切、自然。除非是年老体弱、身有残疾，否则都应站着握手，不能坐着握手。
- 握手要注意力度。握手力量要适度，既不能有气无力，也不能握得太紧。过重了，会把对方的手握痛，显得粗暴无礼；过轻了，随便伸出几个指头轻轻碰一下了事，显得妄自尊大或敷衍了事。这都是失礼的。
- 握手要注意时间。握手时间的长短可因人因地因情而异。太长了使人局促不安，太短了表达不出热情。初次见面握手，一般2—5秒即可。遇到老朋友或敬慕已久的人，握手时间可以长一些，但至多不宜超过25秒钟。在多人相聚的场合，不宜只与某一人长时间握手，以免引起别人的误会。
- 握手要注意忌讳。人多时，注意不要交叉握手，应有顺序地待他人握毕，你再伸手；不要左手右手同时与两人相握，也不宜隔着中间的人握手；不要一只脚站在门外，一只脚站在门内跨着门坎或隔着门坎握手。

（2）握手的程序。握手要讲究先后次序，其程序要根据握手人双方的社会地位、年龄、性别和各种条件来确定，要遵循“尊者决定”的原则。一般来说，在主宾之间，主人先伸手，客人再伸手相握，但客人告别时，应由客人先伸手表示感谢，主人才能握手告别；在男女之间，女士伸手后，男士才能伸手相握，如女士无握手之意，男士只能点头致意；在上下级之间，上级伸手后，下级方可伸手相握；在老幼之间，年长者伸手后，年轻者才能相握。如果遇到许多人在一起，握手、致意的顺序是：先贵宾、老人，后同事、晚辈，先女后男。

（3）握手的场合。人们在社交活动中，有些场合根据双方的喜好及环境条件的约束可以不握手，但在必须握手的场合如果拒绝或忽视别人伸过来的手，就意味着自己的失礼。一般来说，必须握手的场合有以下几种：在被介绍与人相识时，应与对方握手致意；在与久别重逢的友人相见时，应握手表示高兴；在颁发或领取奖品时，应与受奖者或发奖者握手，表示祝贺或感谢；在参加宴会告别时，应与主人握手，表示感谢；在参加追悼会时，应与死者的亲属一一握手，表示劝慰并节哀之意，等等。

3. 鞠躬

鞠躬是我国古代的礼节之一，源于中国的商代。这是人们在生活中用来表示对别人的恭敬的、郑重的礼节，既适用于庄严肃穆或喜庆欢乐的仪式，又适用于一般的社交和商务活动场合。鞠躬礼分两种：一种是三鞠躬，适用于拜寿、婚礼、悼念等场合。行礼时，要立正站好，脱下帽子（摘下围巾），双目注视受礼者，身体上部向前下弯 90 度，然后恢复原状，这样连续三次。另一种鞠躬，几乎适用于一切社交场合，如下级对上级、晚辈对长辈、服务人员对宾客、表演者对观众、初次见面的朋友之间等都可以行鞠躬礼。施礼时，呈立正姿态，面带笑容，对准受礼者，上身向前弯 15 度左右，视线随之自然下垂，随即恢复原来状态，只做一次，同时还可以说一些表示欢迎、问候、祝愿的话，或感谢与告别的话等。

4. 亲吻与拥抱

亲吻是西方国家表示亲密、热情和友好的日常礼节，起源于古罗马。亲吻的位置因双方关系的不同而有所不同：长辈与晚辈亲吻时，长辈吻晚辈的额头，晚辈吻长辈的下颌；平辈亲友、熟人之间行亲吻，只能相互轻吻一下或轻轻贴一下对方的面颊。亲吻不同于接吻，接吻仅是夫妻或情侣之间的专利。在西方，亲吻虽比较流行，但即便是夫妻或情侣也不在大庭广众之下接吻，有些国家还明令禁止人们在街头接吻。

在西方，拥抱不仅是人们日常交际的重要礼节，而且是各国领导人在外交场合中的见面礼节。拥抱的标准方式：两人距 20 厘米相对而立，右臂偏上，左臂偏下，右手扶在对方的左后肩，左手扶在对方的右后腰，按各自的方位，两人头部及上身都向左相互拥抱，然后头部及上身向右拥抱，再次向左拥抱后，礼毕。

（二）宴会礼仪

日常生活中常见的宴会一般有工作宴、冷餐宴、酒会、家宴、茶话会等。每种宴会都有不同的意义和作用，又都有不同的参加形式。无论何种形式，都应遵循宴会礼仪。

1. 赴宴礼仪

（1）仪表整洁。仪表整洁，穿着要大方得体。仪表能体现一个人的形象，也是对主人和参加宴会者的一种尊重。出席宴会前，要换一套合时令的干净衣服，注意个人卫生；女士要进行化妆，男士应刮刮胡子，以最佳的精神状态参加宴会，会增加宴会热烈的气氛。

（2）准时到达。按时出席宴会是礼貌的表现。从时间上讲，提前五六分钟、正点，或迟一二分钟是最为适宜的，过早或过晚都是失礼的。太早了，会让主人着急；太晚了，会让主人或其他赴宴者等得烦躁。同时，应对宴请所需时间给予充裕的安排，赴宴而逗留时间过短是不礼貌的。参加正式宴会，迟到、早退或逗留时间过短，都会被视为失礼或有意冷落。

（3）入席礼仪。不管参加何种形式的宴会，到达宴会地点后，应与主人及其他客人打招呼。宴席的座次是主人根据邀请者的年龄、身份、职务而事先安排好的，入席要听从主人或服务员的安排，切不可盲目乱坐。入座时，应用右手挪动椅子，从左边进入座位，把椅子的位置调整好，以免在吃饭过程中再前后左右挪动座椅。入座后，坐姿要端正，不要两腿跷起或摇晃，不要用手托腮或双臂同时放在桌子上，也不要随意翻动菜单，摆弄餐具或餐巾，这些举动都会给人以迫不及待的坏印象。

2. 就餐礼仪

入席后，不要立即动手取食物，应等主人示意开始时，方可与大家共同就餐。用餐前，先将餐巾打开，用餐碟压住餐巾一角，不能把餐巾挂在胸前。用餐时，不要挑食，吃相要文雅，夹菜要文明，不要发出不必要的声音，如喝汤“咕咚”，吃菜“吧唧”，喝酒“吱吱”。

（1）中餐礼仪。中餐的餐具主要有杯、盘、碗、碟、筷、匙几种。在正式宴会上，水杯放在餐碟上方，酒杯放在右上方，汤碗放在左上方，筷子和汤匙放在专用的位置。

上菜应按照以下顺序：先上冷盘，后上热炒、大菜（整鱼、整鸡）、汤，最后上甜食和水果。每上一道菜，主人应先请主客或长者首先品尝。宴会上桌数再多，各桌也要同时上菜。

筷子是最主要的进餐工具。使用筷子也不能随心所欲，在长期的生活实践中，人们对使用筷子形成了一些礼貌要求：持筷应执筷的中部，而不是顶部或下部；要轻拿轻放，不能用筷子敲打其他餐具；用餐期间，应把筷子的一端搁在菜碟上，而不能把筷子搁在碗上或插在饭中；用餐完毕，应将筷子搁在桌子上。

（2）西餐礼仪。常用的西餐餐具主要有刀、叉、匙、杯、碟等几种。餐具的摆放：食物的盘子应放在餐桌的正前方，其左边摆叉，右边放刀。刀叉数目与所上菜的道数相当，按使用顺序，由外侧向内侧顺序摆放。碰到吃全席大菜时，这些餐具就按照用开胃小菜、汤、海鲜、肉类、冷饮、烘烤食物、沙拉、餐后甜食的顺序依次摆放。

上菜的顺序：一般的宴请，菜的道数不会太多，最多四五道。先上一道汤，后上一道热菜，生菜，最后上甜点或冷饮。

吃西餐时，左手持叉，右手拿刀，先把食物切成小块，再用叉送入嘴里，吃一道菜换一套刀叉。切食物时，用叉子将食物叉牢，刀紧贴叉边下切，以免食物滑开或碰坏杯盘。一道菜吃完，刀叉应合拢平行摆在盘沿上；未吃完，刀叉应交叉摆放或摆成“人”字形；若将刀叉并拢放在盘子上，刀右叉左，叉面向上，就表示不想吃了。

（三）舞会礼仪

舞会是一种高雅的娱乐活动，也是现代人际交往活动中不可缺少的一种方式。在优美动听的音乐旋律伴奏下，男女相伴，翩翩起舞，既可以欣赏美妙的音乐，又可以欣赏动人的舞姿，是一种有益于身心健康、深受人们喜爱的社交方式。

舞会作为一种高雅的社交活动，要求参加舞会者，应该遵循舞会的礼仪。舞会上的礼仪很多，无论从衣着打扮，还是行为举止，都有严格的礼仪规范。

1. 仪表

容貌整洁。参加舞会前，男女宾客要洗漱干净，头发要梳理整齐、面容要清洁。男士要修面，切忌蓬头散发、胡子拉茬；女士要化妆，适当浓妆打扮，但不要轻浮妖艳。还应注意口腔卫生，不要吃葱、蒜等有气味的食物，不要吃过分甜腻的食物，以免口中发出异味，令人生厌。

穿着得体。男士应以庄重色调为主，一般穿西服套装，系领带，服饰要端庄、得体、落落大方；女士应以亮色调为主，一般穿裙服，配以合适的饰物，显示出身段线条和舞姿的优美。无论男女，一般穿皮鞋，鞋底不能带有鞋钉，以免跳舞时发出刺耳的声音。舞场上不可戴帽子、口罩和手套，否则是不礼貌的。

2. 邀舞

邀舞有礼貌。在舞会上，一般都是男士邀请女士跳舞。在邀请别人跳舞时，表情应自然、谦恭、有修养。当舞曲奏起时，男士方可慢步来到被邀请的舞伴面前，立正，右手自然前伸，掌心向上，上身略前倾，一般以 15 度左右为宜，微笑着轻声说："请您跳舞好吗?"，"能同您跳舞吗?"待音乐结束后，男士应将女士送到其原来的位置，先道声"谢谢，再会"，然后离开。男士邀舞时，一旦被女士拒绝，应表示理解和尊重，切忌胡搅蛮缠。

3. 拒舞

拒舞要委婉。女士在接受邀请时，一定要有礼貌，在没有特殊理由的情况下，一般不宜拒绝。如要拒绝，则应向前来邀请者表示歉意"对不起，已经有人邀请了，等下曲，好吗?"，"对不起，我想休息一下"，"真对不起，我不会跳舞"，以此来求得对方的谅解。已辞谢之后，在一曲未终时，不要再与别的男士共舞。如果同时有两位男士同时邀请一位女士，女士最好都礼貌地拒绝。

4. 舞姿

舞姿要正确、优雅，整个身体要保持平、正、直、稳，不要左右晃悠。基本姿势是：男士右手应手心向下，大拇指的背面轻轻将女士的腰肢挽住；左手掌心向上，轻托女士右掌，左臂向外伸展成弧形，与肩平或略高。女士左手轻搭男士右肩上，右臂顺着男士的左臂，右手手心向下，轻放在男士的左手上面。两人之间保持约两拳的距离，上身略向后仰，头略向左侧。起舞时，要按照舞程线方向即逆时针方向运转，表情要自然，说话要和气，声音要轻细，动作要柔和，男士不要强拉硬拽，女士不要挂、扑、靠、扭。

四、商务礼仪

在商务交往活动中，礼仪同样发挥着重要的作用。商业部门如何与企业打交道，如何与顾客打交道，如何与市场打交道，进而言之，如何运用商务礼仪，文明经商，以提高组织的知名度和美誉度，这是关系到组织生存发展的关键环节。

（一）谈判礼仪

商界人士在商务交往中，多多少少都有一些谈判的经历。大凡正规、正式的谈判，都是很注重礼仪的。因此，要在谈判中"克敌制服"，就应该全面地了解并熟练运用谈判的基本礼仪。

1. 仪表端庄

谈判一般都是比较正规的场合，它是谈判双方风度的一场较量，因此，必须注意仪表举止。穿着要整齐、干净、举止要大方、文明。穿西装要笔挺，配系领带或领结，配穿皮鞋并上油擦亮；穿长袖衬衣，要将前后摆塞入裤腰内，不卷袖口；进入室内应摘帽，脱外套；一般不准戴墨镜等。在行为举止方面，要注意自己的形象，打喷嚏、咳嗽时应转脸避开对方并配用手帕；站立时，身体不要歪靠一边；坐下时，不要翘二郎腿等。

2. 介绍得体

自我介绍时要自然大方，不必过分拘泥礼节，一般应姓、名并提，并讲清自己的单位、身份等。介绍他人时，不管男女老幼，遵循社会地位高低的原则进行介绍。在介绍完之后，双方要相互问候和握手，或互递名片。

3. 正确发问

在进行谈判中，对方陈述观点时，如有疑问，应及时发问以求澄清，并及时表明自己的看法。但提问要注意相关礼仪：

（1）注意内容。不要问对方难于应付的问题，也不要同时提问多个问题，以免使对方思路混乱。提出的问题要简练，一般一次只提一个问题。

（2）注意语气。不生硬，不咄咄逼人，不攻击，要委婉发问，不搞“查户口”式的提问。

（3）注意技巧。对对方敏感的问题、不愿回答的问题、一时答不上的问题，或对方表达有误陷入尴尬时，不要生硬地追问，应善于转变方式或转换话题，以免伤了和气、感情。

（4）注意距离。太近了拘束，太远了疏远，不利于感情交流。

4. 仔细聆听

一个出色的谈判人员要避免只讲不听，要留心对方怎么讲，细心聆听，从而从对方言语中捕捉其真实意图，并同时考虑应答对策；聆听时不能漫不经心，一般要盯着对方的眼睛，并积极地有所响应，如用点头同意或简单的“是”、“嗯”、“对”、“我明白”等语言，鼓励对方继续讲下去；不要轻易地打断对方的谈话，要等对方讲完，方可发表自己的看法；重要的交谈内容，需要记录下来，以备后用。

（二）柜台礼仪

柜台是商业的窗口，是商业人员为公众服务的天地。营业员作为柜台的主人，要满足消费者的要求，不仅需要熟悉有关商品的知识，而且还要遵守柜台礼仪。

1. 仪容仪表

营业员的仪容仪表既影响商场的整体精神面貌，又影响营业员的个人形象。对营业员来讲，整洁的仪表、美观的服饰是呈现给顾客的第一印象，能够给顾客带来心理上的舒服感和信任感。一般来说，营业员在仪容仪表上需要做到以下几点：

（1）着装整洁统一。营业员的穿着要尽量服装统一、整洁大方，并佩带统一的标志牌。坚决反对衣衫不整、袒胸露背、邋里邋遢的作风，比如用工作服的袖管、衣角擦柜台、擦脸抹汗等。

（2）适当修饰。营业员应保持脸部清洁，男士不留胡须和大鬓角，女士上班略施淡妆。头发要梳理整齐，女性头发不宜长于肩部，不宜挡住眼睛，也绝不允许随意将其披散开来。发型必须简单，不要过于时髦，尤其不能选择极端前卫的发型。营业员在工作岗位上佩戴饰品少而精，一般不宜超过两个品种，也可以不戴任何饰品。修饰不当都会引起顾客的不信任甚至反感。

（3）面带笑容。最美丽的脸就是笑脸，面带微笑的服务会让人觉得亲切。营业员微笑的基本要求是保持微笑并善于微笑；微笑的主要特征是面含笑意，不闻其声，不见其牙。真正的微笑是一种内心活动的自然流露。而绝无任何外来的包装或矫饰，所以微笑的基础是对顾客发自内心的热情。

2. 服务用语

营业员应当主动迎客，礼貌待人，始终以真挚的感情来对待顾客。在服务过程中，不仅要讲普通话，而且要注意语言修养，对顾客讲话语气应和蔼委婉，表达简洁明了，“谢谢”、“您请”、“对不起”、“欢迎再来”、“再见”等礼貌用语是营业员的日常习惯用语。

3. 行为举止

营业员应从站、行、拿、递等方面来规范自己的行为，不应行为轻佻，举止随便。工作时间，无论有无顾客，都应保持迎接顾客的姿态，不可以东张西望，或是挖耳朵、抠鼻子；营业员之间不应谈笑风生，嘻嘻哈哈而置顾客于不顾；营业时不应坐着、爬着，或身靠货架，或双手托腮，给人一种萎靡不振的感觉。正确的柜台待客站姿是：手脚可以适当放松，在以一条腿为重心的同时，将另一条腿向外稍稍伸出一些，使双脚叉开；双手指尖可以轻扶在身前的柜台上；双膝尽量伸直，不要弯曲；肩、臂放松，在敞开胸怀的同时，伸直脊背。

若顾客对商品有感兴趣的表示，应步履轻快稳重地迎上前去接待、答话。为顾客取货时动作要轻盈，不能扔掷，找零时切忌把零钱随手抛掷，应当交到顾客手中。

（三）推销礼仪

商品推销的方式多种多样，大体可以分为三类：外出登门推销、公司来客推销和电话推销。下面分别介绍不同推销方式应注意的礼仪。

1. 外出登门推销

外出登门推销是指商业公司派推销人员外出，主动登门寻找顾客，亲自介绍产品、展示产品，促成顾客购买的过程，外出登门推销时，应注意以下的礼仪：

（1）塑造良好的第一印象。推销员在和顾客交往的时候，第一印象十分重要。影响第一印象的因素有很多，但主要是仪表。因此，推销人员的服装不要过于怪异，过于随便，可以穿公司的统一制服；发型要因人而异，不宜打过多的油，油头粉面容易使人讨厌；不要戴太阳镜和变色镜，只有让顾客看到推销人员的眼睛，才能给人以信任感；不要戴太多的饰品。总之，推销人员要使自己衣冠整齐、仪容庄重。

（2）举止言行要得体。礼貌得体的举止可以给人留下良好的印象，更容易让对方接受你的商品。推销员到顾客办公室或家里，进门时要按门铃或轻声敲门，即使门是开着或是轻掩，也要先敲门，不要贸然进去；与顾客交谈时，说话的声音要适当，频率不要过快，尽量说普通话；行为举止要文明，可适当做一些手势，但不要过多，要与顾客保持适当的距离。一般最佳有效距离是以顾客的立足点为圆心，以一米为半径形成一个圆周；即使推销不成功，也要感谢顾客的耐心倾听和对你的支持，礼貌地向顾客告别，为企业和产品的形象，为今后再次登门打下基础。

2. 公司来客推销

顾客到公司或经营部购买商品时，销售人员不能因为对方是主动上门而忽视推销礼仪。在接待公司来客时，销售人员对顾客要态度和蔼、举止得当，与来客建立起融洽和谐的关系；介绍产品时态度要热情，不可夸夸其谈，切记：自己是在为顾客服务，而不是在做产品广告；对顾客的态度要始终如一，彬彬有礼、不卑不亢，即使推销不成功，也不能对顾客有半点冷淡；告别时，可以把顾客送至公司大门，多说一些增进友谊的话。

3. 电话推销礼仪

电话推销礼仪除了包括一般的电话礼仪外，还有电话推销技巧。这些技巧与礼仪是融为一体的。

（1）选择推销对象。每个行业都有自己相应的消费对象，因此要处处留心，在选择时有针对性。比如对曾经光顾过公司的人进行推销效果会更好。另外还要注意不要打对方在接听时需要付费的电话。

（2）选择合适的时间。电话推销不受地点的限制，但在时间上要注意，千万不要在对方很忙或者休息的时候打扰对方。打单位电话最好在上午10点以后，打给私人住宅的电话最好选择在休息日，要尊重对方午休的习惯，不要在中午12点到下午3点之间进行电话推销。

（3）恰当运用声音艺术。电话推销给顾客的第一印象完全是由声音形成的，接通电话后，应首先问候一句“您好”、“打扰您了”，再做自我介绍；讲话时，语调、语速、音色要恰到好处，给顾客一个亲切可信的印象；推销产品时，要根据顾客的需要，有针对性地介绍产品的特性、功能用途、价格优惠政策等；推销结束时，无论对方态度如何，都要表示感谢。

（四）商业仪式

在现代商业活动中，人们经常举行一些商业仪式和商务活动，主要有各类庆典活动、开业典礼、剪彩、签字仪式，各类展览会、招待会等。组织可以通过这些商业仪式扩大自身的影响，建立良好的组织形象。了解和熟悉这些商业仪式礼仪有助于更好地进行商务活动。

1. 开业典礼应当注意的礼仪

（1）选择并布置好环境。开业典礼的现场一般应选择宽敞一些的场地，如组织的门前广场、展厅门口等；典礼的现场要呈现热烈、隆重、喜庆的色彩和气氛，在现场上可以悬挂“××商场开业典礼”、“欢迎各位领导莅临指导”、“欢迎各位来宾光临”等标语；在会场两边还可以布置一些来宾赠送的贺匾、花篮等，会场四周也可悬挂彩带、宫灯等饰物以增加典礼的隆重热烈的气氛；在布置现场时，还应当充分检查所用的设备是否完好，席位是否够用等，以保证典礼的顺利进行。

（2）发放识别标志。主办单位的每一位与会职员包括主持人、发言人、工作人员，都应佩戴写有姓名、服务性质的标签、胸卡等，对出席的来宾应发放带有“贵宾”字样的胸卡或胸花，并在主席台上标出出席人员的姓名，以便来宾就位。

（3）现场安排要井然有序。会场的入口处应有专人负责接待，会场内也应有专人负责安排座位等；各项议程的安排应当紧凑，富有节奏感；发言人切忌长篇大论作报告式的发言会引起听众的反感；庆典结束后，主办单位的代表应当向来宾一一道别并致谢意。

（4）引导参观并欢迎首批顾客。开业典礼一结束，应当引导来宾进入商场或公司进行参观，并适时介绍本组织的经营特色和主要设施，要以诚恳的态度听取来宾的建议；还应安排工作人员在商场门口迎接第一批顾客，并向顾客发放介绍本组织经营特色的广告，或者发放印有本单位经营特色和开业典礼纪念字样的购物袋，免费赠送以表纪念。

2. 剪彩仪式应当注意的礼仪

在形式各异的开业仪式中，剪彩是一项十分重要、不可缺少的程序。剪彩表示一个新的开始，可以通过这一仪式引起社会各界的关注，使公众了解组织的特色和真实的水平。组织剪彩仪式要注意以下几个方面：

（1）筹备工作。筹备工作是否详尽周密决定了剪彩仪式能否获得成功，因此，筹备工作的每一个环节都要做到万无一失。充分准备剪彩的物品，如红色缎带、新剪刀、白色薄纱手套、托盘、红地毯等；选定剪彩人员，剪彩者一般为上级领导、单位负责人、合作伙伴、社会名流等担任，助剪者一般由东道主的女职员担任，或者临时聘请的礼仪小姐，主要负责迎送、引导来宾，拉彩带，捧花和托盘，递剪刀等工作。

（2）剪彩程序。剪彩仪式要紧凑，忌拖沓，时间越短越好，少则一刻钟即可，长则不要超过一个小时。剪彩的基本程序包括：请来宾就位；主持人宣布仪式开始，并向全体到场者介绍重要来宾；全场起立，奏国歌，随后也可奏本单位的标志性歌曲；简短发言，依次为东道主单位代表、上级主营部门代表、地方政府代表、合作单位代表等；进行剪裁，由主持人宣布剪彩人员并引导他们来到剪彩指定的位置，剪彩完毕，应向四周鼓掌庆贺。

（3）剪彩的结束。剪彩结束后，主持者要再次向与会者表示谢意，并组织与会者对本单位的情况进行参观，也可以准备签字簿，让与会者签字。

3. 签字仪式应当注意的礼仪

签字礼仪的规范比较严格，从商务礼仪的角度来看，签字仪式应该注意以下几个方面：

（1）准备工作。布置好签字厅，签字厅要庄重、整洁、清净，签字桌应为长桌，应当横放，两侧放置两张座椅，上方悬挂横幅，写有“××（项目）签字仪式”的字样，并准备好待签合同文本以及签字笔等签字时所用的文具，签署涉外商务合同，须在签字桌上插放有关各方的国旗；确定好签字人员，主签人员的确定根据文件性质的不同而变化，但双方主签人员的身份应大体相当；安排好签字时的位次，在签署双边性合同时，应请客方签字人在签字桌右侧就座，主方签字人则应同时就座于签字桌左侧，双方的助签人应分别站立于各自一方签字人的外侧，以便随时给签字人提供方便；规范好签字人员的服饰，按照规定，签字人、助签人以及随身人员出席签字仪式时，应当穿着具有礼服性质的深色西装套装、中山装或西装套裙，并配以白色衬衣与深色皮鞋。

（2）签字仪式的程序。进场，有关各方人员进入签字厅；正式签字，按照国际惯例，主签人首先签署己方保存的合同文本，且签在左边首位处，然后由助签人员相互交换文本，再签署他方保存的文本；交换文本，签字完毕，双方主签人起立交换文本，并相互握手，其他随同人员鼓掌庆贺；饮香槟酒，交换已签的合同文本后，服务人员递上香槟，尤其是主签人当场应干上一杯香槟酒；退场，仪式结束时，应请双方最高领导者退场。然后请客方退场，东道主最后退场。

五、涉外礼仪

在国际交往中，不仅应该了解国际上已经形成惯例的礼节，而且应了解各国的一些重要的礼仪、风俗和禁忌，做到因国、因人施礼。这对于我们增进与世界各国政府、人民之间的互相了解，加强民族间的友谊，推动国际间的合作，都有着积极的意义。

（一）世界主要国家的交往习俗

1. 服饰礼仪

（1）西方各国人士参加各种隆重典礼仪式，一般要穿礼服或深色西装。许多国家规定，在本国的重大节日中要穿礼服，其他正式场合穿西装。

美国人不拘小节，不大注意穿着，不怎么注重修边幅。

英国人在日常生活中十分注意仪表，讲究穿着，男士每天要刮脸，凡外出进行社交活动，都要穿深色的西服，但忌戴有花纹的领带；女士则应着西式套裙或连衣裙。

德国人在商务活动中，十分讲究穿着打扮。一般男士穿深色的三件套西装，打领带，并穿深色鞋袜；女士穿过膝的套裙或连衣裙，并配以高筒袜，化淡妆，不允许女士在商务场合穿低胸、紧身、透明的性感上衣和超短裙，也不允许女士佩戴过多的首饰（最多不超过三件）。

法国人性格开朗，乐观爱美，衣着十分讲究。尤其是妇女，可以说是世界上最喜欢打扮的妇女。她们的服装非常时髦，所用化妆品也特别多。如口红就有早、中、晚之分。

阿根廷人习惯于保持体面，重视礼节，并以衣帽取人。他们平时很注意仪表，穿西服、系领带，保持一副绅士派头。但灰色西服不受欢迎，它给人一种忧郁之感。

（2）亚洲国家民族众多，各民族的服装丰富多彩，但从总体上说，作为民族服装的礼服都以灰色、蓝色为主，式样也比较简单。

在信仰伊斯兰教的国家，穿戴不得体，会受到当地人的指责。他们忌穿短裤、无袖衬衫及露膝短裙。即使在游泳池，也绝不准穿“三点式”泳衣。信仰伊斯兰教的穆斯林国家的妇女都有戴面纱的习俗。

（3）非洲国家服装的特点是五花八门，五彩缤纷。其民族服装既有紧小的，也有宽大的。有的一件衣服将全身盖住，有的一件衣服只能掩住身体的一部分。

2. 见面礼节

不管是通过他人介绍还是自我介绍的相识，各国各民族在见面相识时应用的礼节不尽相同。

英国人的见面礼是握手礼，戴着帽子的男士在与英国人握手时，最好先摘下帽子再向对方致意。但切勿与英国人交叉握手，因为那样会构成霉气的十字形。

美国人以不拘小节闻名于世。通常相见，一般只点头微笑，打声招呼“嗨”或“哈罗”，而不一定握手。一般也不喜欢用先生、太太、小姐、女士之类的称呼，常常直呼对方的名字。

法国人天性浪漫好动，喜欢交际。在商务交往中，常见的见面礼是握手，一般是女子、上级、长者先伸手；在社交活动之中，亲吻礼和吻手礼比较流行。

日本人注重礼节和礼貌，见面一般都相互问候，脱帽鞠躬，交换名片，一般不握手。日本人鞠躬很有讲究，往往第一次见面行“问候礼”，是30度；分手离开时行“告别礼”，是45度。见面时，常说“拜托您了”、“请多关照”等话。

3. 交谈礼节

不同国家、不同民族由于风俗习惯、宗教信仰不同，就有不同的话题内容、不同的交谈习惯。

英国人初次见面议论最多的是天气。在交谈中，奉行“不问他人是非”的信条，不喜欢谈私事、个人的职业、收入、家具价格等，更不能问女士的年龄。

美国人开朗直爽，言谈举止比较随意。他们很喜欢讲话，即使与你素不相识，也能与你谈笑风生，但很快就会把你忘记的。美国是个十分崇尚强者、个人的社会，尊重个人的权利和自由，所以在谈话中是不能打听对方的收入、年龄、家庭和妻子的情况。交谈中，要盯住美国人的眼睛，否则他心里会感到不踏实，认为你难以捉摸或不注意听他的谈话。

日本人的时间观念比较强，一般不喜欢深谈，即使是熟人相见，也是匆匆打个招呼。在交谈中，从不大声说话，也很少大笑。在听对方讲话时，目光应望着对方的双肩与胸之间的部位。在日本，人们从来不公开说“不”字，从来不公开表示不同意见。

无论与哪国的宗教人士谈话，一定要记住：不要向他们宣传无神论，尽量避免、减少有关宗教问题的争论。

4. 送礼礼节

在国际交往中，为了向他人表示慰问、祝贺、友好、感谢，往往相互送一些礼物作为纪念。但由于各国文化的差异，涉外送礼要考虑各国的习俗禁忌和外宾的个人喜好。

日本人有送礼的嗜好。他们较注重礼品的牌子、包装，认为形式比内容更主要；美国名牌商品很受日本人的青睐，日本人很崇拜美国物品；日本人喜欢白色的贵重金属制品，也喜欢进口的苏格兰酒、白兰地；日本人不会当着你的面打开礼物的，不喜欢没有包装的礼物；他们非常重视送礼的时间，最好的日子是1月1日（岁末或年初）、6月15日（一年过半）。

韩国人喜欢当地出产的手工艺品，故送本国、本民族、本地区的特产最好；要让他们先拿出礼物来，然后你再回赠他们本国的礼品。

美国人喜欢"以玩代礼"，邀请对方游玩可算作送礼或回礼；一起在城里共度夜晚、一瓶好的葡萄酒或烈性酒、一件高雅的名牌礼物，都是美国人喜欢的；送礼时机要选择在洽谈结束，不应在业务洽谈开始阶段送礼。

英国注重"外表决定一切"，要避免感情的外露，应选择较轻的礼物；他们比较喜欢鲜花、巧克力、酒、小工艺品等，不欣赏标有客人所属公司标记的礼品；合宜的送礼时机应选择在晚上请英国人吃饭、喝酒、看戏之后。

法国人喜欢能够体现文化品位的礼品，如书、唱片、艺术画册等；他们不习惯初次见面就送礼，应该等到下次相逢时；礼品应表达出对他的智慧的赞美，但不要显得过于亲密；应邀到法国人家做客，通常要送几枝不加捆扎的鲜花。

（二）世界主要国家的各种忌讳

1. 交往的忌讳

与英国人交往，不要随便闯入别人的家，他们把家当成"私人城堡"，不愿接纳别人进入自己的私人生活领域；不要以英国皇室的隐私作为谈资，他们把女王视为国家的象征；不要把英国人通称英国人，一般称为"大不列颠人"或"英格兰人"等；英国人最忌讳打喷嚏，他们一向将流感视为大病。

欧美人忌讳谈论其私人性质的问题，"男不谈收入，女不问年龄"；在社会交往中，女士优先（Lady First）是极其普遍的现象，忌讳怠慢女性；不要一次连续给三个人点烟，否则会给三人中的某人招来不幸。另外，美国人崇拜强者，不同情弱者，很忌讳说自己不行；他们在公共场合尽量避免身体的接触，即使在拥挤的电梯里也如此。法国人谈话时，很忌讳谈政治和金钱；喜欢用法语同别人交谈，但很忌讳别人讲蹩脚的法语，认为那是对其祖国语言的亵渎。

德国人比较注重形式，与德国人打交道，一定称呼他的头衔，特别是法官、律师、医生、博士、教授等，否则他会觉得受到了轻视；朋友见面或离开，总是把手握了又握，表示热情；德国人讲究效率，时间观念强，忌讳"临阵磨枪"、缺乏准备。

日本男女见面一般不握手，在他们看来，触及别人的身体是失礼的；同日本人合影，一般不要三个人，他们认为中间被左右二人夹着，是不幸、死亡的预示；在日本发信时，邮票不能倒贴，倒贴表示绝交；到日本人家做客，不能穿着白色鞋子进房间，是不吉利的举动；日本人很忌讳别人打听他的工资收入，年轻的女性忌讳别人询问她的姓名、年龄以及是否结婚等；日本人没有相互敬烟的习惯，喝酒时，也不要劝导他们开怀畅饮；在餐桌上，日本人忌讳"八筷"：舔筷、迷筷、移筷、扭筷、掏筷、插筷、跨筷、剔筷。

2. 数字的忌讳

西方人忌讳数字“13”，认为“13”是个凶险或不吉利的数字，许多大楼不设13层，有的旅馆干脆将房间号从101开始计数；航空公司没有第13号的班机，12号之后就是14号；影院、会场没有13排、13座；宴会上没有13人一桌的，也没有13道菜一桌的；医院的病房、病床没有13号，否则病人不死也会被吓死的。在日常生活中，他们总是尽量避开这一数字，常用“14（A）”或“12（B）”来代替。有的人甚至在每月的13日这一天产生莫名其妙的恐惧感，停止一切工作和活动。西方人还把星期五视为凶日，13日又碰上星期五就更不祥了，被称为“黑色星期五”，许多人都借口全天不起床，不出门，以免发生不吉利的事情。

日本人忌讳“4”和“9”这两个数字，因为日语中“4”的发音与“死”相近，“9”的发音与“苦”相似。日本人在日常生活中，特别是在请客或者送礼时，忌出现这两个数字。无论是医院还是饭店、旅馆，都尽量避免使用“4”或由“4”组成的数字。中国、韩国等东方国家也忌讳“4”这个数字，把它看成是不吉利的数字。

3. 颜色的忌讳

欧美人忌黑色，认为黑色是丧礼的颜色，表示对死者的悼念和尊敬；法国人忌麦绿色，因为这会使他们想起德国法西斯的军装；德国人忌红色、茶色；比利时人、伊拉克人、埃及人忌蓝色，如遇不祥之事用蓝色作标志；日本人忌绿色，认为绿色是不吉利的颜色，象征着不祥；巴西人认为紫色表示悲伤，黄色为凶葬之色，若两者配一起，必能引起凶兆；印度视白色为不欢迎的颜色；摩洛哥人一般不穿白衣，认为白色是贫困的象征；埃塞俄比亚人、叙利亚人、巴基斯坦人忌黄色；泰国人忌红色，人死后，用红笔将死者的名字写于棺上；土耳其人忌花色，认为花色是凶兆，在布置房间、客厅时绝对禁用花色。

4. 送礼的忌讳

在国际交际场合，忌用菊花、杜鹃花、石竹花、黄色的花献给客人，已成为惯例。

在日本，赠送礼物时，不要选择带有荷花、狐、獾图案以及“4”和“9”数字的礼品，他们认为荷花是不吉祥之物，意味着祭奠，而狐狸是贪婪的象征，獾则代表着狡诈；菊花是皇室专用花饰，不能做礼品送人；不要用灰暗颜色的纸来包装礼品，认为黑白色的包装暗示悲哀。

在美国，忌送带有各种珍贵动物商标图案的礼品；尤其讨厌蝙蝠，认为是凶神恶煞的象征，凡有蝙蝠图案的商品都是不受欢迎的；男性不能给女士送香水、衣物和化妆品；不要送不值钱的项链，特别是忌讳带有你公司标志的便宜东西。

在英国，忌送带有白象、猫头鹰、孔雀商标图案的礼品，认为大象是蠢笨的象征，而把孔雀看作是淫鸟、祸鸟；忌用人像作为商品的装璜；给女士送花时，宜送单数，不要送双数和13枝；不要给英国人送百合花、菊花，认为百合花、菊花象征着死亡。

在法国，初次见面，切勿送礼，应在第二次相见时送；不要送黄色的花，法国人认为这是不忠诚的表示；菊花也不能随便赠送，只有在葬礼上才用菊花；对女士，忌送香水等化妆品。

在德国，不要给女士送玫瑰、香水和内衣，他们认为玫瑰代表浪漫的爱情，香水与内衣表示“亲近”，即使女性之间，也不宜互赠这类物品；忌送刀、剪和餐刀、餐叉等西餐餐具，因为它们暗示着“断交”；

在阿拉伯国家，初次见面送礼可能会被视为贿赂，切勿把旧的物品送给他人；忌讳送烈性酒或带有动物图案的礼品，更不能直接向妇女送礼，切忌送饰品。

在拉丁美洲国家，忌讳黑色和紫色，使人联想到“四旬斋”；忌送刀和剑，认为他们暗示友情的完结；不要送手帕，因为它与眼泪是联系在一起的。

思考练习题

1. 什么是人际交往？
2. 简述人际交往的特点及类型。
3. 什么是礼仪？礼仪的原则是什么？
4. 如何塑造良好的个人形象？

案例分析题

程冰如遭遇尴尬

一、案例介绍

2002年，著名相声艺术家程冰如在香港遭遇了着装带给他的窘境。那次境遇让程冰如改变了一成不变的老观念：穿衣服确实不能忽视场合。当时，正在香港的某影星获悉程冰如也到了香港，邀请他出席胞兄的画展，并嘱咐他一定去帮忙“捧场”。程冰如到展厅的时间不早不晚，展厅里的人熙熙攘攘，程冰如深深地感到人们的装束无不得体异常，而自己的一身打扮实在有失体面。

程冰如回忆起当时的情景还感慨不已：“我身边的几位老总穿得都很到位：精制西装，风度翩翩，头发抹得光亮整齐，整齐得能看得出梳子在头发上划过的一绺绺痕迹。那位明星一头短发，上衣的两个大尖领，像两把刀一样锋利地伸向两肩，腴白的脖子上是金光闪闪的小珠子项链。胡慧中身穿明艳的晚礼服，钩住了所有在场者的视线。个头高大的香港影星邓光荣，一身黑礼服，黑色套头衫，显得那么帅气，那么干练。我呢，尽管西服料子不错，也合体，只是在香港穿了一个星期没离身，裤线早没了，上衣的兜盖不知怎么的反了向了，兜口老是张着，领带呢，恰巧又忘了戴。”程冰如说最发怵的是头和脚。头发乱，因为他从来不抹油，习惯于早上起床后用梳子随便扒两下就算。“当时，根根头发都各自为政地在头上横躺竖卧，尤其是脑后‘旋儿’旁边的那一绺，高高地矗着，不照镜子都能‘心知肚明’。脚下一双皮鞋更显得寒酸，因为我穿着它已经走了整整一个星期。所以皮鞋不亮不说，整个都走了形，像两个大鲶鱼头套在脚上。”

程冰如说他感到了一种不自在，一种被环境隔离开来的不自在。更不自在的是很多人都认识他，知道他是内地著名的相声艺术家，这个握手，那个交谈，问这问那，他则答非所问，因为脑子里老想着头上“旋儿”边的那一绺站立着的头发……

从那以后，程冰如非常注意在不同时间、不同场合、不同环境的服饰穿着和饰物的搭配，使得自己的形象更完美。

——摘自 MBAlib（http：//doc. mbalib. com/view）

二、案例思考

1. 结合本案例谈谈你对服饰基本要求的理解。
2. 公共关系人员应如何选择服饰？

实训练习题

假如你正在讲台上演讲，当你说到“我们的前途是光明的”，这时突然停电了，会场一片漆黑，听众变得混乱起来。面对这样的窘境，开动脑筋，想想采取怎样的方法，稳定会场秩序。

要求：学生在短时间内以最简练的语言或最有效的方式，表现自己的机智和灵活。

目的：培养学生临危不乱的品质，训练有素地摆脱尴尬。

第十一章

公共关系专题活动

学习目标

公共关系专题活动是社会组织为了特定的公关目的，综合运用公关理论知识和公关操作技术开展的主题鲜明的公关工作。公关专题活动对于树立良好的组织形象，提高组织的知名度、美誉度、认可度都有明显的成效。有计划、有步骤地策划和实施公关专题活动，是一个合格的公共关系从业人员必须具备的基本素质。

第一节　公共关系专题活动概述

一、公共关系专题活动的含义

（一）公共关系专题活动的含义和特征

公共关系专题活动是社会组织为了实现某一公共关系主题而进行的有计划的传播、沟通活动。具有以下特征：

1. 目的性

公共关系专题活动具有很强的目的性，即每一个公关专题活动应该有一个鲜明的主题。它是公共关系专题活动策划和实施的依据，也是评估专题活动效果的标准。任何的公共关系专题活动的目的必须与组织的整体目标一致，使其主题更加具体化、明确化。

2. 传播性

公共关系专题活动本身就是一种传播手段，它通过一系列的专题活动，利用各种传播媒介和传播手段，把组织的信息和观念传播给目标公众，并且通过目标公众的人际传播和大众传播把信息传播到更大的范围，促使更多的公众了解组织、支持组织的发展。

3. 协调性

公共关系专题活动的协调性不仅表现在同一主题的专题活动过程中的各个方面与各个环节的协调，而且表现在不同主题的专题活动之间的协调。同一主题的专题活动的协调性表现在：目的与内容的协调、内容与形式的协调；不同主题的专题活动的协调性表现在：专题活动要与组织的总目标、总规划相协调。

4. 时效性

公共关系专题活动的时效性越强，其公共关系效果也就越强。现代社会，一切活动都讲究效率，公共关系专题活动也不例外，应该以最少的人力、物力投入，争取在短时间内达到尽可能大的信息覆盖面，尽快地扩大影响，提高专题活动的时效性。

（二）公共关系专题活动的类型

公共关系专题活动的策划和实施，都有赖于科学地区分不同类型的公关专题活动。公共关系专题活动依据不同的标准，可以划分许多不同的类型。

1. 按公共关系专题活动的规模划分

可分为大型系列活动、大型活动、小型活动。

2. 按公共关系专题活动的场地划分

可分为室内活动、户外活动、野外活动。

3. 按公共关系专题活动的性质划分

可分为商业性活动、公益性活动、专业性活动、社会各种活动、综合性活动。

4. 按公共关系专题活动的形式划分

可分为会议型活动、庆典型活动、展示型活动、综合型活动。

二、公共关系专题活动的策划

（一）确立主题

确立公共关系专题活动的主题，是策划和实施专题活动的前提。公共关系专题的主题是多种多样的，确立主题的标准是要符合组织总体形象需要和近期工作迫切需要，而且还要考虑到各种主客观条件的限制，如组织现有的人力、物力，社会的环境以及公众的心理状态等。只有确立切实可行的、鲜明的主题，才能最大限度地提高传播的有效性，提高组织的知名度、美誉度、认可度。

（二）确定对象

公共关系主题不同，所面临的公众范围、目标公众也就不同。确定对象，即选择公共关系专题活动的公众范围确定目标公众。组织应了解各类公众不同的权利要求，并根据公众不同的权利要求分出轻重缓急，一般是选择与公关专题活动的主题相同、相近或利益关系特别紧密的公众，作为这一公关专题活动的目标公众。只有这样，才能有的放矢地开展工作，把有限的传播经费运用在目标公众身上，提高专题活动的效率。

（三）选择媒介

公共关系专题活动媒介的选择要根据专题活动的主题、目标公众的类型、传播的内容和组织的经济条件来确定的。各种媒介各有所长，各有所短。只有选择恰当，才能取得良好的传播效果。

（四）预算费用

“巧妇难为无米之炊”，活动经费的开支是公共关系专题活动中不可缺少的一项具体内容，主要包括行政开支和项目开支。各种开支都要事先估计到，以便做到量入为出，并留有余地，有助于专题活动的顺利实施。

（五）制定方案

制定方案是策划的主体工作阶段。公共关系专题活动计划经过论证后，必须形成策划书，列出各项筹备工作的要求，列出活动计划的进度表，如具体说明专题活动的主题和形式、时间和场地的安排、公众与媒介的选择、经费的预算等。但专题活动的计划方案确定后，仍需根据各种反馈信息不断调整、修正，以提高专题活动的质量。

三、公共关系专题活动的实施

一个公共关系专题活动策划方案基本确定后，公关专题活动就进入实施工作阶段。公共关系专题活动的实施是一个复杂、多变的行动过程，具有以下特点：

动态性。在实施计划的过程中，难免会遇到一些新问题、新情况，需要经常改变、修正或调整既定方案。这是一种正常现象，但并不等于说实施者可以随意以一些无关大局的变化为借口改变计划，不按计划实施。

创造性。公共关系专题活动方案的实施不是机械照章办事的过程，而是一个艺术再创造过程。在实施过程中，实施者要发挥自己的创造技能，这样可以弥补原方案的不足，实现计划目标。

不同的公共关系专题活动，其主题不同，实施方式也就不同。

第二节 几种常见的公共关系专题活动

一、展览会

展览会是一种促销型的公共关系专题活动，它通过综合运用实物、文字、图像、图表等各种传播手段来推广产品，宣传组织形象。它是社会组织推广产品、塑造形象的最佳公关形式之一。

（一）展览会的特点

1. 形象性

展览会是一种非常直观、形象的传播方式。它是通过实物、图像等资料推广产品，传播的信息远比语言和文字更形象，能给出席展览会的公众留下深刻的印象。

2. 趣味性

展览会上不仅可安排实物、图像的展示，还可通过放映幻灯片、电视、电影等进行示范表演，并配以动人的解说、优美的音乐和生动的造型，使展览会不仅具有一定的知识性，而且具有很强的趣味性，使公众更直接、更全面地了解组织及其产品。

3. 双向性

展览会给组织提供与公众进行直接的双向沟通的机会，有利于公众信息的反馈。由于展览会是直接面向公众，进行实物展览，可以面对面地与公众交流，从而了解公众的反应和意见，依此调整组织行为。这种直接的反馈性是其他大众传媒所不能比拟的。

4. 综合性

展览会是一种综合性的大型专题活动，比较容易引起公众和新闻界的注意，往往能成为新闻媒体的追踪对象，对社会公众的影响效果很大。

（二）展览会的类型

展览会的种类很多，依据不同的划分标准，可将展览会分为以下几种：

1. 展览会可按规模划分为大型综合展览会和小型展览会

大型综合展览会通常是由专门性的组织机构或单位举办，规模比较大，参展项目多，技术要求高，如世界闻名的万国展览会、上海的世博会等。

小型展览的规模比较小，一般由某一组织自办，展示本组织的产品，如以陈列室、宣传栏、橱窗等形式进行的展览。

2. 展览会可按内容划分为综合性展览会和专题性展览会

综合性展览会是综合全面地介绍一个地区或一个部门的总体情况，内容全面，综合概括性强，能给观众留下完整的印象，如中国改革开放十年成果展览会、日本筑波国际展览会等。

专题性展览会是围绕某一专业或一个特定专题举办的展览，通常是由企业或行业性组织筹办。主题鲜明，内容集中而有深度，如中国酒文化展览会、全国医用设备展览会等。

3. 展览会可按性质划分为贸易展览会和宣传展览会

贸易展览会一般采取实物广告的形式，通过现场介绍和展示产品，引发公众的购买欲望，开拓商品市场，促进商品的销售。

宣传展览会通过宣传某一观点、思想和信念，如企业文化、价值观念等，进而影响公众的思想与行为。通常采用图片、资料和有关实物的展示，给公众留下深刻的印象，树立良好的组织形象。

4. 展览会可按地点划分为室内展览会和露天展览会

室内展览会较为隆重，布置比较复杂，费用比较大，但不受天气影响。

露天展览会的特点是布置简单，费用比较低，但受天气影响比较大。

（三）展览会的组织

一个成功的展览会，需要组织公共关系人员精心构思，做大量而细致的工作。展览会的组织工作，可以分成以下几个步骤：

1. 确定展览主题

确定展览活动的主题和目的。不同的主题，应该有不同的构思。展览会的主题决定着展览会的形式及使用的沟通方式，只有明确了主题，才能更有效地把参展的实物、表格、图像及文字说明有机的结合起来，从而展示展览活动的整体效果。

2. 明确参观公众

明确参观公众的类型，以便有针对性地准备展览会的内容。了解展览会的目标公众及其范围，是每一个展览会筹划阶段的工作内容之一。参观公众的类型将影响到信息传播方式的复杂性和多样性。

3. 选择地点时机

选好展览会的地点、时间，以便做到因地制宜，因时制宜。在地点的选择上，应该考虑：是否方便参观者，使参观者容易找到；展址是否处于繁华地带或知名度较高的场所，以便吸引更多的公众；周围的环境是否与展览会的主题相协调；展览会的辅助设施是否容易配备和安置等。时机的选择，对于一些季节性明显的商品尤为重要。一般来说，展览时间最好选择在节假日或适合该项商品的销售季节，但每次展览的时间不宜过长，以免影响效果。

4. 培训工作人员

展览会工作人员的素质和展览技巧的掌握，直接影响展览会的效果。必须对展览会的工作人员进行公关训练和专业知识的培训，提高工作人员的素质，满足展览会的要求。

5. 准备资料及设备

准备展览会所需要的各种辅助宣传资料，如报纸、各种小册子、目录卡、解说词等，注意各种资料之间的合理配置，以防脱节；准备展览会的辅助设备和相关服务，如邮政、电传、海关、对外运输、休息室、洽谈室等。

6. 预算展览经费

根据展览会要达到的目的来制定经费预算，合理地支配展览会的所有费用，包括场地租金、设计费用、职工工资、宣传费用、招待费用等。

（四）展览会的效果评估

展览会效果的评估是对展览的实际效果的测定，即对实施展览工作所带来的社会效益的测定。其评估方法主要包括：一是设置观众留言簿，主动征求观众意见；二是召开座谈会，了解观众的观后感和对本次展览的意见；三是进行问卷调查，在展览过程中或结束后，请求观众填写问卷调查表，测定展览效果；四是举办有奖检测活动。设计有关测验题，当场测验，当场解答，当场发奖。不仅活跃了展览气氛，宣传了展览主题，而且为测定展览会效果提供了依据。

二、赞助活动

赞助活动是社会组织以捐赠或资助的形式，无偿地提供资金或物质支持的一种专题活动。在现代社会，赞助活动已成为庞大的事业，大到奥运会，小到音乐会，赞助项目丰富多彩；虽然不同的社会组织提供社会赞助活动的形式、内容、目的有所差别，但其终极目标都是为了建立组织的良好形象，赢得公众的好感与支持。赞助活动一方面可以使组织的名称、产品、商标和服务获得新闻媒介的广泛报道，有利于扩大组织的知名度；另一方面可以显示组织的爱心，关心社会公益事业，树立组织注重社会效益的良好形象。

（一）赞助活动的类型

在现代社会，赞助的范围和种类很多，常见的有以下几类：

1. 赞助体育活动

这是组织赞助活动之中最常见的一种形式。组织通过对体育活动的赞助，往往比较容易增强对公众施加影响的深度和广度，可以提高组织的社会地位，尤其是赞助像奥运会和世界杯足球赛一类的大型体育活动。“健力宝”集团的发展壮大，与为参加 1984 年奥运会的中国代表团提供专用饮料、赞助中国体育健将是分不开的。为此，“健力宝”蜚声海内外。

2. 赞助文化活动

包括对音乐会、演唱会、文艺演出的赞助和对某一文化艺术团体的赞助。不仅可以培养与公众的良好感情，而且可以提高组织的知名度。

3. 赞助教育事业

赞助科学教育事业，对于组织来讲，不仅是一项智力投资，有利于组织的人才招聘与培训，而且还是一项公关投资，显示了组织关心教育事业的社会责任心。赞助方式主要有设立某项培养和奖励专门人才的奖学金、基金，赞助学校建图书馆、实验楼，或直接赞助某项科研项目和学科建设。

4. 赞助社会福利事业

如对残疾人士的社会救济、重大自然灾害的救灾活动、对孤老寡人的援助、对社区公益事业的捐赠等，这是组织对整个社会承担义务和责任的重要手段，是组织塑造良好形象的重要途径。

5. 赞助有关学术理论活动

如对医学方面、经济和管理、改革理论等方面研究的赞助，这是一种高层次、直接追求组织的社会效益和长远影响的赞助活动。

6. 赞助特殊奖励基金

建立基金组织，专门支持某一特殊领域，以推动该领域的发展，如摄影奖、新闻奖、设计奖等。

7. 赞助各种竞赛活动

8. 赞助各类出版物

9. 赞助大型展览

10. 赞助社区活动

总之，组织进行赞助的形式很多，应根据组织的需要来选择。但无论采取何种形式，都需要精心设计各种具有新颖性、针对性、时效性的方案，使组织获得最佳的名誉投资和赞助效果。

（二）赞助活动的组织技巧

组织在提供赞助的活动中，需要成立专门领导机构，进行前期调查，预算活动经费，确定活动方案，然后按照既定方案进行实施。其中要把握以下技巧：

1. 优先考虑社会效益

提供赞助时，必须优先考虑赞助活动的社会效益，如何才能使有限的经费发挥出最好的社会效益。应尽量选择社会的救灾活动、希望工程、残疾人的福利援助等容易获得公众好感的赞助形式，使组织获得最佳的社会效益投资。

2. 兼顾组织经济效益

在优先考虑社会效益的前提下，还要兼顾组织的经济效益，使社会效益和组织效益有机地结合起来。一项成功的赞助活动，不仅可以产生巨大的社会效益，而且会使公众由此认同组织的形象和产品，给组织带来良好的经济效益。

3. 优先考虑关系密切的项目

在选择赞助项目时，优先考虑与组织关系密切或有联系的项目。如经营体育用品的组织可以优先考虑赞助体育活动或体育竞赛，汽车公司可以赞助赛车等。

4. 考虑组织的财政状况

应对赞助项目进行可行性研究，了解赞助对象的基本情况，组织目前的财政状况能否负担起赞助的款项，所需款项费用是否合理等，以做到少花钱多办事。

5. 拒绝对组织无益的赞助请求

对于既无社会效益，又与本组织经济利益毫无关系的赞助请求，应坦率而诚实地解释组织的有关赞助的原则，说明不宜参加赞助的意向，委婉地加以回绝。

三、记者招待会

记者招待会又称新闻发布会，是社会组织与新闻界建立和保持联系的一种比较正规的形式。它通常是由政府、社会团体、企事业单位等组织把新闻记者召集在一起，宣布某一重大新闻或消息，并有针对性地回答记者的提问。记者招待会具有时效性强、覆盖面广、传播速度快等特点，是组织扩大影响的有效手段。

（一）记者招待会的组织

1. 明确主题

首先要明确举办记者招待会的主题、目的。主题是记者招待会的中心议题，是围绕着组织发生的重大事件或作出的重要决策来确定的。

2. 准备资料

认真准备好记者招待会所需的各种资料，主要包括：一是发言人的发言提纲，其内容要求全面、准确、简明扼要、主题突出；二是有关的辅助资料，要围绕主题，尽量做到与发言人的发言相一致。

3. 选择地点和时间

在时间的选择上，应尽量避开重大节日或有重大社会活动的时间，以免记者不能参加会议。在地点的选择上，应主要考虑是否能给记者创造各种方便采访的条件，如会场对外联络的条件如何，交通是否方便等。

4. 布置会场

会场的布置要与会议的内容、规格相协调，以便宾主之间的交流。应事先把电源、扩音、幻灯、电话等设备布置妥当，为不同媒介的记者提供方便。

5. 选定主持人和发言人

会议的主持人一般由具有较高公关能力的人来担任，要求主持人思维敏捷、口齿清晰、措辞得当，能随时把握会场的主题和气氛。会议的发言人一般由组织的高级领导来担任，回答问题比较有权威性。

6. 邀请记者

邀请记者的范围应根据发布消息的目的、内容或事件发生的地点而定。应注意，要把各类传播媒介的记者都邀请到，以扩大会议的影响。

7. 招待参观

确定负责接待的人员，各司其职，要做到彬彬有礼。会议结束后，可安排来宾记者进行有关的参观、考察等活动，给记者创造实地采访、拍摄、录像等机会。也可安排小型宴会招待记者，进一步联络感情。

8. 经费预算

根据记者招待会的规格做出可行的经费预算，费用项目一般包括：场租、会场布置、礼品、音响器材、电话费、交通费等。

（二）记者招待会的效果评估

记者招待会结束之后，要及时对会议的效果进行评估，检验会议是否达到了预定的效果。检测方法包括：一是通过观察与会者的反应，了解他们对组织的态度与看法；二是收集与会记者在报刊、电台、电视台等媒体所做的报道，对其内容及版面进行分析，检查是否达到了预期的目的；三是整理出会议的记录材料，对记者招待会的组织、布置、主持和回答问题等方面作出分析、总结。

四、庆典活动

庆典活动是社会组织重大事件的仪式活动、节日庆典和大事庆典活动的总称。社会组织的庆典活动多种多样，一般包括开业典礼、节庆活动、纪念活动、颁奖仪式等，一般都是在奠基、工厂落成、商店开业、重大节日、纪念日等举行。组织举办庆典活动，不仅可以提高组织的知名度和美誉度，而且还可以广交朋友，扩大组织在社会上的影响。

组织在举办庆典活动时，应注意以下问题：

（一）确定典礼的形式

典礼的形式是多种多样的，根据典礼主题选择恰当的形式。可以采取正规的会议形式，如记者招待会、展览会、宴会；也可以采取联欢会、座谈会等形式。

（二）拟定邀请名单

拟定出席典礼的宾客名单，包括政府有关部门的负责人、协作单位代表、社区负责人、新闻记者、知名人士、公众代表等。然后按照名单写出请柬，最好在一周前送到出席宾客手中。

（三）拟定典礼的程序

典礼活动的程序，应依照具体形式来拟定。一般程序包括：

1. 宣布典礼开始

一般由主办单位副总经理或公关部负责人宣布典礼开始，宣读重要来宾名单。正式场合奏国歌或奏厂歌、校歌。

2. 致辞

组织负责人致辞，向来宾和祝贺单位表示感谢；然后由来宾代表致贺词。

3. 剪彩、授礼或签字等

4. 参观宴请

典礼结束后，可组织来宾参观，设宴会招待来宾或观看文艺演出。

五、对外开放参观

对外开放参观，是组织邀请外部公众到组织内部进行参观、考察，使其了解组织的机构、设施、生产活动等内容的一项公共关系专题活动。对外开放参观是组织争取公众的了解与好感、树立良好形象的重要途径。

要组织好对外开放参观活动，应该掌握以下几个技巧问题：

（一）明确目的

任何一次对外参观活动都应该有明确的目的。有的组织是为了让公众更好地了解自己，提高组织的知名度和美誉度；而有的组织是为了消除公众对本组织的某些误解，增强组织与公众之间的感情。只有明确目的，才可以围绕着它来展开一系列的策划、实施活动。

（二）制定计划

要实现对外参观的目的，最重要的是要作出切实可行的计划。计划内容主要包括参观项目、参观范围、参观路线、参观方式等，应妥善规划好参观活动的细节。

（三）确定时间

不仅要考虑开放参观的时间，而且还要考虑整个参观活动所需要的时间。时间的长短要根据参观活动的规模而定，最好安排在一些特殊的日子，如组织的周年纪念日、企业开工日等，要尽量避开假期。

（四）规划路线

应认真规划好开放参观活动的路线，防止参观者超出参观所限的范围，出现不必要的麻烦。

（五）接待服务

工作人员要积极地做好接待工作，热情地为参观人员服务，如事先安排好参观人员的休息场所、备好茶水饮料等；如果邀请的对象有儿童，更应该细心照顾，要准备点心及印有组织标志的玩具等。

六、其他专题活动

公共关系专题活动形式多种多样，一般来说，除了前面介绍的几类专题活动外，公共关系专题活动还有许多形式，如专题会议、宴会、演讲、联谊活动、舞会、纪念活动等。无论采取哪种公共关系专题活动，都要围绕着活动主题，依据组织的具体情况，进行全面而周密的策划，实现专题活动的目的。

思考练习题

1. 简述公共关系专题活动的内涵。
2. 如何策划公共关系专题活动？
3. 公共关系专题活动实施过程中应注意哪些因素？

案例分析题

杭州之江有机硅化工有限公司建厂 10 周年暨荣膺中国名牌庆典

一、案例介绍

（一）案例背景

2006 年是杭州之江有机硅化工有限公司建厂 10 周年。9 月份，之江公司在行业内首批获得国内最高荣誉“中国名牌”称号，这在之江有机硅发展历程中具有里程碑意义。公司决定借这两件大事，举办建厂 10 周年暨荣膺中国名牌庆典活动，充分宣传之江品牌的实力，为之江今后的飞跃式发展奠定基础。

（二）庆典活动的策划安排

公司在8月初得知公司荣获“中国名牌”产品的称号后，就意识到这是宣传企业形象的大好机会。公司成立了庆典的筹划小组，从庆典活动的程序角度，仔细考虑活动的各个环节，从庆典活动的时间、地点、邀请庆典活动的宾客名单、庆典的程序、致辞、主持人、乐队、接待、赠送礼品等多方面进行仔细策划，力求向公众展示企业的综合能力、整体实力、社交水平以及文化素质，塑造之江公司追求卓越的企业形象。

（三）庆典的实施

2006年12月6日晚，“杭州之江有机硅化工有限公司10周年华诞暨荣膺中国名牌盛典”活动在北京饭店宴会厅隆重举行。邀请的来宾中，有中国建筑装饰协会的会长、中国建筑金属结构协会的会长、中国建筑玻璃与工业玻璃协会的秘书长，有上海耀华皮尔金顿股份有限公司的董事长，北大西飞科技发展有限公司的总经理，世界有机硅协会主席、原WACKER公司有机硅全球总裁，日本信越化学工业株式会社社长，荷兰阿克苏诺贝尔总经理等世界500强知名企业的领导人，以及欧洲主要国家门窗协会和国内的幕墙门窗行业及相关行业的嘉宾400余人。

庆典邀请了凤凰卫视的著名节目主持人陈鲁豫为嘉宾主持。庆典在优美的交响乐声中缓缓地拉开帷幕，把记忆追溯到10年前全体之江人在何永富总经理的带领下艰苦创业时的情景。那时，之江人就树立了“打造国际一流品牌”的目标和遵循“质量是企业的价值和生命”的经营理念，并为此进行着孜孜不倦的努力。高度决定态度，态度决定成败。之江人依靠科技进步、自主创新的发展理念，依靠不懈求索、砥砺自奋的工作作风和依靠社会各界对之江的无限关爱和大力支持，使之江公司在2006年获得了国内产品质量的最高荣誉称号——中国名牌。庆典的主题，不仅是要庆祝，更重要的是要感谢与感恩。之江有机硅取得今天的瞩目成绩离不开全体员工的辛勤奉献，离不开广大客户的关爱，离不开各级领导的关心和各界朋友的支持。

在一首首经典的交响乐曲目后是鲁豫访谈，她分别对政府及行业的领导，国内外合作伙伴和客户进行了简短而精练的问答。大家一致认为之江有机硅取得今天的累累硕果是全体之江人10年拼搏努力的必然结果。北京舞蹈学院以一曲精彩的芭蕾舞《四小天鹅》拉开了晚会芭蕾舞的序幕。北京舞蹈学院，芭蕾舞界首席吕萌，中央芭蕾舞团奇葩朱妍、余波又分别献上了恢宏绚丽的芭蕾舞剧《红色娘子军》、《唐·吉诃德》和《天鹅湖》，赢得了所有观众的啧啧赞誉。接下来海政歌舞团著名歌手霍勇和吕薇给现场嘉宾带来了一首首精彩而脍炙人口的民族歌曲。

十年磨一剑，之江经过10年的超常规、跨越式的发展，从小到大，从弱到强，从国内走向国际，成为当今很有影响力的龙头企业，这一切都是来之不易的。之江公司希望以获得“中国名牌”为起点，踏上新的征程，生产国内乃至世界先进的高附加值、高精尖化学产品，并在中国乃至全球树立一个卓越的品牌，为打造“世界名牌”美好愿景而不懈奋斗！

——摘自中国门窗（http：//www. alwindoor. com）

二、案例思考

1. 之江公司的庆典活动的目的是什么？庆典活动的安排如何体现了这个目的？
2. 结合案例分析庆典活动的程序应重点关注哪些环节？

实训练习题

公共关系专题活动模拟实践——记者招待会

主题：某企业产品一直畅销，但由于原材料提价，导致产品价格上涨，引起公众的异议，导致产品销路不佳。公关部准备举办记者招待会，说明情况，以求得公众的理解与支持。

方法：选几个学生担任新闻发布人，其余学生以记者的角色提问。

要求：学生事先要准备新闻材料和书面材料，严格按角色分工。

目的：训练学生的组织、应变能力，了解记者招待会的组织过程。

附　　录

附录一　公共关系案例与教学

公共关系案例分析，在公共关系的学科体系中占有十分重要的地位。分析具体的公共关系案例，从中揭示公共关系工作的普遍本质和规律性，既可以帮助我们深刻理解公共关系的实际内涵，不断丰富、完善和发展公共关系理论，又能为公共关系实践活动提供更有效的指导。

一、公共关系案例的含义与要素

公共关系案例是公共关系工作的样板或行动蓝图，它是由公共关系人员根据真实的公共关系事件编写成的能体现矛盾发展过程，并能引起研究者思考与决断、引起公共关系人员参考与依照的一种分析性材料。

（一）公共关系案例的含义

案例（英文 Case）一词来源于医学，其原意是指个别病例或医案。医疗部门对病情诊断结果和处理方法有所记录，以便备案可查。这种用于分析治疗且有一定典型性的病历资料，即是一种案例。后来案例分析被广泛应用于法学、社会学、教育学、管理学等不同的领域，成为这些学科研究的一种重要方法。

在现代汉语里，对于案例的表述，还有个案、实例、事例、个例等。尽管表述不同，但其实际内涵是一致的，都是指对某一具体事件及其过程的客观描述或介绍。

公共关系案例是指对某一特定的公共关系活动内容和过程所作出的客观描述或介绍，包括公共关系活动的背景、主体与客体、目标与策划、过程与方式方法及效果等。

公共关系案例具有如下特征：

1. 目的性

案例是为了提高学员思考问题、分析问题、解决问题的能力，根据教学目标而编写的，案例目标明确，直接为公关教学服务的目的性很强。

2. 启发性

案例是带问题的、有的放矢地围绕一个或几个问题而编写的。有的问题明显，有的问题隐含，需要学员去思考。

3. 客观性

公共关系案例，是对某一特定的公共关系活动的内容、情景及过程进行的客观描述，是尊重客观事实的，它要求案例编写者不带个人偏见。

（二）公共关系案例的要素

公共关系案例是由一系列要素构成的。这些要素可概括为两个方面：案例本身所反映的核心内容，即内在要素；案例的格式，即外在要素。

1. 内在要素

公共关系案例的内在要素，包括主体要素、客体要素、形象策划要素、传播媒介要素和环境要素几个方面。

（1）主体要素。社会组织是公共关系的主体。一定的公共关系活动是要靠特定的社会组织去策划和实施的，离开了社会组织这一主体要素，既不能产生公共关系活动，更谈不上公共关系案例的存在。

（2）客体要素。公众是公共关系活动的对象，也是构成公共关系案例的客体要素。

（3）形象策划要素。塑造组织形象是公共关系的主要职能，也是公共关系活动的基本目的。塑造组织形象无疑是公共关系案例的目标因素。此外，策划是公共关系工作的重心，是决定公共关系活动成败的重要因素。成功的策划有助于公共关系活动的顺利开展和社会组织的生存和发展。公共关系案例所反映的是一种有目的、有计划的活动。因此，形象策划也是公共关系案例的基本要素之一。

（4）传播媒介要素。社会组织在调查研究的基础上，策划出塑造组织良好形象的公共关系行动方案，然后凭借一定的传播媒介作用于公众对象，实施行动方案，展开活生生的公共关系活动过程。因此，传播沟通是社会组织的公共关系活动由可能转化为现实的必要途径，理所当然是公共关系案例构成的重要因素。

（5）环境要素。环境要素是指影响公共关系活动的社会政治、经济和思想文化方面的条件，它是构成公共关系案例的一个客观要素。任何公共关系活动都是在特定的社会历史条件下进行的，社会环境差异决定公共关系活动的内容与方法必然有所不同，公共关系活动总是或多或少地带有时代与环境的烙印。

2. 外在要素

案例的外在要素即案例的格式要素，是指案例编排的格式与结构。格式是个形式问题，形式应适应和服从内容的要求。案例反映的现实多种多样，编写者的风格与目的又因人因事而异，所以难有统一的格式。不过仍有一些约定俗成、普遍采纳的编写习惯可供借鉴。公共关系案例的外在因素一般由标题、正文和结尾三部分构成。

（1）标题，即案例的名称。一般在公共关系案例的标题中都直接地点明本例的主题，指明关键的问题或焦点。如“三株”的“虚假广告”风波、“名震中华的马氏公司”等。案例不同于文学作品，在使用标题时不能带有浪漫色彩，应以点明案例所涉及的社会组织的关键问题为宜。

（2）正文。正文是案例的主体与精华，反映案例的基本内容。对公共关系案例的正文要把握两个方面：一是情节材料，即描写案例情节的变化和发展、事件本身的矛盾和冲突，以及解决问题后各方面反应和社会的、经济的效果；二是背景材料，即介绍相关的历史背景和现实环境，把事件发生的时空条件交待清楚。案例正文的写作手法，应以朴实无华的文字叙述为主，尽可能将事件写得准确、鲜明、生动，有可读性。案例引用的材料必须真实。对具体事例可作适当的增删裁剪。

(3) 结尾。结尾即指对案例正文的精辟总结。

此外，还可根据需要在案例中加篇首、注释、图表及附录等。

(三) 公共关系案例的类型

公共关系案例最常见的类型有以下两种：单一性案例和综合性案例。

1. 单一性案例

这类案例矛盾单一，层次简单，线索明晰，篇幅短小，针对性强，案例所反映的内容往往是公共关系活动的某一侧面。

2. 综合性案例

这类案例包含的矛盾多样，内容具有多层次、多侧面、多线索的特点，篇幅较长，案例所反映的内容往往是公共关系活动的全局性问题。

公共关系案例除了上述两种常见类型之外，有的学者还从篇幅大小的角度，把它分为小型的、中型的和大型的三种类型；也有的学者从案例学习功能的角度，把它分为“描述/评审型”和“分析/问题型”。“描述/评审型”案例介绍某一公共关系活动的全过程，有现成的公共关系方案和计划，要求案例使用者以公共关系的基本原理为依据，对之进行评审，指出该方案和计划的优点与不足。“分析/问题型”案例是在公共关系状态的描述中隐含有一定的问题，要求案例使用者把这些问题挖掘出来，分清主次，探索原因，最后拟订对策，作出决定。

二、公共关系案例教学

案例教学是目前国内外进行市场营销、经营管理教学和招聘考试管理类人员的重要的教学和考试方法，已被越来越多的学校和社会组织所采用。

从公共关系教学的角度去理解，所谓案例教学是指在教学过程中，师生双方通过对典型案例的分析、探讨，揭示公共关系活动规律，提炼公共关系理论，进而使学生学会应用理论指导公共关系实践的一种教学方法。

案例教学与讲课中的举例说明有着本质区别。讲课中的举例说明一般是用来肯定教师讲授理论知识的实践依据及其正确性，主要是为传授理论服务。而案例教学最突出的特点是讲课开始于实践，从实践中提出问题，通过分析，发现规律，提炼理论，然后使理论回到实践，应用理论去指导实践。运用这一方法，既能使学生掌握某一公共关系理论的来历，又能使学生学会如何应用公关理论去分析指导公共关系实践。

(一) 公共关系案例教学的功能

公共关系案例教学的功能，是指通过公关案例教学提高学员的公关理论水平和锻炼独立思考、独立工作能力。

1. 促进理论学习

任何公共关系案例都或多或少地蕴藏着公共关系的理论。因此，案例的研究可以从个别到一般，从现象到本质地来揭示其中蕴藏的公共关系思想，从而在具体的案例中导出一般的公共关系原理，探寻带有普遍指导意义的内在规律，这实际上正是案例研究的根本目的所在。由于案例教学是从具体上升到抽象，与一般教学中以抽象框架为依托填塞具体例子的路子正好相反，所以比较易懂好记，生动形象，通过“另一种思路”的补充来深入地、深刻地掌握理论，可以很好地促进公共关系理论的学习。

2. 发挥引导作用

因为公共关系案例带有典型性，因此对其解剖分析的本身就有揭示规律的意义，具有示范的价值和引导的功能。从典型案例中总结出的原则和方法、经验和教训，能反映出特定时代的公共关系活动规律。当然，这种示范和引导应是科学理论本身的举一反三式的自然辐射，而不应是牵强附会式的照抄照搬，应当是启发思路，引导思考，而不是照样画葫芦、生搬硬套。

3. 逼真模拟训练

公共关系案例的突出优势是能营造一个逼真的公共关系范围，使使用者如同身临其境一般，参与式地进行学习和研究。一般的公共关系教学的理论严谨性不言而喻，但学习研究者是处于旁观者的角度去接受、汲取知识，而公共关系案例的研究就非常逼真而直观，让使用者完全以主人翁的角色出现，去分析问题，把握症结，策划活动，解决问题，这不仅可以大大激发人们的学习研究兴趣，而且能从分析能力、决策能力、创新能力和独立工作能力等方面得到全面的锻炼，为日后投身于实实在在的公共关系活动做好准备。

4. 提高公关技能

公共关系案例是提供公共关系知识的，其根本目的是要使学习研究者将知识转化为技能，通过启发、暗示使案例使用者逐步提高发现问题、分析问题、解决问题的能力。

5. 理论联系实际

公共关系案例本身就是理论与实际联系的桥梁。研究公共关系案例，首先要采集大量的公共关系案例，然后进行精选。优秀的案例往往以现实问题为研究对象，以事实和数据为依据，并将理论知识寓于其中。通过分析研究，可以使大量的感性体验升华为理性认识，从而进一步指导实践活动。

在承认公共关系案例教学优势的同时，必须认识到这一教学方法不是万能的，要注意其局限性，这样才能扬长避短，达到教学活动的预期目的。公共关系案例教学的局限性主要表现在：一是由于案例只是对一个或一串问题做客观描述，知识往往不是很系统的，因此，它不能取代系统的理论教学；二是案例的分析研究是各门学科知识的综合应用，只有在掌握了必要的基本理论和基本知识的前提下，才便于采用这种教学方法；三是案例教学的关键在于搞好讨论，准备讨论和开展讨论需要大量时间，而且还限制了参与讲座的人数。参与人数太多，则每一参加者的参与程度会相对降低，难以达到预期效果；而参与人数太少，又难以起到集思广益的作用。

（二）公共关系案例教学的组织

案例教学是一项系统工程，不同于传统教学中以教师为主的方式。教学组织是教学效果的重要因素，在进行案例教学时，有两个前提条件：一是教学时间的保证，在编制教学计划时必须预作安排，留出适当的和必要的时间，与前驱课程和后续课程结合起来，相互促进，而不能脱离教学规律孤立地进行；二是所用教材资料，目前多数是任课教师自行编写，并未形成统一的规范和格式。案例的学术价值、交流工作亟待肯定和加强。公共关系案例教学的组织要在处理好以上两个前提条件的基础上注意以下几个方面：

1. 坚持两个基本原则

案例教学的目的在于着重提高学生分析问题和解决问题的能力，从这个基本观点出发，教师在组织学生分析、研究案例过程中，要遵循两个基本原则：

（1）启发、引导学生独立思考的原则，要让学生提出自己的或小组的见解，自己去分析、解决问题。教师的主要责任在于启发、引导学生去独立思考，学生见解不一致时，引导学生展开争辩，逐步统一认识；见解不能统一，只要有理，允许几种可能的见解存在；切忌在学生见解不一致时，教师出面裁判是非，这种做法本身是违反案例教学指导思想的，不利于开发学生智力。

（2）尊重学生的创见的原则。学生对案例的分析研究结论，即使超出教学指导书所指出的几种可能的见解，只要有理有据，就应该认为是正确的，是有创见的，教师应从中汲取智慧。教师在做案例分析研究结果的评价时，应充分肯定各种见解的合理性。如有不足之处，可以提出问题，加以引导，让学生自己补充，切忌简单公布“标准答案”。

2. 运用多种教学方式

公共关系案例教学的具体方式是多种多样、生动活泼的，一般有以下几种：

（1）个人练习方式。把案例练习材料发给每一个学员独立思考，在确定的时间内作出自己的判断和记录，然后在全班发言。可以由本人举手发言，也可以由教师随意点名请学员发言。最后大家对发言所发表的看法进行评论、修改、补充。发言者对评论者的意见也可以发表相反意见，经过争辩，获取正确的知识。

（2）小组讨论方式。这种方式是以组为单位，对案例进行讨论、分析，这是经常使用的方法。对小组成员的构成要有一定的要求，要有代表性，可根据年龄、性别、阅历、经验等因素将全班分成几个小组。目的在于让学生相互启发，取长补短。

（3）全班辩论方式。由个人或各小组派代表在班里介绍对案例所进行的分析、判断和决策，然后让大家发表意见，特别强调要能提出不同看法。对不同看法应引导大家争辩，逐渐求得一个比较完整、比较统一的见解。在讨论过程中，教师对所讨论、争论的问题应该心中有数，要引导学生集中讨论中心问题，防止争论漫无边际。（4）角色扮演游戏方式。这是一种模拟教学形式，是案例教学过程中经常用的比较生动的方法，使学生确有身临其境之感。其做法是让学生分别扮演案例中的不同人物，事前先不准通气商量，只知道自己所扮演的角色和要达到的目的，按案例要求进行活动，通过角色将案例材料向学生公布，并由扮演者谈出自己的见解。然后，让“演员”发表看法，谈谈自己是否达到了预想的目的，是否取得了更好的效果，再让全班学员评论哪位角色最“出色”。

3. 注意教学场地布置

公共关系案例教学不同于一般的课堂教学活动，在场地布置上要为师生之间、学员与学员之间创造良好的沟通交流环境，使大家在平等的气氛中学习讨论、共同提高。

4. 把握基本教学环节

公共关系案例教学的应用过程，是一种循环的、完整的递进过程，这一过程包含五个基本环节，把握这些基本教学环节，是公共关系案例教学取得成效的关键。这五个基本环节是：

（1）从理论出发，精选案例。案例教学效果如何，很大程度上取决于教师能否选择恰当的案例，精选出的案例应当是典型的、有代表性的、最能揭示所学理论的案例。精选案例要求教师必须吃透教材，即不仅要弄懂教材中的每一个概念原理，而且要弄通知识间的内在联系，知识的结构体系。这是精选案例的基础。要选择与教学内容和教学目的密切相关的正面与反面典型案例，寓所教理论于案例之中。

（2）情景描述，介绍案例。最简单的情景描述是将编写后的文字材料，提供给学生自行阅读。较短的资料仅有数百字，长篇资料可达四五千字甚至更多。就内容来说，叙述重心分为社会组织、人物和经济活动，要求有些较完整的情景过程，有时还运用小标题将其分成若干部分。就表现形式来说，单纯的文字介绍最为常用。为说明组织或活动的状态，也可辅以表格或示意图等形式。在文字处理上，以第三人称或旁观者的叙述方式为最多，也可采用第一人称自述或采访对话式的记录。总之，这些以文字叙述为主、图表说明为辅的案例，应当让人阅读之后对整个事件概况有清楚而具体的认识。有时为了加强这种认识，还可以与幻灯、录像片等视听手段结合使用，或者单独使用。值得注意的是，长篇叙述或综合性案例，应在教师指导下阅读，否则不易抓住重点，对图文并茂的案例往往应先行布置，安排充足的阅读时间，提出相应的阅读要求。

（3）提炼理论，分析案例。这是公共关系案例教学最重要的一步。通过师生共同对案例的分析，总结归纳出带有规律性的公共关系理论。这种理论是学生“亲身实践经验”的总结，是学生的直接经验，理解得透彻，记得也牢。要充分发挥分析过程中教师的引导作用，对学生的各种回答做好恰当的评价，以保证分析沿着预定的目标进行，逐步接近案例所包含的理论实质，使理论的提炼自然贴切，切忌强拉硬扯。

（4）应用理论，审视案例。这一环节就是让学生应用通过案例分析得出的公共关系理论，反过来站在理论的高度，重新审视案例，分析案例中正确应用公共关系理论的成功所在或失败之处；也可分析在改变案例客观环境的假设条件下，可能出现的另外结果。

（5）总结归纳，形成体系。案例教学自“实践”始，这样它得出的理论往往是独立的。因此，每堂课教师最后必须归纳总结，形成一个具有内在逻辑联系的知识体系，以便于学生的进一步理解和巩固。总结归纳可由教师来进行，也可引导学生来进行。

附录二　中国公共关系职业道德准则

（1991年5月23日第四届全国省市
公关组织联席会议通过）

总则

中国公共关系事业的发展，是中国改革开放的必然趋势，它以新型的管理科学，协调社会各方面关系，密切党和广大人民群众的联系，调动各种积极因素，维护安定团结，促进社会主义建设。因此，公共关系工作者肩负着时代的使命，公共关系工作者必须具有高尚的职业道德作为完善自身形象的行为准则。

条款

1. 公共关系工作者应当坚持社会主义方向，自觉地遵守我国的宪法、法律和社会道德规范。

2. 公共关系工作者开展公关活动首先要注重社会效益，努力维护公关职业的整体形象。

3. 公共关系工作者在公共关系活动中，应当力求真实、准确、公正和对公众负责。

4. 公共关系工作者应当努力提高自己的政治水平、文化修养和公关的专业技能。

5. 公共关系工作者应当将公关理论联系中国的实际，以严肃、认真、诚实的态度来从事公共关系学教育。

6. 公共关系工作者应当注意传播信息的真实性和准确性，防止和避免使人误解的信息。

7. 公共关系工作者不能有意损害其他公关工作者的信誉和公关实务，对不道德、不守法的公关组织及个人予以制止并通过有关组织采取相应的措施。

8. 公共关系工作者不得借用公关名义从事任何有损公关信誉的活动。

9. 公共关系工作者应当对公关事业具有高度的责任感。不得利用贿赂或其他不正当手段影响传播媒介人员真实、客观的报道。

10. 公共关系工作者在国内外公共关系实务中应该严守国家和各自组织的有关机密。

附则

本准则将根据实际情况予以调整和修改。其解释、修改、终止权属于全国省市公关组织联席会议。

附录三　国际公共关系行为准则

1. 国际公共关系协会成员必须竭诚做到以下各条：

1.1　为建设应有的道德、文化条件，保证人类得以享受《联合国人权宣言》所规定的诸种不可剥夺的权利作贡献。

1.2　建立各种传播网络与渠道以促进基本信息自由流通，使社会的每一成员都有被先知感，从而产生归属感、责任感、与社会合一感受。

1.3　牢记由于职业与公众的密切联系，个人的行动——即使是私人方面的——也会对事业的声誉产生影响。

1.4　在自己的职业活动中尊重《联合国人权宣言》的道德原则与规定。

1.5　尊重并维护人权的尊严，确认各人均有自己作判断的权利。

1.6　促成为真正进行思想交流所必需的道德、心理、智能条件，确认参与的各方都有申述情况与表达意见的权利。

2. 所有成员都应保证：

2.1　在任何时候任何场合，自己的行为都应赢得有关方面的信赖。

2.2　在任何场合，自己均应在行动中表现出对他所服务的机构和公众双方的正当权益的尊重。

2.3　忠于职守，避免使用含糊或可能引起误解的语言，对目前及以往的客户或雇主都始终忠诚如一。

3. 所有成员都应力戒：

3.1　因某种需要而违背真理。

3.2　传播没有确凿依据的信息。

3.3 参与任何冒险行动或承揽不道德、不忠实、有损于人类尊严与诚实的业务。

3.4 使用任何操纵性方法技术来引发对方无法以其意志控制，因而也无法对之负责的潜意识动机。

附录四 英国公共关系协会（IPR）职业行为准则

1. 职业行为标准

各会员在其职业活动中应尊重公众利益和个人尊严。在任何时候都应忠诚、公正地对待他目前及以往的客户与雇主、其他会员、传播媒介与公众。

2. 信息传播

各会员不得有意不顾后果地散布虚假的信息，而且应注意避免不慎犯此错误，应以保证真实与准确为己任。

3. 传播媒介

各会员不得参与任何意在败坏传播媒介诚实性的活动。

4. 秘密利益

各会员不得参与任何为不可告人的利益服务但又掩盖真实目的的欺骗活动，应保证他所参与的任何组织都公开其真正利益。

5. 信息保密

各会员在未得到对方同意之前，不得为个人目的而公开（除非因法庭裁判）或利用从他目前以及以往的雇主或客户获悉的信息。

6. 利益冲突

各会员为其雇主或客户服务时，在未得到他们同意之前，不得因此服务与他人有关，而接受他人付给的报酬（包括现钞和实物）。

7. 公开财政利益

各会员如在某机构有财政利益，在未公开此关系之前，不得代表客户或雇主推荐使用这个组织的成员或采用其服务。

8. 因成绩定报酬

各会员不得在与某预期雇主或客户签订协议或合同时订立因公共关系工作成绩特殊而特殊收费的条款。

9. 给在公职者报酬

各会员不得有悖公众利益而因其私人利益（或其客户、雇主的利益）给在公职者以报酬。

10. 雇佣议员

会员中如有雇佣国会议员、上下院议员作为顾问或理事者，均应向本协会总书记报告此一情况并说明其目的，请他代为登记注册。协会会员如果本人是国会议员，应亲自向总书记报告有关本人的确切情况（在协会办公处办公时间内，此类注册材料应公开接受公众检查）。

11. 中伤他人

各会员不得恶意中伤其他会员的职业声誉或其活动。

12. 影响他人

如有会员有意影响或允许他人或其他组织采取违背此准则的行为，或者是他本人也参与此种行为，都应视为该会员对准则的破坏。

13. 职业声誉

各会员的行为不得在任何方面有损于本协会或公共关系职业的声誉。

14. 维护准则

各会员均应维护准则，并团结其他会员在实际中加以贯彻。如果某会员发现另一会员参与破坏准则的行为，应向协会报告。全体会员都应自觉支持协会推行此一准则，协会亦应支持它的会员。

15. 其他职业

各会员在为其他职业的客户或雇主服务时，应该尊重该职业的行为准则，不应有意参与任何破坏准则的活动。

附录五　“环境与发展”传播准则国际公共关系协会（IPRA）内罗毕准则

该准则已用于指导国际公共关系协会会员与环境保护有关的实践行动。

1. IPRA 会员有责任保证所提供的信息和咨询以及提倡的产品和服务符合可持续发展的要求。

2. 会员应尽量鼓励其所在组织、公司或所服务的客户采取正确的方针政策。这些政策认为，对资源的不合理使用以及忽视环保问题将严重制约经济增长，加剧社会混乱并损害健康。

3. 会员应在适当的时候建议其公司、客户或组织对其产品和操作过程定期进行环保审视，制定环保实施条例，并传达给雇员和其他公众。

4. 除非现代科学知识已证明其环保功能，会员一般不应向公众宣传或推荐某产品、组织或服务对环境有利。

5. 会员应尽量采取公开、对话的态度，公平处理与环保和发展有关的事项。

6. 会员不应提出或响应不合实际的环保要求；但如果组织、产品或服务在一段时间内被证实能改善环境状况，并充分考虑社区利益和政府要求以及技术和经济的限制因素，那么一般应予以支持。

7. 会员在制定有关咨询传播计划时，应综合考虑环境、经济、社会发展诸因素。

8. 会员可以在 IPRA 内或通过 IPRA 自由交换有关全球环境与发展问题的信息。

9. 会员应熟悉、支持和遵守，并鼓励他所服务的组织支持和遵守由其他被认可的国际组织（如联合国和国际商会）制定的实施准则。